龍王藏

大藏系列

壹

04

第四冊

洪啟嵩 編著

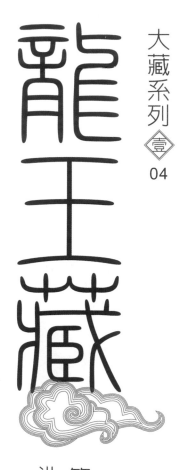

施一切諸龍安樂陀羅尼

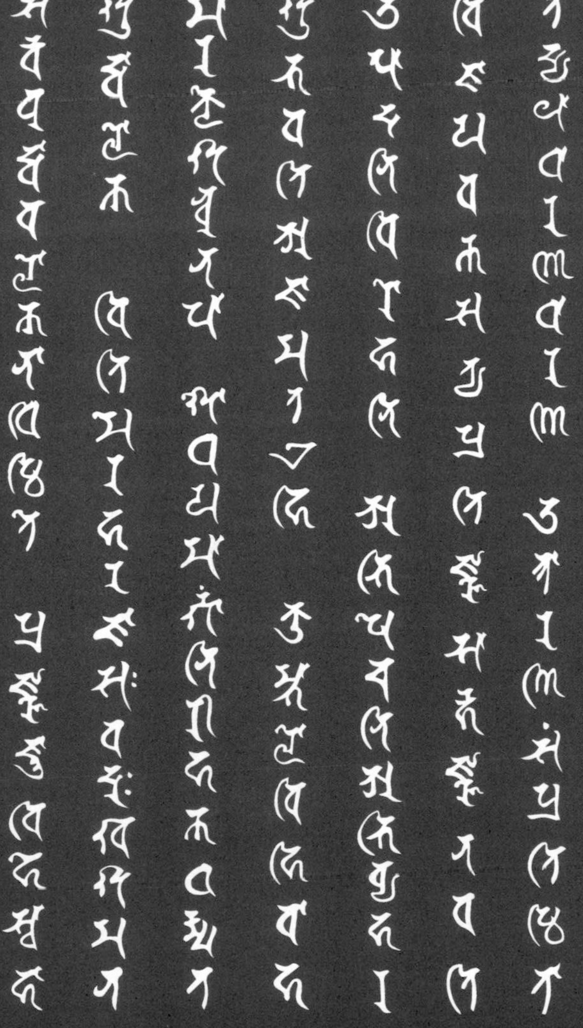

怛地也他陀呵囉尼陀呵囉尼　虋多囉尼　三波囉帝師尿
毘闍耶跋唎拏薩帝夜波羅帝闍若長那跋坻
虋多波達儞　比那漢儞　阿比屣遮儞　阿陛毘耶呵羅
首婆呵跋帝　阿祁末多　野咥　宮婆羅　擗咥婆呵
摩囉吉犁舍達那波　輸陀耶摩鉗尼唎呵迦達摩多
輸陀呵盧迦　毘帝寐囉何囉闍婆豆佉舍摩那
薩婆佛陀呵婆盧迦那地師恥坻　波羅闍若闍若那擗醯莎呵

皈命具龍名號諸龍王

杖足龍王
那荼龍王
具毒龍王
承迎龍王
近主龍王
青明龍王
勇壯龍王
帝釋龍王
持山龍王
梟多龍王

沙彌龍王
那羅龍王
具種龍王
明見龍王
近重龍王
非人龍王
匍匐龍王
思利龍王
持地龍王
毘住龍王

赤色龍王
具力龍王
奇妙龍王
易見龍王
金光龍王
便頭龍王
威德龍王
思陀龍王
持雨龍王
毘荼龍王

車面龍王
具枕龍王
怖畏龍王
花鬘龍王
長尾龍王
信度龍王
室里龍王
思度龍王
持國龍王
毘無龍王

降雨龍王　娑竭龍王　師子龍王　根人龍王
海子龍王　海貝龍王　海雲龍王　烏眼龍王
珠胭龍王　珠項龍王　珠髻龍王　迷羅龍王
針毛龍王　馬勝龍王　馬頭龍王　商佉龍王
婆梨龍王　弶伽龍王　梵天龍王　深聲龍王
雪山龍王　鹿頭龍王　善子龍王　善住龍王
善見龍王　智慧龍王　最勝龍王　無力龍王
無垢龍王　無毒龍王　無畏龍王　無邊龍王
焰聚龍王　焰摩龍王　象力龍王　象掖龍王
象頭龍王

（總集經藏中具龍名號諸菩薩）

善啓龍王密藏釋迦牟尼佛皈敬文

頂禮　十方三世一切諸佛

皈命　大恩本師釋迦牟尼佛前

善哉仁佛，大悟金剛聖座，於菩提伽耶，

七七日中安住甚深禪悅龍一切時定。

第六七日中，大定現成，鉅霖將傾，

目真隣陀龍王以七首密覆佛身，

安止七日，善妙守護如來，示大勝功德。

於今天地異失傾變，幻敗無端；六大頻亂演災，如是紛亂；

深祈於法界龍佛現前，以淨世間。

是故頂禮於釋尊龍佛大菩提座前，
稽首於法界諸龍佛、菩薩，以諸佛開許加持，
善啓法身如來無上祕要，十方三世一切龍佛究竟心密法藏，
善演大乘諸龍經藏聖法，以安法界，兼利世出世間。

如是隨順如來聖心，勸發法界諸龍憶起本願，及銘其詞：

法界龍王諸龍族　還念本誓釋尊前
法界諸佛所攝受　從諸龍境至成佛
法身如來金剛現　誓句平等法身顯
福智平等三昧耶　佛性智海龍王印

是龍也，法界能轉，然人間妄動，六識紛擾，負念揚飛，
六大汙染，四生、六大龍族，
身心深傷若斯，深悲憫之，是故順佛本願，

承佛善妙，以斯聖尊龍佛妙法，
平安法界，佛憙永淨。
諸龍王暨一切龍族，身心安順，兼怨頓銷，吉祥悅意，善願成滿，
善護世間，自在成就，大覺成佛，斯乃究竟。
深憶佛慈，依本誓句，守護法界諸龍王及諸龍眷屬，如願圓滿。

其偈曰：

一切諸龍離苦惱　　三患自除龍安樂
法界龍王、龍族眾　　普皆吉祥證龍佛
五大、五方龍體性　　悉皆安護受妙吉
意淨無瞋三毒盡　　六大無礙本瑜伽

大恩本師釋迦文佛，本願攝受，普願法界眾生同斯聖妙，
共成無上菩提，一切世間及諸龍宮殿，同成淨土。

南無　現龍座身本師釋迦牟尼佛
南無　法界諸龍佛
南無　法界諸龍菩薩
禮敬　法界諸龍王暨一切龍族

佛曆二五六〇年　丁酉佛憙慈怙
佛子洪啓嵩　頂禮於菩提伽耶金剛座前

註：本文為洪啟嵩禪師二〇一七年修造龍王法軌之〈善啟　法界龍佛究竟勝法密藏　上祈大恩本師釋迦牟尼佛皈敬文〉。

目錄

大方等大集經 摘錄　北涼　曇無讖等譯　195

出版緣起

佛陀的一生，都與龍王有深刻的因緣。從誕生、悟道、傳法乃至於涅槃，龍王都一心守護著佛陀。

龍族雖然具足了廣大的威力與福德，但由於智慧與瞋習的問題，因此也容易受外境的干擾影響。尤其是龍族不似其餘的天人，而是與人間的因緣較為接近，所以人間的發展往往影響到他們的生存環境。

現今整個地、水、火、風、空生態環境的破壞，乃至於重大的天災人禍、戰爭、核子武器都對他們產生深刻的影響。而手機訊號與空中的各種電頻，更使人類的心識困擾，透過電頻不斷對龍族身心的折磨，進而引發其瞋心，而引發地球的更大生態破壞與災變。

因此，我們希望能夠將關於龍王的經典，編輯成為《龍王藏》，一者，能讓佛陀對於諸龍的深刻教法，完整留下，使人與龍族皆得具足慈悲、智慧，進而圓滿無上菩提。二者，幫助龍族遠離各種困境而身心安頓，使其具足福德威力，守護地球人間。三者，使擁有此套法藏者，能生生世世永受一切龍王的福佑。龍王是具足大福德與佛法祕藏者，必能使供養《龍王藏》者眾願成就、具足福德、智慧，與諸龍王共成佛道。

為了讓大家能迅速地掌握到《龍王藏》中經典的義理，此藏佛典全部採用新式分段、標點，使讀者能事半功倍地總持佛心妙智，具足廣大的福力、守護，迅速掌握到幸福與光明的根源。

這一套《龍王藏》是史上第一次龍王相關經教的集結，而在梁武帝天監十六年，曾經令莊嚴寺沙門寶唱編輯〈眾經擁護國土諸龍王名錄〉三卷，作為龍王佑助國土的因緣，惜已佚失。

緣此，二〇一七年我於菩提伽耶龍王池大修法中，除了收錄一切龍佛、龍菩薩及龍王名錄外，並修造《吉祥法界諸大龍佛、龍王・菩提伽耶龍王池大修法》法軌，蒐於附錄之中。本套《龍王藏》除了編集諸龍王相關經教之外，並將諸龍相關真言，除了原經中的漢文音譯之外，並加上梵音之羅馬拼音及悉曇梵字完整呈現，便於讀者誦持。此次編纂的相關經論及參校之研究資料十分龐大，祈願有心研究者能再深入精研，期望能更臻於圓滿。

《龍王藏》將《大藏經》中的一切龍王教法，完整地編輯，希望帶給人世間廣大的光明，眾生吉祥福樂，地球上的一切人類、龍族、眾生，共發無上菩提心，並得證大覺成就。

《龍王藏》的出版，將帶給人間許多的法喜與福德，因為透過這些經典的導引，將使我們了悟佛菩薩所開啟的龍王祕藏，不只能讓我們得到諸佛菩薩的慈光佑護，更能令我們在一切龍王護法的守護下吉祥願滿。

洪啓嵩

凡例

一、《龍王藏》經集主要選取《大藏經》中，與龍王或龍相關的經典，包括全經及摘錄部份經文為主，本藏編輯主要依《大正藏》的冊數次第、經號順序收錄相關經文，編輯成冊。唯視編輯分冊所需，部分經典次序將會略作彈性調整。

其摘錄經文的標示以（略）來表示之，例如：

「北方地空中，有叢樹名菴，廣長各二千里；復有叢樹名閻破，廣長各二千里（略）；復有叢樹名蒲萄，廣長各二千里。過是空地，其空地中，復有優鉢華池二千里、紅蓮華池二千里、白蓮華池二千里、黃蓮華池二千里、毒蛇池二千里。過是已地空，其空中有海欝禪，從東西流入大海。其欝禪海中，見轉輪王，亦知天下；有轉輪王，見遊行時跡，欝禪北有山名欝單茄。」

若摘錄所節略部分為經文之始或末則不另行標示。

二、凡《大正藏》經文內本有的小字夾註者，龍王藏經文均以小字表示之。

三、凡經文內之咒語，其斷句以空格來表示。若原文上有斷句序號而未空格時，則龍王藏經均於序號之下，加空一格。

四、龍王藏經典之經文，採用粗明字體，而其中之偈頌、咒語等，皆採用標楷字體，另若有序文、跋或作註釋說明時，則採用細明字體。

五、龍王藏經中凡現代不慣用的古字（真言咒語除外），皆以教育部所頒行的常用字取代之（如：讃→讚），而不再詳以對照表說明。

六、凡是經文中不影響經義的正俗字（如：遍、徧）、通用字（如：蓮「華」、蓮「花」）、譯音字（如：目「犍」連、目「乾」連），等彼此不一者，均不作改動或校勘。

七、經文中文字明顯有誤且有校勘註解者，則依校勘文字修改。如「縛曰囉」改為「縛*日囉」並於修改之字右上角註記符號「*」。

八、《大正藏》經文咒語句數之標示，超過二十一之句數，在《龍王藏》版中改成二一句，例如：《金剛光焰止風雨陀羅尼經》根本滅諸災害真言：

（略）薩縛訥瑟吒（上）那（去）囉矩攞崩扇（十九句）縛囉跛（同上二合）囉縛囉（二十句）戰拏謎倪（二十一句）摩訶縛攞播囉羯（二合）囉迷（二十二句）（略）縛攞縛底（三十句）廢（同上）伽（魚迦句）縛底（三十一句）娑（去）囉娑（去）囉（三十二句）（略）

改為：

（略）薩縛訥瑟吒上那去囉矩攞崩扇十九句縛囉跛同上二合囉縛囉二十句戰拏謎倪二一句摩訶縛攞播囉羯二合囉迷二二句（略）縛攞縛底三十句廢同上伽魚迦句縛底三一句娑去囉娑去囉三二句（略）

九、龍王藏經典經文採新式標點符號標示，所作之標點、分段，以儘量順於經義為原則，方便讀者之閱讀。

十、為使閱讀者，更能確切讀誦經文中的真言咒語，特別將漢譯的真言咒語，配上梵文悉曇字及梵文羅馬拼音文字，如：

縛訖得登乙反二合囉十八句　惹野惹野十九句

vaktara jāya jāya

此部份參校《一切經音義》、《悉曇字記》、《悉曇藏》、《魚山聲明集》等梵字真言等相關經論，及《密教大辭典》、《房山石經》、《大藏全咒》、《佛教的真言咒語》等現代之研究著述，經過細密之比對、校正後，再將經中之真言悉曇梵字重新書寫。由於使用之參校之資料繁多，凡例中僅能例舉一二，完整參考資料將詳列於《龍王藏》最末一冊。

龍王藏導讀

洪啓嵩

在二〇二四年的新年初始之際，我們看到了天地人間的動盪不安與混亂，戰爭依舊在各種自私莫名的理由中奪命、傷人、毀國，天地間的震動災難也剎那侵來；而地緣政治的紛擾與數十年來的全球化成果，恐怕將駭入所有人的身心。只有一心祈願吉祥，並以至誠的大悲願行來救脫世人與自身的苦厄。

在此，我們出版龍王藏，心中充滿了苦澀與深切地祈請：深願所有的龍王與龍眾，守護世間的善淨清涼，並共同為建構圓滿的地球淨土而努力。

本冊為《龍王藏》的第四部。在歷經多年的籌畫之後，我們深入經藏並抉擇眾經來編纂圓滿的龍王與諸龍法要，我們祈願的，是所有的龍王、龍眾與一切的眾生都能具足圓滿的福德與殊勝的大悲與智慧，最終能圓滿成佛；當然我們要遠離一切的天災、人禍、戰爭，而使法界與娑婆地球共同成為諸佛的清淨樂土。

因此，我們這套《龍王藏》的吉祥出版，將使龍王、龍族與人類共命相助。希望龍王與龍眾具足清淨的勝福，所有的業障消弭，諸龍、人類與眾生共同發起無上菩提心、圓證無上佛道。龍王具足廣大的福德與守護威力，希望我們的發心與祈願，能善使有緣大眾得到龍王與諸龍的守護，同具無比的勝福，並具足無上的智慧、悲心，而圓證無上的菩提。

龍王藏第四冊所蒐列的經典，包含了如下經典中，與龍王相關部份之經文摘錄：《大寶積經》、《父子合集經》、《佛說三十五佛名禮懺文》、《大乘顯識經》、《佛說如來不思議祕密大乘經》、《聖善住意天子所問經》、《毘耶娑問經》、《大般涅槃經》（北涼．曇無讖所譯）、《大般涅槃經》（宋．慧嚴等依泥洹經加之）、《佛說大般泥洹經》、《大般涅槃經後分》、《菩薩處胎經》、《蓮華面經》、《大方等無想經》、《大方等大集經》、《佛說大集會正法經》、《佛說千佛因緣經》、《佛說初分說經》、《佛說隨勇尊者經》、《持心梵天所問經》、《思益梵天所問經》、《勝思惟梵天所問經》、《佛為勝光天子說王法經》、《治禪病祕要法》、《月燈三昧經》。以下簡介諸經中與龍相關部份。

《大寶積經》，梵名 Mahā-ratnakūṭa-sūtra，寶積之意，在《寶積經論》卷一云：「大乘法寶中，一切諸法差別義攝取故。所有大乘法中諸法差別者，彼盡攝取義故名曰寶積。」全經四十九會共一百二十卷，收於大正藏第十一冊（T11, No.310）。唐代菩提流志譯出三十六會三十九卷（稱為新譯）；並取前代譯師所譯二十三會八十一卷（稱為舊譯）合編而成。

本藏摘錄卷七（為唐．菩提流志所譯）、卷六十三（為北齊．那連提耶舍所譯）、卷六十四（為北齊．那連提耶舍所譯）、卷八十三（為唐．菩提流志所譯）、卷九十（為唐．菩提流志所譯）及卷一百十一（為隋．闍那崛多所譯）部份經文。

卷七為〈無邊莊嚴會〉，此會共四卷，為唐新譯。會中無邊莊嚴菩薩問佛云何為如來無礙法門決定之義？及諸菩薩無量法門、法光明門及一切法方便發起？佛陀緣此為無邊莊嚴菩薩說法。此會分為〈無上陀羅尼品〉、〈出離陀羅尼品〉及〈清淨陀羅尼品〉，而龍王相關經文摘自〈清淨陀羅尼品〉，說明此清淨陀羅尼法門，能助龍王等於法增長信心。

卷六十三及六十四屬第十六〈菩薩見實會〉，此會共十六卷，屬舊譯，為高齊．

那連提耶舍所譯。會中描述佛陀成道已，欲度其父王，還回迦毘羅城，為淨飯王說六界差別法門。此會中佛陀亦為淨飯王說阿修羅、迦樓羅龍及龍女、鳩槃荼、乾闥婆、夜叉、緊那羅、摩睺羅伽、呵羅竭闍天、四天王天、三十三天、夜摩天、兜率陀天、化樂天、他化自在天、梵摩天、光音天、遍淨天乃至廣果天等，乃至外道，佛陀皆為他們授記成佛的因緣。本會摘錄的經文正是龍女、龍王等授記品之部份。

卷八十三為第二十〈無盡伏藏會〉，此會共二卷，為新譯。佛為電得菩薩說貪行伏藏、瞋行伏藏、癡行伏藏、等分行伏藏、諸法伏藏等五伏藏能成就殊勝功德，速證無上菩提。經文中以無熱龍王以業力功德為喻，說菩薩無功用智出生無量億千法門，開曉眾生悉令解脫，而亦不念我為眾生如是說法，亦無眾生得解脫者。

卷九十為第二十四〈優波離會〉，此會一卷，為新譯，與舊譯《決定毘尼經》同本。此會本藏經文摘錄自佛為舍利佛講說：「若諸菩薩成就五無間罪，犯波羅夷、或犯僧殘戒、犯塔、犯僧及犯餘罪，菩薩應當於三十五佛前，晝夜獨處殷重懺悔。」其所列三十五佛即有龍尊王佛、水天佛等名號中與龍王相關之佛陀故收錄之。後所錄《佛說三十五佛名禮懺文》即約同此，皆是以禮三十五佛為懺悔法門。

卷一百一十為第三十九〈賢護長者會〉，此會有二卷，為隋．闍那崛多所譯。會中賢護長者問佛神識之相貌、遷變、果報等諸事。本會經文摘自佛陀以四龍與蚊蚋其識無異，回應大藥王子所問。

《父子合集經》，為宋．宣梵大師日稱等所譯，經文分為二十七品共二十卷，收於大正藏第十一冊（T11, No.320）。本經與《大寶積經》第十六〈菩薩見實會〉為異譯本，描述佛陀成道已，欲度其父王，回迦毘羅城，為淨飯王說法。本藏摘錄之卷五經文部份為〈龍女授記品〉、〈龍王授記品〉。

《佛說三十五佛名禮懺文》，全經共一卷，為唐．不空譯出，收於大正藏第十二冊（T12, No.326）。經中三十五佛係指常住十方世界中的佛，佛典中提到三十五佛者，有《大寶積經》卷九十〈優波離會〉及《決定毘尼經》及本經，然三十五佛名稱大同小異，為漢傳佛寺中常作禮懺的文本。本藏收錄主要是有龍字或水天相關之如來名號。

《大乘顯識經》，全經共二卷，為唐．地婆訶羅所譯，收於大正藏第十二冊（T12, No.347）。本經另有譯本，為隋．闍那崛多所譯二卷本的《移識經》，與《大寶積經》

〈賢護長者會〉為同本異譯。經中內容大要同前所述，本藏摘錄《大乘顯識經》卷二中與龍王相關部份之經文，其中佛陀以四龍王大身之識與蚊蚋微小身之識無別之譬喻，回答大藥菩薩為何微細識能持大身不疲倦之問。

《佛說如來不思議祕密大乘經》，全經分為共二十五品共二十卷，為宋．惟淨、法護等所譯，收於大正藏第十一冊（T11, No.312）。本經又作《如來祕密大乘經》、《祕密大乘經》，經中闡述菩薩三密清淨的功德，與佛身語意三密的不可思議功德因緣。並敘述佛陀六年苦行、降魔成道的過程；又祕密主發願請求於佛入滅後五百年中護持此經。本經之異譯有《大寶積經密迹金剛力士會》，而本藏摘錄卷十及卷十八部份經文。

卷十摘自經中〈菩薩詣菩提場品〉第十二，迦梨迦龍王見菩薩光明普照龍宮，心生歡喜，於是召集龍王眷屬並諸龍眾至菩薩所，廣興供養並偈讚菩薩放大光明。

卷十八摘自經中〈阿闍世王問答品〉第二十二之一，阿闍世王問祕密主之金剛杵的輕重問題，祕密主則以「為欲調伏憍慢貢高諸眾生故，此杵即重；為示無慢正直諸眾生故，此杵即輕。」以目犍連尊者能調伏龍王之神通大力亦不能舉起此金剛杵為喻。

《聖善住意天子所問經》，全經共三卷，為元魏．毘目智仙與般若流支所共譯，收於大正藏第十二冊（T12, No.341）。為《大寶積經》〈善住意天子會〉之異譯本。此經敘述佛陀在王舍城靈鳩山集會說法時，文殊師利菩薩入普光離垢莊嚴三昧，集十方無量諸菩薩眾來聽聞如來法。本藏摘錄卷上序分諸菩薩、天龍來集會的部份經文，由經所述可知此來集聞之龍王「皆樂修行菩薩之道」，彰顯六道中並不限人道才能修習菩薩道。

《毘耶娑問經》，全經共二卷，為元魏．般若流支所譯，收於大正藏第十二冊（T12, No.354）。本經為《大寶積經》〈廣博仙人會〉的別譯本，內容主要敘說施、施主、施者的意涵及布施中有三十二種不淨施、五大施、五無上施；並說明中有識、趣生六道的差別等。本藏摘錄卷二部份經文是有關廣博仙人見四大天王臨命終前天人五衰相的過程，而西方廣目天王為一切龍主。

《大般涅槃經》（梵名 Mahā-parinirvāna-sūtra），全經共十三品共四十卷，為北涼．曇無讖所譯，收於大正藏第十二冊（T12, No.374）。本經宣說如來常住、眾生悉有佛性、一闡提能成佛等大乘教義，屬大乘涅槃經，有南北本，此經為北本涅槃經。本藏摘錄卷一部份經文。另外，南本《大般涅槃經》，為宋．慧嚴等依北本並加入《泥洹經》，輯成二十五品共三十六卷，收於大正藏第十二冊（T12, No.375）。本藏亦摘錄卷一部份經文。又《佛說大般泥洹經》，全經共六卷，為東晉法顯所譯，收於大正藏第十二冊（T12, No.376）。本藏摘錄卷一部份經文。此三藏皆摘錄經文序品中，大眾聞如來在拘尸城不久將入涅槃的訊息，九恒河龍王皆來如來所。

《大般涅槃經後分》，全經分五品共二卷，為唐若那跋陀羅所譯，收於大正藏第十二冊（T12, No.377）。本後分說明佛涅槃後現神變及荼毘分舍利供養等事。本藏摘錄卷二〈機感荼毘品〉部份經文，取龍王等分取佛舍利供養的過程。

《菩薩處胎經》，全經分三十八品共七卷，為姚秦竺佛念所譯，收於大正藏第十二冊（T12, No.384），又稱《菩薩從兜術天降神母胎說廣普經》、《處胎經》、《胎經》。經文為佛陀為阿難，現示住母胎之相狀至胎中說法，並將本經付囑彌勒。經中記載八大國王、諸天等分配舍利及建塔，以及大迦葉為上首而結集遺法等內容。本藏摘錄卷七部份經文，佛為智積菩薩說明過去生為金翅鳥王，從化生龍王受八關齋戒的因緣。

《蓮華面經》，全經共二卷，為隋代那連提耶舍所譯，收於大正藏第十二冊（T12, No.386），本藏摘錄卷上及卷下部份經文。佛陀在毘舍離獼猴池岸上大重閣，示三月後當般涅槃，勅使阿難諦觀如來之身，即使過一切眾生之身亦終入涅槃，並為說荼毘後眾生供養碎身舍利的因緣，其中龍王亦得舍利供養在龍宮；又預示佛陀入滅後，僧團中有墮落僧人的出現，猶如獅子身上蟲；卷下則提到佛法轉移入罽賓國後，有蓮華面破佛王出世，毀破佛鉢等種種佛教興衰之事緣；經文中提到佛對阿難說：「此閻浮提及餘十方所有佛鉢及佛舍利，皆在娑伽羅龍王宮中。」

《大方等無想經》（梵名 Mahāmegha-sūtra），全經分三十七品共六卷，為北涼曇無讖所譯，收於大正藏第十二冊（T12, No.387）。本經主要內容為佛陀依大雲菩薩之請問，開示通達陀羅尼門、大海三昧、諸佛實語、如來常住、如來寶藏等之修行。本藏摘錄卷一、卷二、卷三、卷四，其中與龍王相關部份經文。卷一：內容為〈大雲初分大眾健度第一〉，序分中有蓮華龍王、德叉迦龍王等三萬八千龍王至佛所集會，樂聞聽受大乘經典，欲持正法、守護正法。

卷二：內容為〈大雲初分大眾健度餘〉，所摘內容為佛以神通力起雲、興雷、降甘雨，授真言咒語令諸龍王聽聞必降甘霖。卷三摘錄內容為〈大雲初分得轉生死業煩惱健度第六〉，佛說十種生死煩惱業田得心定願藏法門，無毒龍王聽聞說偈讚歎；而〈大雲初分金鳥健度第二十三〉，佛陀宣說能壞婆修吉龍王力神通法門等十種金翅鳥神通所入法門。卷四摘錄內容為〈大雲初分如來涅槃健度第三十六〉，如來為大雲菩薩所問此經所說四百三昧之義時，世尊宣說祈雨神咒，持此咒者應讚嘆稱龍王名。

《大方等大集經》，全經共六十卷，收於大正藏第十三冊（T13, No.397），根據《歷代三寶紀》記載，是隋代開皇十六年招提寺僧就合北涼曇無讖所譯及那連提耶舍譯的經文而成，即傳稱在北涼曇無讖所譯的三十卷本上，隋沙門僧就添加那連提耶舍等所譯《日藏》、《月藏》等經合成為六十卷本。而稱大集經之意，根據丁福保《佛學大辭典》說大方等為大乘經之通名。佛在欲、色二界中間廣集十方之佛菩薩，說大乘之法，謂之大集經。在《止觀輔行傳弘決》卷五則說：「彼經廣集十方諸佛諸大菩薩於欲、色二界大空亭中，故云大集。」

本藏摘錄：

卷二十二（北涼曇無讖譯）〈虛空目分第十之一初聲聞品第一〉，世尊宣說陀羅尼，能作大光明乾焦煩惱，東、南、西、北方各有數萬龍王來集，龜茲國、于闐國等亦有諸大龍王與無量眷屬共至佛所，受持如是陀羅尼門，守護正法。

卷三十三（隋那連提耶舍譯）〈日密分中分別品第四之二〉，世尊入於禪定三昧，魔王波旬見娑婆世界在佛身中，悲泣苦惱。魔王大臣獻計，欲遣惡龍壞佛身，又欲激發諸龍瞋心以壞佛身，適發惡心反被自縛。後魔王大臣及魔眷屬聞佛說法，悉皈依於佛。日密分中救龍品第六，無數龍王為魔王波旬所控制，無法變化巨大身。後為光味菩薩所勸發，諸龍王皆至心皈命如來而回復大身。如來因具足正智，能壞顛倒、破魔業，故能救諸龍。

卷四十一（隋那連提耶舍譯）〈日藏分中星宿品第八之一〉，如前所述魔王波旬欲令諸龍壞佛身，最後自皈命於佛。此品中驢唇仙人與諸天、龍神論議星辰日月法用。

卷四十三（隋那連提耶舍譯），分三品。〈日藏分送使品第九〉，諸大龍王受光味菩薩勸發而皈命如來。〈日藏分念佛三昧品第十〉，魔王因諸龍眾皈依三寶驚怖不安，又有五百魔女發菩提心，乃於空中雨大火雹欲擾法會，為佛神通化解，佛並為大眾宣說念佛三昧法門。最後在〈日藏分昇須彌山頂品第十一〉，佛昇須彌山頂說法度諸龍眾。

卷四十四（隋那連提耶舍譯）〈日藏分中三歸濟龍品第十二〉，緣於娑伽羅龍王請問，佛陀宣說十種業投生龍中。如來為淨除梨奢龍王罪業，說淨眼陀羅尼神咒，並救度二十六億諸惡龍，救度盲龍女等救濟諸龍之事蹟。

卷四十五（隋那連提耶舍譯）〈日藏分護塔品第十三〉，世尊付囑諸大龍王守護四天下有大支提聖人住處。沙伽羅龍王奉請如來入龍宮宣日藏大集大授記經，並與諸龍眾發願守護正法。

卷四十九（高齊那連提耶舍譯），分兩品。〈月藏分第十四令魔得信樂品第六〉，魔王波旬聞佛說法，至心皈命。波旬宣說神咒，使有惡行、惡心之眾生，皆悉驚怖。〈日藏分第十四一切鬼神集會品第七〉護世四大天王祈請佛陀趁諸菩薩、聖者及諸天、人非人皆來集時，「分張付囑，天、龍、夜叉、羅剎、阿修羅、鳩槃茶、餓鬼、毘舍遮等，各令護持。」

卷五十（即本藏所收錄《大方等大集月藏經》卷第五，高齊那連提耶舍譯）護世四大天王見其所屬部眾來集世尊所，請佛付囑其各自王領，「隨於己分養育護持」閻浮提眾生，佛應所請為諸眾宣說清靜平等之法。其中龍眾即歸毘樓博叉天王所統領。

卷五十二（高齊那連提耶舍譯）〈月藏分第十二毘樓博叉天王品第十三〉，佛告栴檀華毘樓博叉天王，應守護此閻浮提西方第四分，因為此閻浮提為諸佛出興處，是故應最上護持。

卷五十三（高齊那連提耶舍譯），分兩品。〈月藏分第十二咒輪護持品第十五〉，世尊與四大天王說不可害輪大明咒句，使東西南北四方一切惡鬼神無法近身，況復撓觸。〈月藏分第十二忍辱品第十六之一〉牟真隣陀龍王向如來獻上伏諸龍大陀羅尼，跋持毘盧遮那阿修羅王獻上休息眾病大陀羅尼。

卷五十四（高齊那連提耶舍譯）〈月藏分第十二忍辱品第十六之二〉，佛陀教導諸龍眾及阿修羅眾，切莫諍鬪，應修忍辱。並說離於瞋怒、成就忍辱之勝善果報，及瞋恚不忍之苦果業報。

卷五十五（高齊那連提耶舍譯）〈月藏分第十二分布閻浮提品第十七〉，佛陀咐囑娑伽羅龍王、難陀、婆難陀龍王等諸大龍王，於大海中本宮殿護持養育正法，又咐囑阿那婆達多龍王、善住龍王等諸大龍王，於本宮中護持養育正法。

卷五十六（高齊那連提耶舍譯）〈月藏分第十二星宿攝受品第十八〉，娑婆世界主大梵天王、釋提桓因、四天王等，向佛陀稟白過去天仙分布安置諸宿曜辰，攝護國土養育眾生，於四方中各有所主。

卷五十七（高齊那連提耶舍譯）〈須彌藏分第十五滅非時風雨品第三〉，功德天宣說世水宅心陀羅尼，一切怖畏、殃禍悉皆消滅。水風摩尼宮陀羅尼，能除一切鬪諍，一切非時風熱、寒冷，災雹旱澇，悉皆消除。

卷五十八（高齊那連提耶舍譯）〈須彌藏分第十五陀羅尼品第四〉，須彌藏龍仙菩薩摩訶薩，往昔於燃燈佛所，為化諸龍，發勇猛大誓願，入龍頻申三昧，度化諸毒龍，不擾亂眾生。並宣說陀羅尼，能滅龍貪、瞋、慢、妒毒等心。

《佛說大集會正法經》，全經共五卷，為宋施護所譯，收於大正藏第十三冊（T13, No.424）。大集會正法為本經所說之法而得名，佛陀於靈鷲山為普勇菩薩說法及伏尼乾陀眾。本藏摘錄卷一部份說明八千龍王與會聽法及卷二部份經文說明佛陀為普勇菩薩說聽聞大集會正法的利益。

《佛說千佛因緣經》，全經共一卷，為姚秦鳩摩羅什所譯，收於大正藏第十四冊（T14, No.426），本經為佛應跋陀波羅菩薩問，而說賢劫千佛過去世之業因，本藏摘錄華光國土的龍自在王佛相關部份經文。

《佛說初分說經》，全經共二卷，為宋施護所譯，收於大正藏第十四冊（T14, No.498），本經即是佛陀度祠火三迦葉兄弟及舍利弗、目乾連等事蹟。本藏摘錄卷一部份經文，即是降龍度三迦葉的故事。

《佛說隨勇尊者經》，全文共一卷，為宋施護所譯，收於大正藏第十四冊（T14, No.505）。此經明隨勇尊者為毒蛇咬噬將死前，發聲告知比丘將其置於僧舍外，以免毒液流散。舍利弗過來問他相貌無異，何以告知為毒蛇所噬將死呢？並將此因緣告之佛陀，佛因此說去毒咒語，令大眾免於毒蛇之噬。

《持心梵天所問經》，全經分十八品共四卷，為西晉竺法護所譯，收於大正藏第十五冊（T15, No.585）是《思益梵天所問經》之異譯本。本藏摘錄卷四部份經文，世尊宣說神咒令眾生安穩，四大天王發願護持。

《思益梵天所問經》，全經分十八品共四卷，為姚秦鳩摩羅什所譯，收於大正藏第十五冊（T15, No.586）。佛陀宣說大乘之實義，為網明菩薩與思益梵天等諸菩薩說諸法空寂之理。

本經同本異譯者有西晉竺法護所譯《持心梵天所問經》四卷、北魏菩提流支所譯《勝思惟梵天所問經》六卷等。本藏摘錄卷四部份經文。

《勝思惟梵天所問經》，本經文無分品共六卷，為元魏菩提流支所譯，收於大正藏第十五冊（T15, No.587），亦是《思益梵天所問經》之異譯本，經文內容亦與之相同。本藏摘錄卷六部份經文。

《佛為勝光天子說王法經》，全經共一卷，為唐義淨所譯，收於大正藏第十五冊（T15, No.593）。佛陀為憍薩羅國王勝光天子說為國主法，勸國主遠離惡法，王如父母，視國人如子，情懷恩恕，薄為賦斂，燃正法炬，轉正法輪。若能如斯行，則令國中龍王歡喜，諸天慶悅，風調雨順。

《治禪病祕要法》，全經共二卷，為劉宋沮渠京聲所譯，收於大正藏第十五冊

（T15, No.620），本經說明行者在阿練若處修禪時，心身發生種種禪病時的對治法。其法有十二：（1）治於阿練若亂心病的七十二種法。（2）治噎法。（3）治行者貪淫患。（4）治利養瘡。（5）治犯戒。（6）治樂音樂。（7）治好歌唄偈讚。（8）治因水大猛盛而患下。（9）治因火大導致頭痛眼痛耳聾。（10）治入地三昧、見不祥事而驚怖失心。（11）治風大。（12）治初學坐禪者被鬼魅附著，種種不安不能得定。

本藏摘錄卷一部份經文：治阿練若亂心病七十二種法，若行者入風三昧，自見己身作一九頭龍，一一龍頭有九百耳、無量口，如大溪谷，皆出猛風，宜急治之。觀想化佛手捉澡灌，中有一六頭龍動身吸風。在治噎法中，則觀想阿耨達七寶宮殿以治之。

《月燈三昧經》，全經共十卷，為高齊那連提耶舍所譯，收於大正藏第十五冊（T15, No.639），本經記載佛陀為月光童子說以平等心、救護心、無礙心、無毒心及因地所修之無量三昧，或以如實了知一切法之體性而證得菩提；成就施、戒、忍等法，得證諸法體性平等無戲論三昧。又說菩薩應成就善巧，住不放逸，修神通本業，行財施、捨身，佛陀自身因在因位中行布施、持戒等善法，得相好莊嚴之形。

本藏摘錄卷二部份經文：菩薩如實無染、無瞋、無痴、無顛倒心故，名大龍丈夫。佛陀受月光童子供，入王舍城時，現種種神變未曾有。其中一者即為阿耨大龍王之女，擊百種妙音，誠心供佛。

以上為《龍王藏》第四冊所收錄與諸龍相關經典之大要。

在禍亂的世間需要用無比的願心，發出心念乃至量子的訊息，讓天災、人禍、戰爭漸得止息；更要以真實精進的行動力，來圓滿一切的善願。《龍王藏》的出版有著特別的意義與力量，使這個世界具有更深的智慧、慈悲與定力，來讓人間與大眾的惡意螺旋消止。讓我們祈請龍王、諸龍，一起參與這圓滿和平地球，使天災人禍得以止息的運動。當混亂讓我們的心更加的貪婪、瞋恚、愚癡，如此這個世界與所有的生命，也將如同鏡面一般，相照一般投映出同樣的惡意而互相攻擊，使人間更加惡化，而讓天災人禍難以止息。

我們深願《龍王藏》聚合龍王與諸龍的福德大力，來創造智慧與慈悲的勝善因緣。這是能讓所有的龍王、龍族與人類共同創發福德、智慧、悲心的經典，並為佛所護念。讓我們共同一心的祈願，為創造這光明的清明世界，讓宇宙、天地的龍王、諸龍與一切眾生共善和樂，共享福德善境，共證無上正覺。普願所有大眾、一切的龍王、諸龍及所有眾生，無災無障，圓滿吉祥，共創淨土，直至圓滿成佛！

龍王佛 | 洪啓嵩 恭繪 | 2017年 | 2mx5m

大寶積經 卷第七 摘錄

大唐三藏菩提流志奉 制譯

第二無邊莊嚴會清淨陀羅尼品第三之二

佛言：「無邊莊嚴！何者是能攝四天王并眷屬句？」而說頌曰：

於彼住夜叉，無忿無擾亂，多聞之長子，及父咸恭敬。
刪闍耶夜叉，及諸勝軍旅，而常擁護彼，愛樂此法者。
持國大神王，恒將諸眷屬，彼亦常衛護，善說此經者。
醜目之眷屬，自身與軍眾，若能住此教，一切當擁護。
增長王亦爾，軍旅及諸眾，愛樂此法者，普皆作衛護。
幢幡大幢力，此住於東方，大稱羅剎斯，彼皆攝入此。
而於此法門，有能受持者，自身與眷屬，常親近守護。
藍婆毘羯遮，并及悉馱多，奚離末底等，此皆住南方。

侍衛於帝釋，彼皆攝入此，擁護益精氣，一切智者說。
劍離三蜜多，及伽羅繫翅，并與蜜室多，名稱羅剎斯。
皆住於西方，此等皆攝來，說法了義者，一切常擁護。
實諦有實諦，名稱羅剎斯，深信於此法，彼住於北方。
佛為擁護故，攝彼來入此，由如來威力，一切合掌住。

佛言：「無邊莊嚴！何者是能攝四天王并諸眷屬、侍從、內宮令入之句？」即說呪曰：

散寧微舍儞一　摩訶引薩嚟二　摩訶揭儞三　摩訶揭若儞四

sanniviśani mahāsari mahāgani mahājani

鉢囉二合步引多微誓曳五　馱嚩二合社阿孽囉六

praptavijaye dhvajāgra

污播嚩引薩儞七　阿儞邏引細曩覩娑呵八

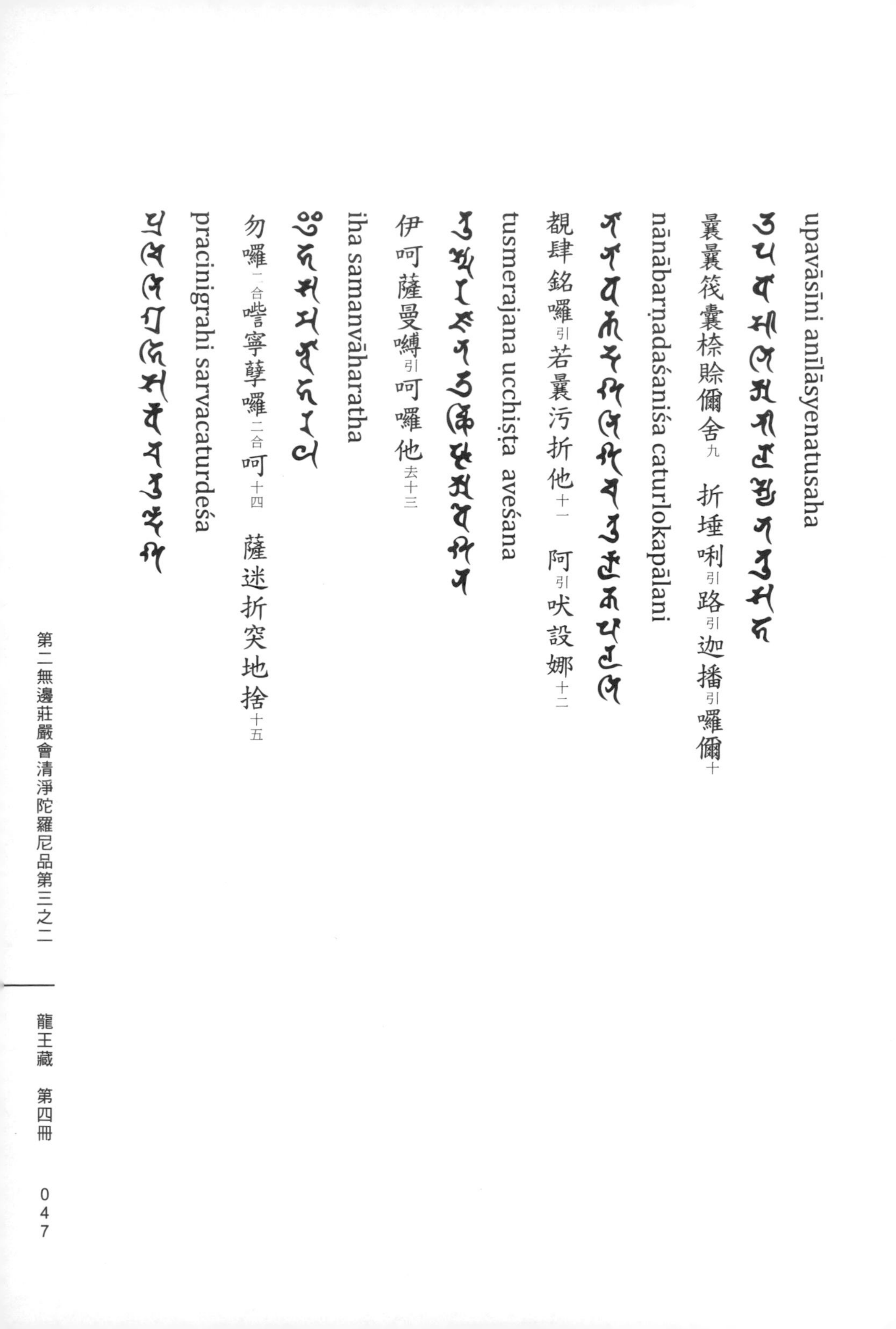

upavāsini anilāsyenatusaha

曩曩筏囊榛賖儞舍九　折埵唎引路引迦播引囉儞十

nānābarṇadaśaniśa caturlokapālani

覩肆銘囉引若曩污折他十一　阿引吠設娜十二

tusmerajana ucchiṣṭa aveśana

伊呵薩曼嚩引呵囉他去十三

iha samanvāharatha

勿囉二合呰寧孽囉二合呵十四　薩迷折突地捨十五

pracinigrahi sarvacaturdeśa

（略）

佛言：「無邊莊嚴！若有天王、人王、阿修羅王、迦樓羅王及諸龍王，或大威德小威德者，若信不信諸眾生等，我皆授與陀羅尼句，令其信者於此法中獲增上信，其不信者默然捨之，不令得起語言諍論。說此法時，若有來作障礙留難而悉摧伏。此中何者是能攝取淨信者句？」即說呪曰：

愚嚧那上嚟一　阿者鉢麗二

gurunare acapale

娑嚩二合毘涅呵引囉三　句末泥四

svavinirhāra kumārī

涅攘曩鉢囉二合底微嚧異寧五

nirjñanaprativiroyini

只多珊者曩儞六　只多鉢唎二合羯酪七

cittasañcanani cittaparikarme

只多三上鉢囉二合娑引那儞八　麼曩肆也二合九　呵唎灑二合伽囉儞十

cittasaṃprasadhani manasya hariśakaraṇi

微攘曩肆也二合十一　阿怒娑嚩二合底十二

vijñānasya anusvati

阿怒達麼努閉去灑二合寧十三

anudharmano pekṣaṇe

呬都珊那唎舍儞十四　多他阿去殺二合囉鉢那十五

hetusandhariśaṇi tathā akṣarapāda

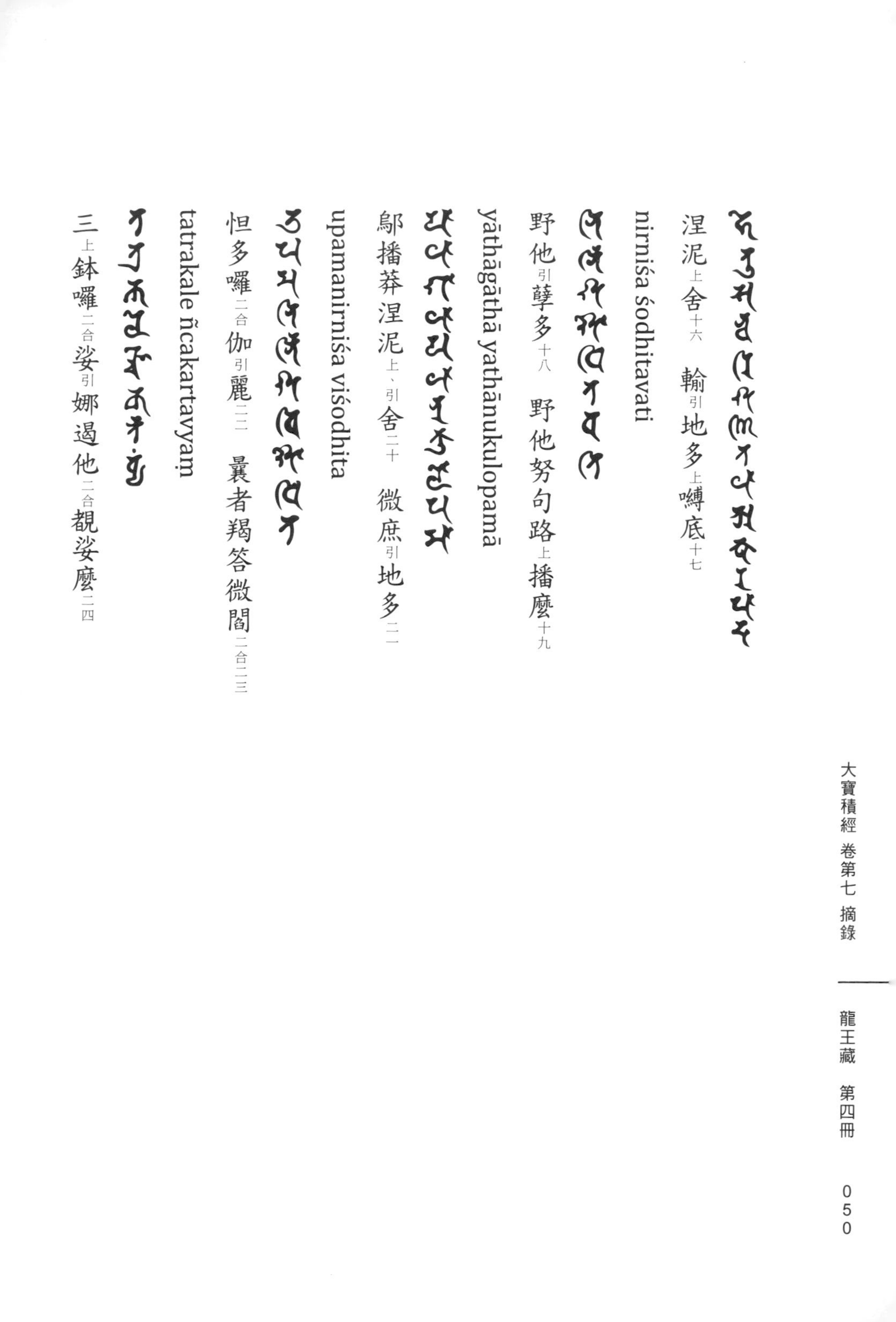

涅泥上舍十六　輸引地多上嚩底十七

nirniśa śodhitavati

野他引孽多十八　野他努句路上播麼十九

yāthāgāthā yathānukulopamā

鄔播莽涅泥上、引舍二十　微庶引地多二一

upamanirniśa viśodhita

怛多囉二合伽引麗二二　曩者羯答微閻二合二三

tatrakale ñcakartavyaṃ

三上鉢囉二合娑引娜遏他二合覩娑麼二四

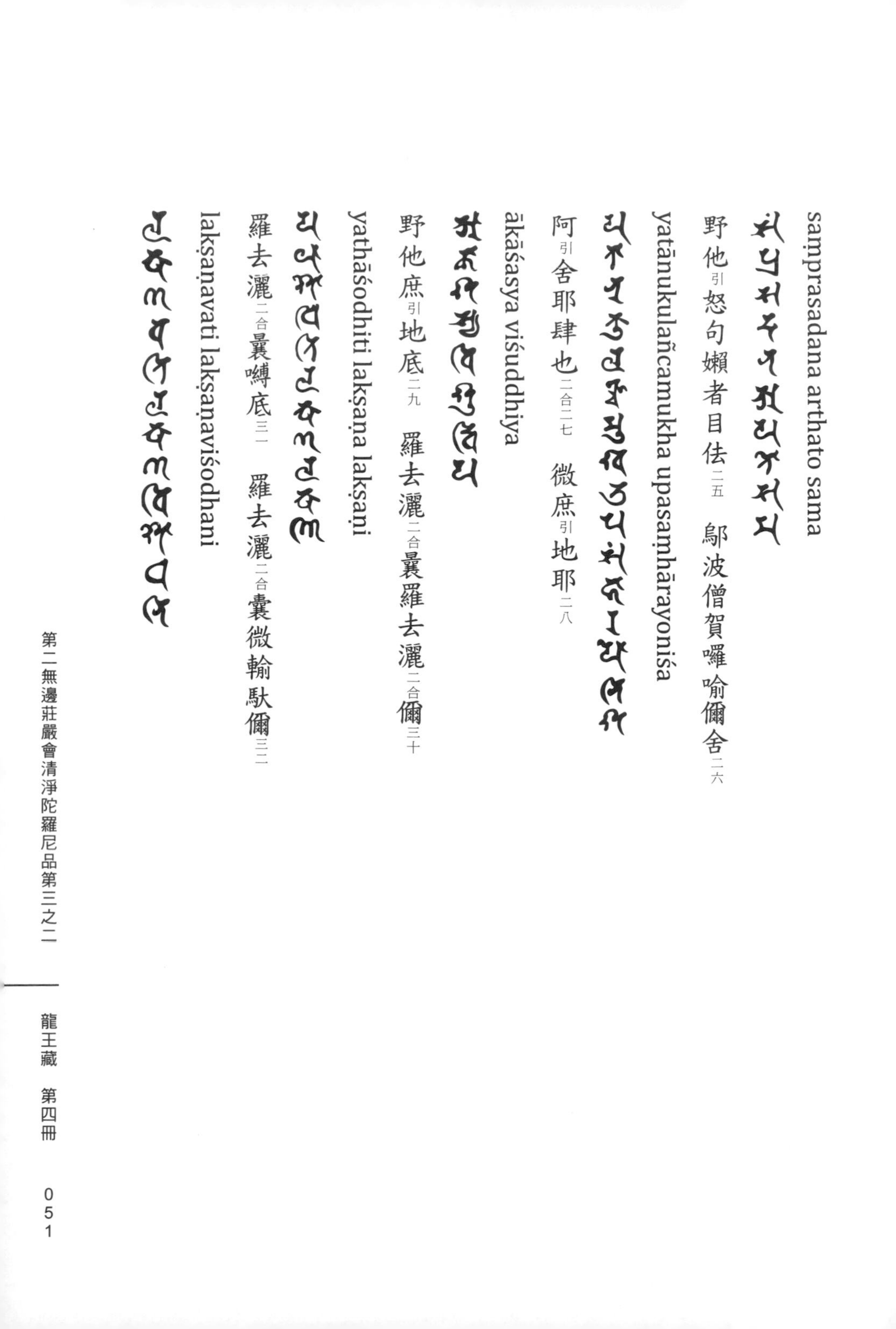

samprasadana arthato sama

野他引怒句嬾者目佉二五　鄔波僧賀囉喻儞舍二六

yatānukulañcamukha upasaṃhārayoniśa

阿引舍耶肆也二合二七　微庶引地耶二八

ākāśasya viśuddhiya

野他庶引地底二九　羅去灑二合曩羅去灑二合儞三十

yathāśodhiti lakṣaṇa lakṣaṇi

羅去灑二合曩嚩底三一　羅去灑二合囊微輸馱儞三二

lakṣaṇavati lakṣaṇaviśodhani

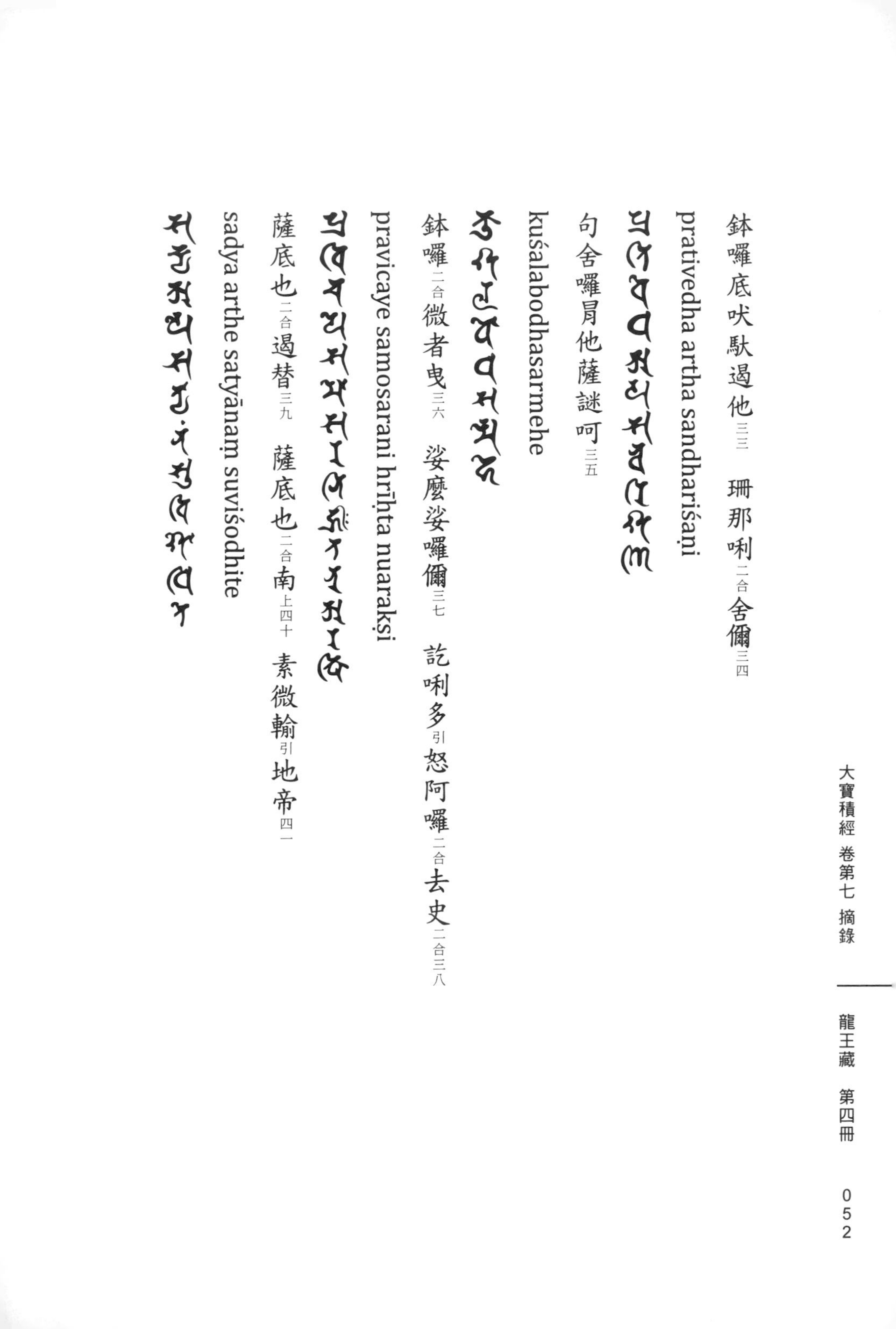

鉢囉底吠馱遏他三三　珊那唎二合舍儞三四

prativedha artha sandhariśaṇi

句舍囉冐他薩謎呵三五

kuśalabodhasarmehe

鉢囉二合微者曳三六　娑麼娑囉儞三七　訖唎多引怒阿囉二合去史二合三八

pravicaye samosaraṇi hriḥta nuarakṣi

薩底也二合遏替三九　薩底也二合南上四十　素微輸引地帝四一

sadya arthe satyānaṃ suviśodhite

大寶積經　卷第六十三　摘錄

北齊三藏那連提耶舍譯

龍女授記品第六

爾時，九億六千萬龍女，見諸阿修羅、伽樓羅供養世尊及授記已，心生欣喜。彼得欣喜，踊悅稱心，於世尊所起心供養，化作九億六千萬蓋，皆七寶成；毘琉璃網以覆其上，赤真珠寶以為網緣，金為蓋莖，毘琉璃寶以為蓋子，數有百千，雜寶旒蘇垂下四面。化作九億六千萬馬，青馬青色、青形、青光，諸莊嚴具一切皆青，毘琉璃寶以為韁鞚。於上虛空中化作大威德摩尼寶車，於其車上復有寶殿，縱廣正等六十由旬，其殿遍覆諸來大眾。其殿四面化作九億六千萬眾寶旒蘇，周遍垂下，甚奇微妙，其諸光彩奪人心目。化作寶網彌覆殿上，復有寶鈴懸殿四廂。化作七寶鶬鴰、白鴿，以次飛行遶殿四面。又復化作九億六千萬種諸龍音樂。時，諸龍女，乘彼青馬，各擲寶蓋，於虛空中自然遊行。是諸龍女各取樂器，奏諸音聲，遶佛三匝，以天旃檀末、天沈水末、多摩羅葉末、天真金末及諸龍花，并復化作種種之花而散佛上。復以優波羅花旃蘇、種種雜色眾花旃蘇、種種無量雜香旃蘇，種種無量雜色之衣，種種無量雜色瓔珞，以用散佛廣設供養，亦如彼諸阿修羅王。

爾時，九億六千萬龍女作音樂時，以佛神力，其聲遍滿三千大千佛之世界。其中眾生聞是聲者，於阿耨多羅三藐三菩提得不退轉。於大威德眾寶殿中，及寶旃蘇，眾鳥行間；諸寶鈴網，微風吹擊，出妙音聲，其聲和雅，甚可愛樂，譬如百伎音樂善巧學人之所擊作，所出音聲和雅可愛。於彼大威德殿乃至鈴網所出之聲，亦復如是。此聲亦遍三千大千佛之世界，其中眾生若聞聲者，於阿耨多羅三藐三菩提亦不退轉。

爾時，彼諸龍女復更雨於種種天花、種種天香，與水俱下，其香花氣順風、逆風、不順不逆皆悉能去。以香水故，於迦毘羅城縱廣正等六十由旬皆成香泥。其香泥氣遍滿三千大千世界，其中眾生聞是香氣，亦於阿耨多羅三藐三菩提得不退轉。

爾時，彼諸龍女供養佛已，及九億六千萬蓋、九億六千萬馬、九億六千萬音樂、一切眾寶莊嚴供具，於虛空中頭面禮佛，右遶三匝，却住一面，曲躬合掌以偈讚曰：

諸龍婦等有智慧，心意踊悅生欣喜，
供養釋迦牟尼佛，願求安隱大菩提。
化作九億六千萬，寶蓋及與妙莊嚴，
供養善逝善調心，出離一切諸障礙。
復化九億六千萬，妙馬及與莊飾具，
馬與莊嚴皆青色，亦復更有青色幢。
彼馬一切空中行，詣於佛所作供養，
龍婦咸有信敬心，頭面頂禮如來足。
於龍宮中化音樂，為供養故而持來，
來已奉上釋迦文，應受供養大導師。

善逝令彼音樂聲，遍滿三千大千界，
無量眾生得聞已，皆悉不退菩提心。
彼諸龍女於空中，化作一大眾寶殿，
縱廣由旬有六十，遍覆十方一切眾。
寶名威德熾然光，普照十方大千界，
彼諸龍女大眾前，淨心欣喜供養佛。
生於踊悅無等心，為求安隱菩提果：
「願令我等當作佛，利益一切眾生故。
我等願於無量眾，說法度諸煩惱纏，
亦如十力大導師，現救苦惱眾生等。
一切諸法如幻焰，亦如水沫不堅實，
又如注雨所起泡，當知諸法無有主。
眾生如像亦如影，如是觀察世間已，
唯願我等為眾說，法性真如及實際。

如佛無過善見法，虛偽妄相誑愚者，
如幻莊嚴無有實，唯能惑亂諸凡夫。
眾生於法迷無智，不知諸法如實性，
導師已見彼彼法，復能令他眾生解。
虛空興雲遍覆地，見彼空雲猶如影，
彼無體實無所依，亦復如影無有實。
如是眾生無體性，唯能誑惑諸根門，
佛智如是見有趣，但能誑惑無智者。
世間尊重以此業，於智慧人作利益，
如來示現無體性，一切眾生真實故。
唯以實法悅預子，生死泥中作橋梁，
愚癡實法非境界，由於著聲不求義。
以佛無邊我歸依，具足示現真實者，
能與愚夫作親救，歸趣舍宅善知識。

如是為求大菩提，我等供養尊導師，
願得作佛覺寤他，我益世間猶如佛。」
爾時，世尊知諸龍女得深信已，現微笑相。爾時，慧命馬勝比丘以偈問曰：
於世智中勝智者，最勝導師現微笑，
尊重堅固德如山，今現微笑非無因。
人中最上勝尊主，願為說此笑因緣，
天人龍鬼若得聞，於佛皆生大欣喜。
世間導師於世聞，常知一切因緣法，
無有一法佛不解，因緣種類佛悉知。
唯願善逝見為說，如佛所知笑因緣，
一切大眾若得聞，皆生欣喜除疑網。
如來妙法有大利，此等大眾必當獲，
大眾若得寂定心，由味妙法利益故。
佛力令斷分別已，唯樂菩提聽佛說，

若得聞於笑因緣，當必成就於佛道。
若人於法情有疑，其心掉動生苦惱，
現今此會大眾是，不知微笑因緣故。
大眾堪能斷疑網，唯願導師令除滅，
速為眾說度我等，以何因緣現微笑？
誰於今日心清淨？誰於今日降魔怨？
誰於佛所生敬信？誰於今日供養佛？
唯願導師大眾前，演說誰有如是力，
我等聞已生喜心，生喜心已得安樂。
此諸大眾咸敬禮，一切皆有疑網心，
願說笑因生喜故，唯願世尊斷眾疑。
此諸天人得聞已，大眾當得無疑網，
若得聞於如來說，一切當得欣喜心。

爾時，世尊以偈答慧命馬勝言：

善哉善哉慧馬勝，能問如來笑因緣，
見諸龍女供養已，我愍世間故微笑。
我今為汝說彼果，離諸過惡至心聽，
我今所為現微笑，汝馬勝等聽我語。
此諸龍女心無著，求大菩提修進行，
以智慧修世間空，決定安住菩提道。
於此無作無受者，亦無生者養育者，
但有諸法無餘事，其法亦妄如焰像。
以知恩故供養我，能以智慧知真實，
善哉佛解諸世間，所謂能見空無主。
彼樂此空善修習，雖設供養猶如幻，
於勝菩提所發願，觀彼菩提亦無著。
此以無等供養佛，亦觀眾生空寂已，
永離龍道惡趣身，與彼帝釋天中住。

在忉利天極受樂，盡彼天子壽命已，
無能毀呰彼名稱，復得生彼夜摩天。
居止夜摩天宮時，具受彼天勝妙樂，
諸佛子等住彼中，乃至盡彼天壽量。
此諸佛子具受樂，盡彼夜摩天壽已，
復得往生兜率天，與彼處天同其類。
為諸天女常圍遶，具受彼天勝妙樂，
心無所著住善道，譬如蓮花水不污。
彼天能以大智慧，觀察一切世間空，
猶如畫石字不滅，彼念不失亦如是。
彼諸天子居彼天，具受彼中勝妙樂，
於彼善道盡壽已，當更往生化樂天。
彼得善名無能毀，為諸天女勝供養，
雖住天宮心無著，乃至盡彼天壽限。

於彼化樂天宮中，具受彼天勝樂報，
彼智慧者命盡已，於一切法得究竟。
往生他化自在天，作大商主信清淨，
住彼天中心無染，如是住時愛樂法。
彼等居彼天宮殿，受彼極妙五欲樂，
無愚癡者住善道，乃至盡彼限壽量。
雖受天欲見其過，樂求寂定及涅槃，
修習獲得禪定已，命終即生梵天中。
於梵宮中善知禪，受彼禪果寂滅樂，
智慧無等住一劫，願求無上大菩提。
住彼梵宮一劫時，善住威儀求智慧，
方便以利益世間，廣作無邊無有量。
智住梵宮樂在禪，於禪不著而寂滅，
知著禪樂亦是過，諸根寂定求菩提。

於一切處心信解，皆得安住菩薩行，
知諸禪定虛誑相，唯求寂滅大涅槃。
彼諸佛子於彼中，求於安隱菩提果，
在彼梵宮心清淨，思利世間善調心。
諸梵天等自然教，彼說梵教非出世，
唯有諸佛菩提道，究竟能得出世間。
梵天當時生信已，發心安住於佛法，
知本梵天自然教，非是究竟出世道。
於善逝法彼相應，為於世間說是法，
如彼法眼所說果，令彼聞者速能知。
彼等住彼梵宮時，作諸利益世間已，
能令無量那由他，億眾安住菩提道。
彼於無量那由劫，當得供養一切佛，
後於未來星宿劫，諸根寂靜當作佛。

諸天人龍阿修羅，金翅夜叉乾闥婆，
鳩槃茶鬼緊那羅，一切大眾皆欣喜。
彼等一切佛教化，於佛法中得力已，
皆悉欣喜合指掌，稽首頂禮於佛足。

大寶積經卷第六十三

大寶積經　卷第六十四　摘錄

北齊三藏那連提耶舍譯

菩薩見實會第十六之四龍王授記品第七

爾時，難陀、優波難陀龍王等九億諸龍，見諸龍女設妙供養，及聞龍女得授記已，生希有心、未曾有心，作是思惟：「乃至如來、世尊、應、正遍知，希有、未有，以是如來知諸眾生機根深信如來，無有少分不見、不聞、不證如來正法；是其善說，能令大眾聞已，現知無有時節，隨機授法，必令得果，令諸智者現得證知。乃至女人，動轉輕躁、智慧淺短，猶得解佛所說深法，況餘智者，善能安住如來法中諸弟子眾！」如諸女人欲心增上、瞋心增上、癡心增上，猶能得知如來所說。是故，難陀、優波難陀龍王及諸龍等，於如來所生希有心、生未有心，為供養故，遍閻浮提諸山大海、興雲遍覆一切世間，普雨香水以成香泥。彼香泥氣充滿三千大千佛刹，其中眾生聞香氣者，皆不退於阿耨多羅三藐三菩提。於迦毘羅城縱廣正等六十由旬，雨赤真珠遍覆其地；復以無價種種眾寶，周匝遍覆尼拘陀園。

復以龍華化成妙堂，縱廣正等六十由旬，椽柱梁壁皆用七寶。復更化作無量樂器，為供養故，擊出妙音。於彼龍花微妙堂中，化作九億種種雜色眾花旒蘇，懸於堂上；以毘琉璃網覆諸寶柱，以無價寶遍布堂下。其寶柔軟，譬如三十三天般籌絨婆羅石，其石之色如毘琉璃，石觸柔軟如迦遮隣提迦衣，微妙可樂繫人眼目，令諸天人愛戀繫念。彼諸寶等亦復如是。

彼諸種種摩尼寶中，或有出於涼冷光焰，有出青水、有出赤水、有出白水、有出黃水，或復有出雜色之水，或復有出涼樂之風。或有寶珠，隨諸眾生所須之事皆悉出之；或復有寶，出於腴澤；或有摩尼，堪為明鏡，一切大眾皆現其中，於迦毘羅大城之中所出人民，隨其多少皆現寶中，一切大眾皆悉覩見佛及聲聞。作此種種神通變化，以彼摩尼寶神力故，於其地中出於種種雜色寶蓋，及以種種雜色寶幢，亦有種種雜色寶幡；復出種種雜花旒蘇，亦有種種雜香旒蘇，復有種種雜寶旒蘇，復出種種真珠旒蘇，復出種種雜色龍幡，復出種種眾寶鈴網，復出種種雜色良馬，諸所出者皆是龍力。

爾時，難陀、優波難陀龍王及九億龍，驅彼良馬，隨而步行，右遶三匝，以妙迦遮隣提迦柔軟之寶而散世尊。於彼堂下地中所出種種眾寶，上昇虛空，雨於如來及聲聞上。復以諸龍無量樂器，於虛空中自然出好微妙音聲，供養於佛。

爾時，九億諸龍遶佛三匝已，在於佛前合掌默然念佛功德，瞻仰如來目不暫捨。樂佛功德，深心安住阿耨多羅三藐三菩提故。彼等少時合掌默然念佛功德已，偏袒右肩，右膝著地，合掌向佛，五體投地為佛作禮，眾共一音以偈讚曰：

久修威儀百福相，悲心離垢行具足，
棄捨無盡眾寶地，世尊出於迦毘城。
於六年中修苦行，如來不得甘露道，
善逝意猶不退悶，以其久修智慧故。
如來真是天人師，為世間故修苦行，
世人聞已尚不堪，況復能以目親覩。

牟尼過去捨頭目，如聖所集菩提心，
我等聞是不生樂，由聞如來苦行故。
如佛本作忍辱仙，為迦利王截手足，
及劓耳鼻不生恚，我等聞是不能忍。
如佛以身上秤盤，為鳥歸投不捨棄，
我等聞已亦不樂，如來過去甚勤苦。
何故我等心不樂？以世尊行極苦故，
於如來所作惡者，墮惡道時佛復悲。
具足聖慧大導師，云何能行不害心？
修習道行無瘡疣，唯願佛說安樂行。
今此龍眾已發心，求於善逝菩提行，
如佛所說悉能行，唯願速說菩提道。
此諸龍眾甚渴仰，唯求不死不生處，
願說如來安隱行，令此眾生易受化。

爾時，世尊見諸龍眾設其供養及聞發願，知深信已，佛於爾時現微笑相。諸佛法爾，若現微笑，即於面門放種種色無量光明，其光遍照上至梵天，照已還來從佛頂入。

爾時，慧命馬勝比丘以偈問曰：

善哉沙門大牟尼，非是無因現微笑，
慈悲導師唯願說，無等善慧笑因緣。
大眾瞻仰求欲聞，世尊無量功德行，
於笑生疑心不樂，唯願法王斷眾疑。
誰於釋迦佛法中，今生敬信心欣喜？
誰令今日魔波旬，心意迷亂不欣樂？
誰於今日能恭事，功德法父大導師？
誰作第一勝供養？願釋師子上上說。
此諸大眾合指掌，皆悉對佛瞻仰住，
唯願導師除疑網，為眾演說笑因緣。

大眾聞已生欣喜，能知世尊正法教，
大智世尊令眾喜，隨順正教善安住。

爾時，世尊以偈答慧命馬勝曰：

深廣智慧大眾師，說時梵音具八種，
清淨其心離穢濁，諦聽我說笑因緣。
此諸龍王敬信心，於我設供超一切，
是等為求佛菩提，利益一切世間故。
悲心增上觀眾生，無有導師云何樂？
我云何得大菩提，成熟眾生不疲勞？
深樂寂定具智慧，乘安樂乘心清淨，
於空無相及無願，無量劫來久已修。
其心平等觀世間，如佛所得智慧相，
慈悲喜心皆平等，為令世間安隱故。
第一悲心憐愍者，當得作佛稱其意，

彼等觀察世間已，當成導師號無怨。
彼等當得甘露時，無有魔怨亦無餘，
恒常演說無我法，一向無有世俗說。
彼諸如來具大悲，令諸眾生入佛智，
是諸善逝說法時，一切眾生皆信解。
彼等世世修道時，成熟眾生不為難，
彼所成熟聞法已，當得解脫證甘露。
諸聞法者悉解脫，是諸眾生皆端嚴，
一切眾生皆能知，彼諸如來所說法，
一切鬼神及畜生，無有不解彼佛語，
一切皆得念法已，能解如來甘露法。
無有眾生聞佛說，當時不生愛樂心，
愛樂彼佛所說者，一切皆悉得甘露。
彼時所有受化者，當得解脫生老病，

及解脫死憂悲苦，聞佛說已心無垢。
如是釋迦牟尼佛，說諸龍意答佛子，
如彼堅智心中轉，為得無等菩提故。
如來授彼諸龍記，大眾聞已皆欣喜，
大眾喜已歸依佛，一切皆悉心寂靜。

大寶積經　卷第八十三　摘錄

大唐三藏菩提流志奉　詔譯

無盡伏藏會第二十之一

如是我聞：一時，佛在王舍城耆闍崛山，與大比丘眾一千人俱，皆悉成就殊勝功德能師子吼。菩薩摩訶薩五百人，一切皆得陀羅尼門辯才無礙，證無生忍住不退轉，具諸三昧遊戲神通，善知眾生心行所趣，其名曰：日幢菩薩、月幢菩薩、普光菩薩、月王菩薩、照高峯菩薩、毘盧遮那菩薩、師子慧菩薩、功德寶光菩薩、一切義成菩薩、成就宿緣菩薩、成就願行菩薩、空慧菩薩、等心菩薩、喜愛菩薩、樂眾菩薩、戰勝菩薩、慧行菩薩、電得菩薩、勝辯菩薩、師子吼菩薩、妙言音菩薩、能警覺菩薩、巧轉行菩薩、寂滅行菩薩，如是等菩薩摩訶薩而為上首。復有釋提桓因、四大天王、娑婆世界主梵天王，及大威德諸天、龍、夜叉、乾闥婆、阿修羅、迦樓羅、緊那羅、摩睺羅伽，如是等無量諸大眾俱。

爾時，電得菩薩見諸大眾寂然清淨，諸大龍象皆悉已集，即從座起，偏袒右肩右膝著地，合掌向佛白言：「世尊！我有少疑今欲諮問，唯願如來見垂聽許。」

爾時，世尊告電得菩薩言：「如來、應、正等覺恣汝所問，當為汝說。」

電得菩薩白佛言：「世尊！菩薩摩訶薩成就何法，能滿眾生一切所欲，不為諸過之所染著，隨其根性方便引導，令彼眾生身壞命終不墮惡趣，決定當得證於平等，處世無染猶如蓮花，不動法界遊諸佛剎，常不離佛不見色身，住三解脫不入正位，隨眾生欲嚴淨佛土，於剎那頃速能成就阿耨多羅三藐三菩提？」

爾時，電得菩薩摩訶薩即於佛前，以偈問曰：

無上人中尊，無邊知見者，安住於共法，利益諸世間。
等心視眾生，為世所依怙，示諸邪正道，令畢竟安樂。
積集勝功德，猶如眾寶聚，世間智慧日，三界應供尊。
願說最上乘，成就菩薩道，面相如滿月，具足奢摩他。

開示寂靜法，能滅諸煩惱，願說菩薩行，饒益諸眾生。
佛剎并壽命，色身與眷屬，三業及諸法，一切皆清淨。
唯願如來說，清淨菩薩行，云何降伏魔？云何而說法？
云何不忘失？唯願為宣說，云何勇進者，遍入於生死，
安住一相中，於法常無動？云何諸佛所，親近而供養，
常觀佛色身，畢竟離諸相？雖證三解脫，如鳥飛空界，
未具諸功德，終不入涅槃？知諸根性欲，隨順無所畏，
亦不生染著，成熟彼眾生？先施世間樂，後令發淨心，
具足殊勝智，證無上菩提？如是深妙義，唯願如來說。

爾時，世尊告電得菩薩摩訶薩言：「善哉！善哉！善男子！乃能問佛如是之義，利益安樂無量眾生，攝受現在世間天人，及未來世諸菩薩等。是故，電得！應當諦聽！善思念之！當為汝說。」

電得菩薩言：「唯然，世尊！願樂欲聞。」

佛告電得：「菩薩摩訶薩有五種伏藏，大伏藏、無盡伏藏、遍無盡伏藏、無邊

伏藏，菩薩具足如是伏藏，永離貧窮，即能成就如上所說殊勝功德，以少功力速疾當得阿耨多羅三藐三菩提。云何為五？所謂貪行伏藏、瞋行伏藏、癡行伏藏、等分行伏藏、諸法伏藏。

「電得！云何名為菩薩摩訶薩貪行伏藏？謂諸眾生貪行相應顛倒繫縛，隨行諸相種種分別，於色聲香味觸法等諸境界中，執著堅固耽樂昏迷。菩薩於彼諸眾生等種種心行應如實知，彼諸眾生何所樂欲？於何境界染習增強？具足成就何等信解？往昔曾種何等善根？於何乘中當得發趣？所有善根久如成熟？菩薩為斷諸眾生等一切欲故，令彼善心常相續故，審諦觀察而為療治。

「電得！當知眾生根行差別難識，一切聲聞辟支佛所不能知，何況凡夫及諸外道。是故，電得！或有眾生雖著諸欲，亦能成熟阿耨多羅三藐三菩提。或有眾生纔觸欲境，或以染心發於語言，便得成熟無上明脫。或有眾生覩諸妙色心生欲染，彼色變壞即便覺知，欲惱便息深念無常，則能成熟無上明脫。或有眾生雖見女人不生貪著，於後思念方起染心，想彼形容而生愛戀。或有眾生於其夢中見可意色，心生貪著繫念追求。或有眾生聞女人聲便生貪愛，有時暫見離貪染心，便得成熟無上明脫。是故，電得！菩薩於是種種貪病及以貪藥善巧了知，而於法界無有二相，於此迷惑法界眾生起大悲心。

「電得！若貪瞋癡、若法界智，無有少法而可得者。菩薩作是念言：『如我所見，是諸眾生於此無相自性空寂假名安立和合法中，起於貪欲、瞋恚、愚癡。我當於此如實觀察，為彼迷惑貪欲眾生，住於大悲成滿昔願，不動法界以無功用智而成熟之。』若有丈夫於彼女人妄生淨想起重貪染，菩薩即便示現女身，端正殊妙色相具足，珍寶瓔珞種種莊嚴，猶如天女昔所未見，隨彼眾生令其愛著。極貪戀已量彼堪任，方便拔其貪欲毒箭。以自在力還變女身，現其人前而為說法，令彼眾生通達法界，便沒不現。若有女人於彼丈夫心生愛染，菩薩便為現丈夫身，乃至拔其貪欲毒箭，而為說法令入法界，便沒不現。

「電得！是諸貪行二萬一千，及彼諸行八萬四千，菩薩無功用智出生無量億千法門，開曉眾生悉令解脫，而亦不念我為眾生如是說法，亦無眾生得解脫者。電得！譬如無熱龍王以業力故，於其宮內出四大河，為諸眾生水陸住者，夏時熱惱而作清涼，潤澤花果滋實五穀，令諸眾生安隱快樂。而彼龍王不作是念：『我今令此河水流出，已出、當出。』然於四河常自汎滿為眾生用。菩薩亦復如是成就昔願，以無功用智說四聖諦，滅除一切生死熱惱，普施人天聖解脫樂。而是菩薩亦不念言：『我今說法，已說、當說。』任運住於大悲之心，觀察眾生隨應說法。

大寶積經　卷第九十　摘錄

大唐三藏菩提流志奉　詔譯

優波離會第二十四

「舍利弗！若諸菩薩成就五無間罪，犯波羅夷、或犯僧殘戒、犯塔、犯僧及犯餘罪，菩薩應當於三十五佛前，晝夜獨處，殷重懺悔。應自稱云：『我某甲，歸依佛、歸依法、歸依僧。

「『南無釋迦牟尼佛、南無金剛不壞佛、南無寶光佛、南無龍尊王佛、南無精進軍佛、南無精進喜佛、南無寶火佛、南無寶月光佛、南無現無愚佛、南無寶月佛、南無無垢佛、南無離垢佛、南無勇施佛、南無清淨佛、南無清淨施佛、南無無娑留那佛、南無水天佛、南無堅德佛、南無栴檀功德佛、南無無量掬光佛、南無光德佛、南無無憂德佛、南無那羅延佛、南無功德花佛、南無蓮花光遊戲神通佛、南無財功德佛、南無德念佛、南無善名稱功德佛、南無紅炎帝幢王佛、南無善遊步功德佛、南無鬪戰勝佛、南無善遊步佛、南無周匝莊嚴功德佛、南無寶花遊步佛、南無寶蓮花善住娑羅樹王佛。

「『如是等一切世界諸佛世尊常住在世，是諸世尊當慈念我。若我此生、若我前生，從無始生死已來所作眾罪，若自作、若教他作、見作隨喜；若塔、若僧、若四方僧物，若自取、若教他取、見取隨喜；五無間罪，若自作、若教他作、見作隨喜；十不善道，若自作、若教他作、見作隨喜；所作罪障，或有覆藏、或不覆藏，應墮地獄、餓鬼、畜生、諸餘惡趣、邊地下賤及蔑戾車；如是等處所作罪障，今皆懺悔。

「『今諸佛世尊當證知我、當憶念我。』我復於諸佛世尊前作如是言：『若我此生、若於餘生，曾行布施、或守淨戒，乃至施與畜生一摶之食，或修淨行所有善根，成就眾生所有善根，修行菩提所有善根，及無上智所有善根，一切合集校計籌量，皆悉迴向阿耨多羅三藐三菩提。如過去未來現在諸佛所作迴向，我亦如是迴向。』

「眾罪皆懺悔，諸福盡隨喜，及請佛功德，願成無上智。

去來現在佛，於眾生最勝，無量功德海，我今歸命禮。」

「如是，舍利弗！菩薩應當一心觀此三十五佛而為上首，復應頂禮一切如來，應作如是清淨懺悔。菩薩若能滅除此罪，爾時諸佛即現其身，為度一切諸眾生故，示現如是種種之相，而於法界亦無所動，隨諸眾生種種樂欲，悉令圓滿皆得解脫。」

大寶積經　卷第一百一十

摘錄

隋天竺三藏闍那崛多譯

賢護長者會第三十九之二

爾時，會中有月實勝上童真，從座而起，合掌白佛言：「世尊！云何見色因？云何見欲因？云何見見因？云何見戒取因？」

佛告月實：「智見智境，愚見愚境。智者見諸姝麗美色，了知穢惡，唯是肉段、筋骨、膿血、大脈、小脈、大腸、小腸、腨液、腦膜、腎心、脾膽、肝肺、肚胃、生藏、熟藏、黃淡、涕唾、髮鬚、毛爪、大小便利，薄皮裹之，不淨污露、可畏可惡。凡所有色皆四大生，是為色因。月實！如父母生身，身之堅鞕為地大，流潤為水大，暖熱為火大，飄動為風大，有所覺知念及聲、香、味、觸等界斯皆為識。」

月實童真復白佛言：「世尊！將死之時，云何識捨於身？云何識遷於身？云何識知今捨此身？」

佛告月實：「眾生隨業獲報，識流相續持身不絕。期畢報終，識棄捨身隨業遷受。譬如水乳和煎，以火熱力，乳水及膩各各分散。如是，月實！眾生命盡，以業力故，形骸與識及諸入界各各分散；識為所依，以取法界及法界念并善惡業，遷受他報。月實！譬如大吉善蘇，以眾良藥味力熟功，和合為之。大吉善蘇棄凡蘇性，持良藥力，辛、苦、酸、鹹、澁、甘六味，以資人身，便與人身作色香味；識棄此身，持善惡業及法果等，遷受餘報亦復如是。

「月實！蘇質如身，諸藥和合為大吉善。如諸法諸根和合為業，眾藥味觸資成於蘇。如業資識，服大吉善，悅澤充盛光色美好，安隱無患，如善資識獲諸樂報。服蘇違法，顏容變惡，慘無血氣色死土白，如惡資識獲諸苦報。

「月實！*吉善寶蘇無手足眼，能取良藥色香味力。識亦如是，取法界受及諸善業，棄此身界受於中陰，得天妙念，見六欲天、十六地獄；見己之身，手足端嚴諸根麗美；見所棄屍，云：『此是我前生之身。』復見高勝妙相天宮種種莊嚴，花果、卉木、藤蔓蒙覆，光明赫麗如新鍊金，眾寶鈿飾。彼見此已心大歡喜，因大喜愛識便託之。此善業人、捨身、受身安樂無苦，如乘馬者棄一乘一。譬如壯士武略備具，見敵兵至著堅甲冑，乘策驥駿所去無畏。識資善根，棄出入息，捨界入身，遷受勝樂亦復如是，*自梵身天爰至有頂，生於其中。」

爾時，會中大藥王子，從座而起，合掌白佛言：「世尊！識捨於身作何色像？」

佛言：「善哉！善哉！大藥！汝今所問，是大甚深佛之境界，唯除如來更無能了。」

於是賢護勝上童真白佛言：「大藥王子所問甚深，其智微妙敏利明決。」

佛告賢護：「此大藥王子，已於毘婆尸佛所植諸善根，曾於五百生中生外道家。為外道時，常思識義：識者云何？云何為識？於五百生不能決了，識之去來，莫知由緒。我於今日為破疑網，令得開解。」

於是賢護勝上童真謂大藥王子言：「善哉！善哉！仁今所問微妙甚深。月實之問其義淺狹猶如孾兒，心遊外境而不知內。正法希聞，諸佛難遇，佛圓廣智無測深慧，至妙之理應專啟請。」

時，大藥王子見佛熙怡，顏容舒悅如秋蓮開，踊躍歡喜，一心合掌而白佛言：「世尊！我愛深法渴仰深法，常恐如來入般涅槃不聞正法，而於末濁眾生之中愚無所知、不識善惡，於善不善、熟與不熟不能覺了，迷惑輪轉生死苦趣。」

佛告大藥王子：「如來正法難遇難得。我於往昔為半伽他，登山自墜棄捨身命，為求正法經歷無量百千萬億種種苦難。大藥！汝所希望，皆恣汝問，我當為汝分別解說。」

大藥王子白佛言：「唯然奉教。世尊！識相云何？願垂開示。」

佛告大藥：「如人影像現之於水，此像不可執持，非有無辨，如芻洛迦形、如渴愛像。」

大藥王子白佛言：「世尊！云何渴愛？」

佛言：「如人對可意色，眼根趣之，名為渴愛。猶持明鏡視己面像，若去於鏡，面像不現；識之遷運亦復如是，善惡業形與識色像皆不可見。如生盲人，日出日沒、晝夜明闇皆悉不知；識莫能見亦復如是，身中渴愛受想與念皆不可見。身之諸大、諸入、諸陰，彼皆是識。諸有色體眼、耳、鼻、舌及身、色、聲、香、味、觸等，并無色體受苦樂心，皆亦是識。大藥！如人舌得食物，知甜、苦辛、酸、鹹、澁等六味皆辨。舌與食物俱有形色，而味無形。又因身骨髓、肉血覺知諸受，骨等有形受無形色。知識福、非福果亦復如是。」

時，賢護勝上童真禮佛雙足，白佛言：「世尊！此識可知福、非福耶？」

佛言：「善聽！非未見諦而能見識。識不可視，*非如掌中阿摩勒果，識不在於眼等之中。若識在於眼等之中，剖破眼等應當見識。賢護！恒沙諸佛見識無色，我亦如是見識無色，識非凡愚之所能見，但以譬喻而開顯耳。賢護！欲知識之罪福，汝今當聽！譬如有人為諸天神或乾闥婆等，及塞建陀等鬼神所著，賢護！於意云何？其為天等鬼神所著，其著之體求於身中，可得見不？」

賢護白佛言：「不也！世尊！天等鬼神所著，其著之體無色無形，身內外求皆不可見。」

「賢護！其為福勝諸大天神之所著者，即須好香花、燒眾名香、香美飲食清淨安置，祭解供具咸須香潔。如是此識為福資者，便獲尊貴安樂之果；或為人王，或為輔相，或豪望貴重，或財富自在，或為諸長，或作大商主，或得天身受天勝果，由識為福資身獲樂報。如彼福勝天神所著，得勝妙花香、香美飲食，便即歡喜，病者安隱。今得尊貴豪富自在，當知皆是由福資識身獲樂果。賢護！其為富丹那等下惡鬼神之所著者，便愛糞垢、腐敗、涕唾諸不淨物，以此祭解，歡喜病愈。其人以鬼神力，隨鬼神欲，愛樂不淨臭朽糞穢；識以罪資亦復如是，或生貧窮，或生餓鬼，及諸食穢畜生之中種種惡趣，由罪資識身獲苦果。

「賢護！勝上天神其著之體，無質無形，而受種種香潔供養，識福無形，受勝樂報亦復如是。富丹那等下惡鬼神為彼著者，便受不淨穢惡飲食，識資罪業，獲識苦報亦復如是。賢護當知，識無形質，如天等鬼神所著之體，供具飲食所獲好惡，如資罪福得苦樂報。」

大藥王子白佛言：「世尊！云何見欲因？」

佛言：「大藥！互因生欲，猶如鑽燧兩木互因，加之人功而有火生，如是因識及因男女、色、聲、香、味、觸等，而有欲生。譬如因花生果，花中無果，果生花滅。如是因身顯識，循身求識，識不可見。識業果生身便謝滅，身骨髓等不淨諸物咸悉銷散。又如種子，持將來果味、色、香、觸遷植而生。識棄此身，持善惡業受想作意，受來生報，亦復如是。又如男女愛欲歡會分離而去。識身和合，戀結愛著，味玩慳悋，報盡分離隨業受報，父母因緣中陰對之，以業力生識獲身果。愛情及業俱無形質，欲色相因而生於欲，是為欲因。

「大藥！云何見戒取因？戒謂師所制戒，不殺、不盜、不邪婬、不妄語、不飲酒等行；取謂執取是戒，作如是見；因是持戒，當得須陀洹果、斯陀含果、阿那含果。以是因故獲於勝有，謂受人天等身。斯皆是有漏善，非無漏善，無漏之善無陰熟果。今此戒取是有漏種，植之於識報善惡業。識不淳淨，煩惱因故受熱惱苦，是為見戒取因。」

大藥白佛言：「云何識取天身乃至取地獄身？」

佛言：「大藥！識與法界持微妙視，非肉眼所依以為見因。此微妙視與福境合，見於天宮欲樂嬉戲，見已歡喜，識便繫著，作如是念：『我當往彼。』染愛戀念而為有因，見已故身臥棄屍所，作如是念：『此屍是我大善知識，由其積集諸善業故，令我今者獲於天報。』」

大藥白佛言：「世尊！此識於屍既有愛重，何不託止？」

佛言：「大藥！譬如剪棄鬚髮，雖見烏光香澤，寧可更植於身令重生不？」

大藥白佛言：「不也。世尊！已棄鬚髮，不可重植於身令其更生。」

佛言：「如是。大藥！已棄之屍，識亦不可重託受報。」

大藥復白佛言：「世尊！此識冥寞玄微，無質可取、無狀可尋，云何能持象等大身眾生？縱身堅固猶若金剛，而能貫入壯夫之身，力敵九象而能持之？」

佛言：「大藥！譬如風大無質無形，止於幽谷或竅隙中，其出暴猛，或摧倒須彌碎為塵粉。大藥！須彌風大色相云何？」

大藥白佛言：「風大微妙，無質無形。」

佛言：「大藥！風大微妙，無質無形；識亦如是，妙無形質，大身小身咸悉能持，或受蚊身，或受象身。譬如明燈，其焰微妙置之於室，隨室大小眾闇咸除；識亦如是，隨諸業因任持大小。」

大藥白佛言：「世尊！諸業相性，彼復云何？以何因緣而得顯現？」

佛言：「大藥！生諸天宮，食天妙饌，安寧快樂，斯皆業果之所致也。如人渴乏，巡遊曠野，一得清涼美水，一無所得受渴乏苦；得冷水者無人持與，受渴乏者亦無遮障不許與水，各以業因受苦樂報。大藥！應當以是見善惡業，如空中月，白黑二分；又如生果，由火大增熟便色異。如是此身，由福增故生勝族家，資產豐盈，金寶溢滿，勝相顯盛，或生諸天宮快樂自在，斯皆善業，福相顯現。

「譬如種子植之於地，果現樹首，然其種子不從枝入枝而至樹首，剖析樹身亦不見子，無人持子置於枝上，樹成根固求種不見。如是諸善惡業咸依於身，求之於身亦不見業。如因種有花，種中無花，因花有果，花中無果，花果增進，增進不見。因身有業，因業有身，身中無業，業中無身，亦復如是。如花熟落其果乃現，身熟謝殞業果方出。如有種子，花、果之因具有；如是有身，善、惡業因備在，彼業無形亦無熟相。如人身影無質無礙，不可執持不繫著人，進止往來隨人運動，亦不見影從身而出。業身亦爾，有身有業，而不見業，繫著於身亦不離身，而能有業。如辛、苦、澁殊味諸藥，能滌淨身除一切病，令身充悅顏色光澤。人見之者，知服良藥，藥味可取熟*功無形，視不可見、*執不可得，而能資人膚容色澤；業無形質能資於身，亦復如是。善業資者，飲食、衣服、內外諸資豐饒美麗，手足端正形容姝好，屋宅華侈，摩尼、金、銀眾寶盈積，安寧快樂歡娛適意，當知此為善業之相。生於下賤邊地貧窮，資用闕乏希羨他樂，飲食麁惡或不得食，形容弊陋所止卑下，當知此為惡業之相。猶如明鏡鑒面好醜，鏡像無質取不可得。如是識資善不善業，生人天中，或生地獄、畜生等中。大藥！應當如是見業與識和合遷化。」

大藥言：「世尊！云何微識能持諸根、能取大身？」

佛言：「大藥！譬如獵者入於山林，持弓毒箭而射香象，箭毒霑血毒運象身，支體既廢根境同喪，毒流要害，身色青赤猶如淤血。毒殺象已，便即遷化。於意云何？毒與象身多少大小，可得比不？」

大藥白佛言：「世尊！毒與象身多少大小，其量懸殊不可為對，猶如須彌比之芥子。」

「大藥！如是識棄此身以取諸根，棄此諸界隨業遷化，亦復如是。」

大藥復白佛言：「世尊！云何微細之識任持大身而不疲倦？」

佛言：「大藥！須彌山王高八萬四千由旬，難陀、烏波難陀二大龍王各遶三匝，二龍大息搖振須彌，內海中水咸變成毒。此二龍王長大力壯，和修吉龍、德叉迦龍二大龍王亦與之等。於意云何？四龍王識與蚊蚋識寧有異不？」

大藥言：「世尊！四龍、蚊蚋其識無異。」

「大藥！如一小渧䟦錯那婆入四龍口，四龍便死。於意云何？小渧藥毒、龍口中毒，何毒為大？」

大藥白佛言：「龍口毒大，小渧藥毒甚為微少。」

「大藥！大身眾生力敵九象，微妙之識無色無形，非分別量，隨業任持亦復如是。如尼瞿陀子極微細，種之生樹，婆娑廣大枝條百千。於意云何？其子與樹大小類不？」

大藥言：「世尊！其子與樹大小相懸，如藕絲孔比虛空界。」

「如是，大藥！樹於子中求不可得，若不因子樹則不生。微細尼瞿陀子能生大樹，微細之識能生大身，識中求身身不可得，若除於識身則無有。」

大藥復白佛言：「云何金剛堅固不可壞識，止於危脆速朽身內？」

佛言：「大藥！譬如貧人得如意寶，以寶力故，高宇彫樹妙麗宮室，園林欝茂花果敷榮，象馬妓侍資用樂具自然而至。其人於後失如意寶，眾資樂具咸悉銷滅。如意神寶堅固貞牢，縱千金剛不能毀壞，所生資用虛假無常速散速滅。識亦如是堅固不壞，所生之身速朽速滅。」

父子合集經　卷第五

西天譯經三藏朝散大夫試鴻臚卿宣梵大師
賜紫沙門臣日稱等奉　詔譯

龍女授記品第七

爾時，會中復有九十六俱胝龍女，見彼阿修羅王、迦樓羅王於世尊所作供養已，復聞如來各與授彼成佛之記，心大歡喜踊躍無量，發清淨心，廣陳供養。此諸龍女以神通力化作九十六俱胝青色傘蓋，一一傘蓋吠琉璃寶而作千骨，巧妙安布，黃金為柄，真珠為網，垂諸花鬘，諸珍嚴飾。復化九十六俱胝上妙良馬，亦以眾寶裝鉸嚴飾，吠琉璃寶而為轡勒。又復變現眾寶網幔，其量周廣六十踰繕那，遍覆一切諸來大眾，寶幔之下現一殊妙摩尼寶珠，光明顯照無不明了。

復現九十六俱胝眾寶花鬘，巧妙奇絕，周遍垂下。又復懸綴無數寶鈴，微風動搖，其聲和雅猶如天樂，聞者無厭。復以細末多摩羅跋旃檀香、沈水香等散如來上，復散優鉢羅花、簷博迦花，及散無量上妙衣服，種種無量雜色瓔珞，種種無量雜色花鬘。是諸龍女各乘彼馬，張設傘蓋，於虛空中繞佛三匝。復奏龍宮種種音樂，其聲清婉眾所樂聞。又於迦毘羅城，降諸塗香及眾香水如雨而下，與其香花合和成泥，縱廣六十踰繕那。以彼如來威德加持，令此樂聲及香水泥普聞三千大千世界。其中眾生聞此聲香，皆於阿耨多羅三藐三菩提得不退轉。

是諸龍女作供養已，頭面禮敬，合掌向佛，以偈讚曰：

我等宿慶值於佛，淨心忻樂興福業，
供養牟尼大導師，冀脫此身龍女報。
化出九十六俱胝，眾寶莊嚴妙傘蓋，
供養無上調御師，以此善因求出離。
復化九十六俱胝，調順善御青色馬，
上妙青寶以莊嚴，皆為供養如來故。

復化九十六俱胝，青色寶幢空中轉，
一一皆以身語心，頭面作禮伸迴向。
諸龍宮中妙樂音，一時俱奏聲清徹，
牟尼出現於世間，堪受如斯大供養。
如是種種樂音聲，遠徹三千大千界，
其中眾生若得聞，皆得菩提不退轉。
復現廣大一寶幔，縱廣六十踰繕那，
周匝普遍於空中，廣覆諸來大集會。
中現最上摩尼珠，熾盛光明悉委照，
普於天人大會中，淨心忻喜為供養。
我等以此少善根，志求寂靜菩提果，
一如牟尼大導師，成就甚深微妙慧。
教化饒益諸眾生，解脫塵勞諸結縛，
亦如十力無上尊，演說無邊清淨法。

諸有為法如幻化，亦如聚沫非堅牢，
如空注雨起浮泡，自性虛假無主宰。
智者觀諸世間法，譬如鏡中現影像，
眾生體性亦同然，唯佛現證如實說。
愚夫不了謂為實，於虛妄境生執著，
畢竟諸法本來空，此愚癡者自欺誑。
由彼迷妄無知故，不達諸法真實性，
如來由是出世間，顯示無我不可得。
譬如秋空起浮雲，暫時顯現須臾沒，
當知我相本來無，智者諦觀何所有？
如是一切世間法，皆無自性非真實，
但能誑惑諸根門，愚夫由此增狂亂。
牟尼超越於三界，了諸法性無分別，
若依如來教奉行，一切世間皆解脫。

若人聞是深妙法，心生忻樂正思惟，
則能越離生死泥，此非愚者之境界。
是故我今頭面禮，無煩惱者天人師，
大悲能救苦衆生，為舟為舍為依怙。
我等供養於如來，為求無上菩提故，
當宣法要警群迷，普願自他成佛道。

爾時，如來知諸龍女心之所念，希望授記，即現瑞相，放大光明。時，尊者馬勝覩是相已，頭面禮足，合掌向佛，以偈問曰：

世出世間勝智者，忽興神變放光明，
時會覩此稱吉祥，非無因緣發斯瑞。
人中最上牟尼主，願說光相之端由，
諸天人民龍鬼神，聞已咸生歡喜念。
如來威德聖中聖，於世間法無不了，
憐愍攝受諸衆生，說此放光神變事。

如來慧力妙難思，窮盡諸法實相義，
眾會瞻仰願欲聞，各令知已心安隱。
牟尼久已成正覺，能與群生作義利，
何因放此大光明，願說咸得除疑惑。
今此大眾心寂然，堪能領解深法義，
一心瞻仰於如來，聞已各發菩提意。
若人於事未決了，其心掉動則生惱，
由此皆墮疑網中，唯冀洪慈速開示。
誰於今日發大心？何佛他方說大法？
誰得菩提破魔軍？放此光明甚希有；
何人廣興淨福業？佛憐愍故放淨光。
聖主師子十力尊，於大眾中無畏說。
我等若蒙佛顯示，離諸疑怖心泰然，
咸生清淨隨喜心，各各奉行於佛教。

爾時，世尊為尊者馬勝說伽陀曰：

善哉馬勝大比丘，汝能諮問放光事，
吾今於此眾會中，為說龍女未來果。
汝等一心當諦聽，離諸散亂染因緣，
聞我說此放光因，增長人天諸善利。
此諸龍女心開解，能以智慧觀實相，
了知諸法本性空，不著世間業果報。
無人無我無眾生，亦無作者及受者，
補特伽羅自相空，猶如陽焰鏡中像。
諸龍女等植德本，共與廣大淨福業，
善能安住佛法中，了世間法皆如幻。
如是作諸供養已，誓求佛果大菩提，
後當捨此龍女身，得生三十三天上，
得為帝釋天宮主，受用妙樂無毀呰，

具天壽量大名聞，復往焰摩天中住。
得生焰摩天宮已，具足受彼殊妙樂，
佛子安住此天中，自在得終天壽量。
後復生於兜率天，得彼天眾常愛敬，
雖受快樂心不著，猶若蓮花性本淨。
由彼宿習出世智，常觀諸法皆空寂，
譬如刻石畫長存，安住正念無移動。
後生樂變化天中，天子天女常圍繞，
不為他毀有名稱，滿彼壽量無中夭。
受彼最上五欲樂，而與正念常相應，
善修三種解脫門，畢竟入解真空法。
復生他化自在天，得彼天眾常恭敬，
清淨意樂住其中，任持正法心無動。
所欲受用皆他變，不起染著癡愛心，

佛子安住彼天宮，得盡彼天壽邊際。
由於欲樂生厭患，忻求定地伏諸惑，
獲得諸禪解脫門，由此得生梵天上。
由彼定生諸善根，受用喜樂一中劫，
定中適悅勝難思，漸能進趣菩提道。
住彼梵宮經一劫，專修正行淨無雜，
善巧方便利有情，無冤親想心平等，
於喜妙樂悉通達，亦不味著諸禪定，
善能覺悟寂諸根，是為最上牟尼子。
彼梵天說自然法，不與業果理相應，
唯此真實解脫門，畢竟超越於三界。
若人於此生信解，善能引導諸眾生，
速成無上妙菩提，是則名為世間眼。
彼龍女等生梵世，饒益利樂諸天人，

教化令發清淨心，皆能進趣菩提道。
往詣無邊佛刹土，供養承事諸如來，
過彼未來星宿劫，同成佛號寂諸根。
彼等聞佛授記已，心淨踴躍志堅固，
時會咸生歡喜心，各各頭面禮佛足。

父子合集經龍王授記品第八

爾時，難陀、烏波難陀龍王與其眷屬九十俱胝龍眾，見諸龍女供養如來得授記已，身意泰然得未曾有，稱讚如來：「究竟滿足廣大威德神通無礙，能知眾生心之所念，所作事業皆悉聞知，各各現證無不了達。然彼如來大悲增上，或不待請即為說法，或非時說，皆為教化成熟有情，除煩惱熱，得涅盤樂；隨機授法必令得果，乃至女人志意動亂，於婬怒癡自性增上，設聞法要不能領解，亦得如來之所化度。如彼六十俱胝龍女猶獲授記，何況我等豈不蒙益？」

時，彼龍王作是說已，於世尊所生難遭想，以神通力興大香雲滿閻浮提，遍覆一切諸山大海，雨眾香水、旃檀末香，其香遠聞普佛世界。又復於彼迦毘羅城，雨赤真珠積至于膝，縱廣量等六十踰繕那。復於尼拘律陀林中，普散無量龍自在花，散已復散，變成花殿，其量亦廣六十踰繕那。七寶相間而為其柱，復以半拏紺末羅石以甃其地，其石柔軟觸之清涼，眾所樂觀非世所有。復現九十俱胝眾寶花鬘周匝垂下，又復懸挂眾色名衣，復現種種巧妙繒幡、香鬘、寶鬘、真珠鬘等，周遍莊嚴殊妙清淨。

又復涌出無數寶藏，行列殿中而為供養。又復出現最上無價摩尼寶珠以成其鏡，表裏瑩徹，無不交照，乃至迦毘羅城時會大眾，種種供養，殊勝莊嚴，於其鏡中皆悉顯現。復有九十俱胝龍馬，諸妙珍寶以為轡勒，無數寶鈴進步鳴響。是諸龍王各乘馬已，於虛空中繞佛三匝，復奏龍宮無量音樂，及雨種種殊妙珍寶，散於如來及聲聞眾。作供養已，頭面禮足，瞻仰世尊目不暫捨：「以我所集功德善根，願與眾生同得佛道。」一合掌向佛，以偈頌曰：

久修慈忍大悲行，成就百福相莊嚴，

捨家逾彼迦毘城，志固為求無上道。
六年示修於苦行，伏諸外道不疲勞，
直詣金剛座道場，普施群生甘露法。
昔日如來調御師，棄捨王宮妙欲樂，
斷除頂髮住山林，於世浮榮心不顧。
牟尼昔捨於頭目，積功成滿菩提因，
凡夫聞見尚無因，況復效修其苦行。
如佛昔作忍辱仙，為歌利王無辜害，
割截耳鼻及身肢，不生恚惱心怡悅。
時有愚癡婆羅門，來秤身肉而蹶倒，
說此難行苦行時，我等聞已生悲惱。
何因如來不起瞋，愛念眾生如己子？
由興害意墮泥犁，慈尊於彼能垂救。
如來具足無上慧，於己害者不加報，

昔修廣大安樂因，故得身肢復如故。
我等咸生淨信心，稱讚如來真實行，
如彼牟尼利有情，咸願速登無上覺。

爾時，世尊知諸龍王信解堅固，發大誓願，即於面門放種種光，其光普照上至梵天，復從如來頂門而入。

時，尊者馬勝，合掌長跪，即白佛言：「法爾，諸佛若放光明，必有所謂，唯願如來方便演說。」

時，彼尊者說伽陀曰：

大哉無畏釋師子，何因緣故放此光？
慈門廣利諸天人，唯願如來為我說。
此諸龍王并眷屬，及彼時會皆肅然，
唯冀牟尼震梵音，說此放光希有事。
誰於釋迦佛法中，初發大心感斯瑞？
誰能摧破諸魔軍，令彼惶怖皆退沒？

將非龍眾久修行，獲得無盡諸功德？
願聞現瑞之端由，斷除疑惑心清淨。
爾時，世尊以偈答曰：
我以最上勝功德，八種深遠梵音聲，
所說真實利眾生，汝當諦聽放光事。
此諸龍王深淨信，設大供養世希有，
志心願證佛菩提，為度一切群生故。
常以悲心觀世間，普使眾生脫苦厄，
未嘗一心生疲勞，堅固精進無退轉。
修習清淨奢摩他，具足智力無能屈，
安住三種解脫門，謂空無相及無願。
得佛無上甚深慧，了一切法皆虛假，
大悲愍念諸有情，離冤親想悉平等。
過彼殑伽沙劫數，次第成佛出世間，

同名寂靜慧如來，十號具足土嚴淨。
常說無我甘露法，無諸外道及魔冤，
善巧方便應群機，不違世俗談真諦。
是諸眾生聞法已，了法自性悉皆空，
大悲方便演三乘，勝義法中無所說。
此法非出於自然，求之少分不可得，
乃至無有一眾生，聞佛言教而不解。
由飲解脫甘露味，則能出離生老死，
及彼憂悲我慢幢，皆因聞佛梵聲故。
釋尊無畏聖師子，說諸龍意答所問，
佛子常隨智慧行，速得菩提無上果。
如來授彼諸龍記，時眾聞已生忻慶，
咸各歸命牟尼尊，於佛法中心寂靜。

佛說三十五佛名禮懺文一卷 出烏波離所問經

開府儀同三司特進試鴻臚卿肅國公食邑三千戶
賜紫贈司空謚大鑒正號大廣智大興善寺三藏沙門不空奉　詔譯

娜謨釋迦牟尼佛、娜謨金剛堅固能摧佛、娜謨寶焰佛、娜謨龍自在王佛、娜謨勤勇軍佛、娜謨勤勇喜佛、娜謨寶火佛、娜謨寶月光佛、娜謨不空見佛、娜謨寶月佛、娜謨無垢佛、娜謨離垢佛、娜謨勇施佛、娜謨淨行佛、娜謨梵施佛、娜謨水王佛、娜謨水天佛、娜謨賢吉祥佛、娜謨無量威德佛、娜謨栴檀吉祥佛、娜謨光吉祥佛、娜謨無憂吉祥佛、娜謨那羅延吉祥佛、娜謨花吉祥佛、娜謨蓮花光遊戲神通佛、娜謨財吉祥佛、娜謨念吉祥佛、娜謨善稱名號吉祥佛、娜謨帝幢幡王佛、娜謨鬪戰勝佛、娜謨勇健吉祥佛、娜謨勇健進佛、娜謨普遍照曜莊嚴吉祥佛、娜謨寶蓮花遊步佛、娜謨寶蓮花妙住山王佛。

如是等十方一切世界中諸佛世尊，出現世間住持遊行，願皆觀察哀愍於我。我或今生，或於餘生，無始時來廣作眾罪，或自作、或隨喜作、或教他作；或偷盜佛物、四方僧物，或自作、或隨喜作、或教他作；或造五無間罪、十不善業道，或自作、或隨喜作、或教他作；由此業障，覆蔽身心，生於八難，或墮地獄、傍生、鬼趣，或生邊地及彌戾車，或生長壽天，設得人身諸根不具，或起邪見撥無因果，或厭諸佛出興于世。

如是一切業障，我今對一切諸佛世尊，具一切智者、具五眼者、證實際者、稱量者、知者、見者前，我今誠心悉皆懺悔，不敢覆藏，願我尸羅律儀復得如故。復願諸佛世尊攝受護念證明於我，若我今生或復餘生，無始時來於流轉生死，或曾捨施傍生一團之食，或曾持一淨戒，或曾修梵行善根，或曾修少分無上智善根，悉皆合集計校籌量；如三世一切諸佛於最勝無上迴向願中，願皆迴向無上正等菩提。

一切罪懺悔，諸福皆隨喜，及勸請諸佛，願證無上智，

過去及未來，現在人中尊，無量功德海，我今稽首禮。

（右此三十五佛名并懺悔法，出《烏波離所問經》，能淨業障重罪，現生所求禪定解脫，及諸地位皆能滿足。五天竺國修行大乘人，常於六時禮懺不闕，功德廣多文煩不能盡錄，但依天竺所行者略記之，餘如本經所述也。）

佛說三十五佛名禮懺文

大乘顯識經　卷下

摘錄

中天竺國沙門地婆訶羅奉　詔譯

爾時，會中有月實勝上童真，從座而起，合掌白佛言：「世尊！云何見色因？云何見欲因？云何見見因？云何見戒取因？」

佛告月實：「智見智境，愚見愚境，智者見諸姝麗美色，了知穢惡，唯是肉段、筋骨、膿血，大脈、小脈、大腸、小腸，脈液、腦膜、腎心、脾膽，肝肺、肚胃、生藏、熟藏，黃痰、涕唾、髮鬚、毛爪，大小便利，薄皮裹之，不淨污露可畏可惡，凡所有色皆四大生，是為色因。月實！如父母生身，身之堅硬為地大，流潤為水大，暖熟為火大，飄動為風大，有所覺知念及聲、香、味、觸等界，斯皆為識。」

月實童真復白佛言：「世尊！將死之時，云何識捨於身？云何識遷於身？云何識知今捨此身？」

佛告月實：「眾生隨業獲報，識流相續持身不絕，期畢報終，識棄捨身隨業遷受。譬如水乳和煎，以火熱力，乳水及膩各各分散。如是，月實！眾生命盡，以業力*故，形骸與識及諸入界各各分散；識為所依，以取法界及法界念并善惡業，遷受他報。月實！譬如大吉善蘇，以眾良藥味力熟功，和合為之。大吉善蘇棄凡蘇性，持良藥力，辛、苦、酸、醎、澁、甘六味，以資人身，便與人身作色香味；識棄此身，持善惡業及法界等，遷受餘報亦復如是。

「月實！蘇質如身，諸藥和合為大吉善。如諸法諸根和合為業，眾藥味觸資成於蘇。如業資識，服大吉善，悅澤充盛光色美好，安隱無患，如善資識獲諸樂報。服蘇違法，顏容變惡，慘無血氣色死士白，如惡資識獲諸苦報。

「月實！吉善寶蘇無手足眼，能取良藥色香味力。識亦如是，取法界受及諸善業，棄此身界受於中陰，得天妙念，見六欲天、十六地獄；見己之身，手足端嚴諸根麗美；見所棄屍，云：『此是我前生之身。』復見高勝妙相天宮種種莊嚴，花果、卉木、藤蔓蒙覆，光明赫麗如新鍊金、眾寶鈿飾。彼見此已心大歡喜，因大喜愛，識便託之。此善業人，捨身、受身安樂無苦，如乘馬者棄一乘一。譬如壯士武略備具，見敵兵至著堅甲冑，乘策驥駿所去無畏。識資善根，棄出入息，捨界入身，遷受勝樂亦復如是，自梵身天爰至有頂，生於其中。」

爾時，會中大藥王子，從座而起，合掌白佛言：「世尊！識捨於身作何色像？」

佛言：「善哉！善哉！大藥！汝今所問，是大甚深佛之境界，唯除如來更無能了。」

於是賢護勝上童真白佛言：「大藥王子所問甚深，其智微妙敏利明決。」

佛告賢護：「此大藥王子，已於毘婆尸佛所植諸善根，曾於五百生中生外道家。為外道時，常思識義：識者云何？云何為識？於五百生不能決了，識之去來莫知由緒。我於今日為破疑網，令得開解。」

於是賢護勝上童真謂大藥王子言：「善哉！善哉！仁今所問微妙甚深。月實之問其義淺狹猶如孾兒，心遊外境而不知內。正法希聞，諸佛難遇，佛圓廣智無測深慧至妙之理，應專啟請。」

時大藥王子見佛熙怡，顏容舒悅如秋蓮開，踊躍歡喜一心合掌，而白佛言：「世尊！我愛深法渴仰深法，常恐如來入般涅槃，不聞正法，而於五濁眾生之中，愚無所知不識善惡，於善不善、熟與不熟，不能覺了，迷惑輪轉生死苦趣。」

佛告大藥王子：「如來正法難遇難得，我於往昔為半伽他，登山自墜，棄捨身命，為求正法，經歷無量百千萬億種種苦難。大藥！汝所悕望皆恣汝問，我當為汝分別解說。」

大藥王子白佛言：「唯然奉教！世尊！識相云何？願垂開示。」

佛告大藥：「如人影像現之於水，此像不可執持，非有無辨，如芻洛迦形，如渴愛像。」

大藥王子白佛言：「世尊！云何渴愛？」

佛言：「如人對可意色，眼根趣之，名為渴愛。猶持明鏡視己面像，若去於鏡，面像不見；識之遷運亦復如是，善惡業形與識色像皆不可見。如生盲人，日出日沒、晝夜明闇皆悉不知；識莫能見亦復如是，身中渴愛受想不可見。身之諸大、諸入、諸陰、彼皆是識。諸有色體眼、耳、鼻、舌及身、色、聲、香、味、觸等，并無色體受苦樂心，皆亦是識。大藥！如人舌得食物，知甜、苦、辛、酸、醎、澁等六味皆辨，舌與食物俱有形色，而味無形。又因身骨髓、肉血覺知諸受，骨等有形，受無形色。知識福、非果亦復如是。」

時，賢護勝上童真禮佛雙足，白佛言：「世尊！此識可知福、非福耶？」

佛言：「善聽！非未見諦而能見識，識不可視，非如掌中阿摩勒果，識不在於眼等之中，若識在於眼等之中，剖破眼等應當見識。賢護！恒沙諸佛見識無色，我亦如是見識無色，識非凡愚之所能見，但以譬喻而開顯耳。賢護！欲知識之罪福，汝今當聽！譬如有人為諸天神或乾闥婆等，及塞建陀等鬼神所著，賢護！於意云何？其為天等鬼神所著，其著之體求於身中，可得見不？」

賢護白佛言：「不也！世尊！天等鬼神所著，其著之體無色無形，身內外求皆不可見。」

「賢護！其為福勝諸大天神之所著者，即須好香花、燒眾名香、香美飲食清淨安置，祭解供具咸須華潔，如是此識為福資者，便獲尊貴安樂之果；或為人王，或為輔相，或豪望貴重，或財富自在，或為諸長，或作大商主，或得天身受天勝果，由識為福資身獲樂報。如彼福勝天神所著，得勝妙花香、香美飲食，便即歡喜病者安隱。今得尊貴豪富自在，當知皆是由福資識身獲樂果。賢護！其為富丹那等下惡鬼神之所著者，便愛糞垢、腐敗、涕唾諸不淨物，以此祭解，歡喜病愈。其人以鬼神力，隨鬼神欲，愛樂不淨臭朽糞穢；識以罪資亦復如是，或生貧窮，或生餓鬼，及諸食穢畜生之中種種惡趣，由罪資識身獲苦果。

「賢護！勝上天神其著之體，無質無形，而受種種香潔供養，識福無形，受勝樂報亦復如是。富丹那等下惡鬼神為彼著者，便受不淨穢惡飲食，識資罪業，獲諸苦報亦復如是。賢護！當知識無形質，如天等鬼神所著之體，供具飲食所獲好惡，如資罪福得苦樂報。」

大藥王子白佛言：「世尊！云何見欲因？」

佛言：「大藥！互因生欲，猶如鑽燧兩木互因，加之人功而有火生，如是因識及因男女、色、聲、香、味、觸等，而有欲生。譬如因花生果，花中無果，果生花滅。如是因身顯識，循身求識，識不可見。識業果生身便謝滅，身骨髓等不淨諸物咸悉銷散。又如種子，持將來果味、色、香、觸遷植而生。識棄此身，持善惡業受想作意，受來生報，亦復如是。又如男女愛欲歡會分離而去，識業和合，繼結愛著，味玩貪恪，報盡分離隨業受報，父母因緣中陰對之，以業力生識獲身果。愛情及業，俱無形質，欲色相因而生於欲，是為欲因。

「大藥！云何見戒取因？戒謂師所制戒，不殺、不盜、不邪婬、不妄語、不飲酒等行；取謂執取是戒，作如是見；因是持戒，當得須陀洹果、斯陀含果、阿那含果，以是因故獲於勝有，謂受人天等身。斯皆是有漏善，非無漏善。無漏之善無陰熟果。今此戒取是有漏種，植之於識執善惡業。識不淳淨，煩惱因故受熱惱苦，是為見戒取因。」

大藥白佛言：「云何識取天身乃至取地獄身？」

佛言：「大藥！識與法界持微妙視，非肉眼所依以為見因，此微妙視與福境合，見於天宮欲樂嬉戲，見已歡喜，識便繫著，作如是念：『我當往彼。』染愛戀念而為有因，見已故身臥棄屍所，作如是念：『此屍是我大善知識，由其積集諸善業故，令我今者獲於天報。』」

大藥白佛言：「世尊！此識於屍既有愛重，何不託止？」

佛言：「大藥！譬如剪棄鬚髮，雖見烏光香澤，寧可更植於身令重生不？」

大藥白佛言：「不也！世尊！已棄鬚髮，不可重植於身令其更生。」

佛言：「如是，大藥！已棄之屍，識亦不可重託受報。」

大藥復白佛言：「世尊！此識冥寞玄微，無質可取、無狀可尋，云何能持象等大身眾生？縱身堅固猶若金剛，而能貫入壯夫之身，力敵九象而能持之？」

佛言：「大藥！譬如風大無質無形，止於幽谷或竅隙中，其出暴猛，或摧倒須彌碎為塵粉。大藥！須彌風大色相云何？」

大藥白佛言：「風大微妙，無質無形。」

佛言：「大藥！風大微妙，無質無形；識亦如是，妙無形質，大身小身咸悉能持，或受蚊身，或受象身。譬如明燈，其焰微妙置之於室，隨室大小眾闇咸除；識亦如是，隨諸業因任持大小。」

大藥白佛言：「世尊！諸業相性彼復云何？以何因緣而得顯現？」

佛言：「大藥！生諸天宮，食天妙饍，安寧快樂，斯皆業果之所致也。如人渴乏，巡遊曠野，一得清涼美水，一無所得受渴乏苦；得冷水者無人持與，受渴乏者亦無遮障不許與水，各以業因受苦樂報。大藥！應當以是見善惡業，如空中月，白黑二分；又如生果由火大增熟便色異。如是此身，由福增故生勝族家，資產豐盈，金寶溢滿，勝相顯盛，或生諸天宮快樂自在，斯皆善業，福相顯現。

「譬如種子植之於地，果現樹首，然其種子不從枝入枝而至樹首，割析樹身亦不見子，無人持子置於枝上，樹成根固求種不見。如是諸善惡業咸依於身，求之於身亦不見業。如因種有花，種中無花，因花有果，花中無果，花果增進，增進不見。因身有業，因業有身，身中無業，業中無身，亦復如是。如花熟落其果乃現，身熟謝殞業果方出。如有種子，花、果之因具有；如是有身，善、惡業因備在，彼業無形亦無熟相。

「如人身影無質無礙，不可執持不繫著人，進止往來隨人運動，亦不見影從身而出。業身亦爾，有身有業，而不見業，繫著於身亦不離身，而能有業。如辛、苦、澁殊味諸藥，能滌淨除一切病，令身充悅顏色光澤。人見之者，知服良藥，藥味可取熟功無形，視不可見、執不可得，而能資人膚容色澤；業無形質能資於身，亦復如是。善業資者，飲食、衣服、內外諸資豐饒羨麗，手足端正形容姝好，屋室華侈，摩尼、金、銀眾寶盈積，安寧快樂歡娛適意，當知此為善業之相。生於下賤邊地貧窮，資用闕乏悕羨他樂，飲食麁惡或不得食，形容弊陋所止卑下，當知此為惡業之相。猶如明鏡鑒面好醜，鏡像無質取不可得。如是識資善不善業，生人天中，或生地獄、畜生等中。大藥！應當如是見業與識和合遷化。」

大藥言：「世尊！云何微識能持諸根，能取大身？」

佛言：「大藥！譬如獵者入於山林，持弓毒箭而射香象，箭毒霑血毒運象身，支體既廢根境同喪，毒流要害，身色青赤猶如淤血。毒殺象已，便即遷化。於意云何？毒與象身多少大小，可得比不？」

大藥白佛言：「世尊！毒與象身多少大小，其量懸殊不可為對，猶如須彌比之芥子。」

「大藥！如是識棄此身以取諸根，棄此諸界隨業遷化，亦復如是。」

大藥復白佛言：「世尊！云何微細之識任持大身而不疲倦？」

佛言：「大藥！須彌山王高八萬四千由旬，難陀、烏波難陀二大龍王各遶三匝，二龍大息搖振須彌，內海中水咸變成毒。此二龍王長大力壯，和修吉龍、德叉迦龍二大龍王亦與之等。於意云何？四龍王識與蚊蚋識寧有異不？」

大藥言：「世尊！四龍、蚊蚋其識無異。」

「大藥！如一小渧跋錯那婆入四龍口，四龍便死。於意云何？小渧藥毒、龍口中毒，何毒為大？」

大藥白佛言：「龍口毒大，小渧藥毒甚為微少。」

「大藥！大身眾生力敵九象，微妙之識無色無形，非分別量，隨業任持亦復如是。如尼瞿陀子極微細，種之生樹，婆娑廣大枝條百千。於意云何？其子與樹大小類不？」

大藥言：「世尊！其子與樹大小相懸，如藕絲孔比虛空界。」

「如是，大藥！樹於子中求不可得，若不因子樹則不生。微細尼瞿陀子能生大樹，微細之識能生大身，識中求身身不可得，若除於識身則無有。」

佛說如來不思議祕密大乘經　卷第十　摘錄

譯經三藏朝散大夫試光祿卿光梵大師
賜紫沙門臣惟淨等奉　詔譯

菩薩詣菩提場品第十二

「復次，寂慧！菩薩既至菩提場已，始下雙足千輻輪相按彼地時，即有廣大光明出現。是光普照一切地獄、傍生、餓鬼趣中，諸眾生類蒙光照觸，所受諸苦暫得停息。迦梨迦龍王宮中大光普照。

「爾時，迦梨迦龍王見是菩薩光明照已，心生歡喜踴躍慶快，即時為彼自宮眷屬及諸龍眾說伽陀曰：

如金色光極晃曜，大明照我龍王宮，

我蒙光照適其身，亦復心生大歡喜。
如我於彼先佛所，昔曾見此瑞光明，
而今所覩定無疑，佛大無畏當出世。
汝等各持妙香花，塗香末香花鬘等，
真金及彼摩尼珠，以為瓔珞并上服；
復持種種妙樂具，珠寶所嚴眾幡蓋，
及寶所成妙高幢，為天人師伸供養。
所有龍王妙宮殿，廣大莊嚴悉清淨，
汝等應生歡喜心，皆同親詣於佛所。

「爾時，迦梨迦龍王與自宮人眷屬并諸龍眾，各持種種上妙香花、衣服、幢蓋，及眾樂具鼓吹歌音，上踴空中，香水如雲遍灑一切，復雨龍華、龍真珠等。如是廣以龍王威神、龍王通力現諸化事，詣菩薩所。到已，即時與諸眷屬禮菩薩足，鼓妙音樂虔伸供養。作供養已，是時龍王右繞而住，說妙伽陀伸讚歎曰：

人中尊放大光明，普照一切佛剎土，

剎那惡趣苦皆停，我等龍宮俱照曜。
龍眾蒙光照觸已，咸生歡喜作是言：
「菩薩成佛定無疑，金色光明乃如是。」
有那庾多龍女眾，恭敬捧持妙香花，
及勝衣服眾幡幢，詣菩薩所伸供養。
今此地方花蓋等，一切殊妙廣莊嚴，
又復藥草諸樹林，低垂悉向菩提樹；
江河停流而寂靜，風止搖擊悉安然。
菩薩今日證菩提，世間最勝降魔者，
梵王帝釋諸光明，日月光等悉映蔽，
蒙光照者得清涼，佛出世故咸歡喜。
復有諸妙吉祥瓶，右旋宛轉在空中，
仙眾龍眾等居空，右旋其狀亦如是，
世間若天若人等，各各至誠伸供養。

菩薩今日證菩提，為求慧者開正道，
我等今日於佛所，增益威光得善利。
我昔供養拘留孫，及迦諾迦大聖主，
迦葉最上人中勝，乃至今供釋迦仙，
此求菩提大神通，最勝希有昔未見，
具德最上人中尊，出大梵音獅子吼，
堅求菩提決定心，是心超勝無比等。
而彼日月可墮落，須彌山王可破壞，
今日不圓十力尊，世間無復有是處。

「復次，寂慧！時迦梨迦龍王上首之妃名曰金光，與諸龍女恭敬圍繞，持以種種殊妙寶蓋、種種妙衣及天花鬘、種種巧嚴真珠瓔珞、種種上妙摩尼珠寶，及彼種種眾妙香瓶，奏妙歌音詣菩薩所。到已禮敬，散諸寶花而伸供養，住菩薩前說伽陀曰：

心無動亂無恐畏，無貪無瞋亦無癡，

能調難調無染尊，能離諸惡無所著。
我今頂禮淨解脫，大仙拔除諸疑箭，
以大智光破無明，能度世間諸苦惱。
世間無依無救者，菩薩善為作依救，
光明普照三界中，天人歡喜心清淨。
空中遍雨眾妙華，及散妙衣廣嚴飾，
如是勝相我所知，今日大仙成正覺。
勝者勇詣菩提樹，降伏諸魔無染尊，
煩惱黑闇網蠲除，證大菩提心寂靜。
汝經多俱胝劫中，於先佛所求菩提，
難行能行為世間，今時圓滿勝意樂。

佛說如來不思議祕密大乘經　卷第十八　摘錄

譯經三藏朝散大夫試光祿卿光梵大師
賜紫沙門臣惟淨等奉　詔譯

阿闍世王問答品第二十二之一

爾時，阿闍世王即起是念：「此金剛手菩薩大祕密主，右手所持大金剛杵幾何輕重？而祕密主有大力勢能善執持。」

時，金剛手菩薩大祕密主知其所念，即告阿闍世王言：「大王！當知此金剛杵亦輕亦重。」

王言：「以何緣故亦輕亦重？」

金剛手言：「為欲調伏憍慢、貢高諸眾生故，此杵即重；為示無慢、正直諸眾生故，此杵即輕。」

時，金剛手菩薩即以所持大金剛杵置之于地，當置地時，以神力故，三千大千世界六種振動，即告阿闍世王言：「大王！汝今宜應以此地中大金剛杵而自舉之。」

時，阿闍世王即時以自堅固勇力欲舉其杵，竭其力勢不能動搖一毛端量。即生希有尊重之心前詣佛所，合掌白佛言：「世尊！我昔曾於戰陣之所取被甲大象，一手執持舉擲于遠。此金剛杵其量微小，我今竭自力勢不能動搖，況復舉邪！以何緣故其事如是？」

佛言：「大王！無自惱心，此金剛杵至極重故。」

時，阿闍世王即白帝釋天主言：「憍尸迦！今宜舉此地中所置大金剛杵。」

時，帝釋天主即時以自勇猛神力欲舉其杵，盡竭其力不能動搖，即生希有尊重之心，前詣佛所而白佛言：「世尊！我若與彼阿修羅王鬪戰之時，我力堅勝勇銳無敵，右手取彼毘摩質多羅阿修羅王所有大車，量廣七百由旬，我時執持如迅風行。此金剛杵竭自勢力不能動搖，豈非世尊廣大威神所制止邪？」

佛言：「憍尸迦！此亦非我神力所制，但為彼金剛杵至極重故。憍尸迦！於汝意云何？須彌山王至極重邪？」

天主白佛言：「須彌山王至極重大，喻所不及。」

佛言天主：「此金剛杵金剛所成，重復過彼須彌山王。而金剛手菩薩能以此杵擲碎輪圍諸山猶如糠粃，以其金剛大力勢故。」

爾時，帝釋天主即白尊者大目乾連言：「佛說尊者於聲聞眾中神通第一，願今尊者舉此地中大金剛杵。」

尊者大目乾連即自思念：「我若於此人天大眾之前不能舉動此金剛杵，豈非於我生慢心邪？」作是念已，運自神力方欲前舉彼金剛杵，即時三千大千世界六種振動，海水騰涌，大地普皆怖畏振擊，唯金剛杵不動不搖。是時尊者大目乾連前詣佛所頂禮佛足，作是白言：「佛說我於聲聞眾中神通第一，具大威神名稱力勢，能以四大海水置於掌中，亦能轉此三千大千世界，猶如有人以一金錢轉於指端；又能空中止其日月，制彼威光不令轉動；又能取彼須彌山王擲過梵世，又能調伏難陀、烏波難陀二大龍王，又能於彼陽焰世界周行乞食。此金剛杵其量微小，然我亦復不能動搖。世尊！豈非我今神力減邪？」

佛言：「大目乾連！非汝神力有所減少，但為菩薩威力加持，一切聲聞、緣覺悉不能動，況餘眾生。又，目乾連！假使殑伽沙數諸佛剎中所有須彌山王悉能振動，唯金剛杵隨置地方不能動搖。」

目乾連白佛言：「世尊！金剛手菩薩具大力勢而能戲擲此金剛杵，誠哉！希有！」

佛言：「大目乾連！假使三千大千世界諸須彌山尚能合入一須彌山，悉能動搖；此金剛杵而不能動。」

爾時，尊者大目乾連生希有心，前白佛言：「希有！世尊！此金剛手菩薩大祕密主具大力勢，善能持彼大金剛杵。此祕密主為即父母所生力邪？為神力邪？」

佛言：「大目乾連！父母所生之力隨所入處皆有分量，而諸菩薩神通力者無盡無限。我若開示，使天人世間咸生迷惑。」

爾時，世尊普遍觀察諸眾會已，告金剛手菩薩大祕密主言：「汝今宜應自當舉其地中所置大金剛杵。」

時，金剛手菩薩大祕密主神力振動三千大千世界已，即以左手舉取其杵，戲擲空中旋繞七匝，杵旋空已，即時接置安右手中。一切眾會生希有心，合掌頂禮大祕密主，咸作是言：「希有！祕密主！能具如是廣大力勢，善持最勝大金剛杵，普願一切眾生皆悉獲得如是勝力。」

時，阿闍世王復白佛言：「世尊！菩薩具修幾法，即能獲得如是勝力？」

佛言：「大王！菩薩若修十法，獲斯勝力。何等為十？一者、菩薩寧捨身命，終不棄捨無上正法。二者、於一切眾生作謙下想，不增慢心。三者、於彼劣弱眾生起慜念心，不生損害。四者、見饑渴眾生施妙飲食。五者、見怖畏眾生，施其無畏。六者、見疾病眾生，施藥救療。七者、見貧乏眾生，惠令滿足。八者、見佛塔廟形像，塗飾圓淨。九者、出歡喜言安慰眾生。十者、見彼負重疲困、苦惱眾生，為除重擔。菩薩若具如是十法，即能獲得如是最勝之力。」

聖善住意天子所問經 卷上

摘錄

元魏三藏毘目智仙共般若流支譯

歸命一切諸佛菩薩、歸命世尊大智慧海毘盧遮那釋迦牟尼佛法光明、歸命聖者文殊師利大菩薩海、歸命聖者善住意天子、遍行大乘者。

如是我聞：一時，婆伽婆住王舍城耆闍崛山中，與大比丘眾六萬二千人俱，皆是智者之所識知，一切悉是大阿羅漢。諸菩薩摩訶薩四萬二千人，其名曰：文殊師利菩薩、師子幢菩薩、彌勒菩薩、觀世自在菩薩、得大勢菩薩、辯聚菩薩、持地菩薩、彌樓山菩薩、彌樓幢菩薩、不動搖菩薩、善思義菩薩、善思惟菩薩、踊猛意菩薩、慧心菩薩、善心菩薩、摩尼聚菩薩、山相擊王菩薩、寶手菩薩、寶意菩薩、寶印手菩薩、常舒手菩薩、常縮手菩薩、常精進菩薩、度眾生菩薩、增上精進菩薩、如說能行菩薩、精進願菩薩、手燈菩薩、等心菩薩、捨罪菩薩、除諸悲闇菩薩、力不壞菩薩、日藏菩薩、金剛遊步菩薩、無邊遊步菩薩、無量遊步菩薩、不動足遊步菩薩、虛空庫菩薩、上意菩薩、勝意菩薩、增上意菩薩、吉行菩薩、持地住菩薩、月光菩薩、月幢菩薩、光幢菩薩、光德菩薩、遊步到明菩薩、師子遊步雷音菩薩、無礙辯菩薩、相應辯菩薩、捷疾辯菩薩、最勝菩薩、蔽日月光菩薩、無攀緣菩薩、無比菩薩、根常喜笑菩薩、障一切罪菩薩、捨女飾菩薩、摩尼那菩薩、光明菩薩、淨滿菩薩、得大菩薩、集光王菩薩、深吼菩薩，如是等上首，菩薩摩訶薩四萬二千人俱。

爾時，復有四大神王、天帝釋王、娑婆世界主大梵天王，如是等上首，六萬天子俱。復有七萬三千天子，善住意天子、善寂天子、摩醯首羅天子而為上首，皆樂修行菩薩之道。復有二萬阿修羅王，羅睺阿修羅王、彌樓阿修羅王而為上首，皆樂修行菩薩之道。復有六萬龍王，名不苦惱龍王、名月龍王、名得叉迦龍王而為上首，皆樂修行菩薩之道。

如是，復有無量百千天、龍、夜叉、乾闥婆、阿修羅、迦樓羅、緊那羅、摩睺羅伽、人與非人諸大眾俱，比丘、比丘尼、優婆塞、優婆夷皆悉來集。

爾時，世尊無量百千眷屬圍遶，恭敬尊重而為說法。

毘耶娑問經 卷下

摘錄

元魏婆羅門瞿曇般若流支譯

「復次，大仙！四大天王生退之相，復應當知。如是，大仙！若於貧人、若於病人生憐愍心，若衣、若食、病患因緣所須醫藥隨時給施，為除寒苦；道巷殖樹，行人坐息；造立池、井、溝渠、水槽，給施一切，如是信心、喜心施與彼人。以是善業因緣，臨欲死時，身無垢穢亦不羸瘦，身色不變，不膩、不爛，一切身分不受苦惱、聲不破壞，諸親眷屬悉皆聚集。無分散者，故不憂惱、不患飢渴、腳不申縮、不受苦惱、不失便利。境界不礙，故不愁苦、諸根不壞。彼人如是一切樂足，不苦惱死。

「若捨身時，識心歡喜，見四天王、諸天之眾在樹林中戲樂之處。見天眾已，死屍面色如生蓮花，口出好香，其香猶如阿娑婆香，種種花香隨風熏屍。彼死人識，見四大王天中生處，父母相近。爾時，天中彼父天子在戲樂處，遊行嬉戲，欲心起發，右手摩觸天女臍下。以摩觸故，識託懷中，至滿七日乃有頭髮具足莊嚴，天童子生。生即知欲，戲笑、歌舞一切皆能。

「復次，大仙！彼四大王諸天住處，所有宮殿純金為地，種種莊嚴、種種綵色、彫飾分明，百千天女在天宮殿，有百千樹妙莊嚴枝，有隨意風觸身受樂。復次，大仙！彼四大王天眾住處，城隍平正，其城四方，縱廣八萬四千由旬。大仙！當知於彼林中有天寶珠以為燈明，踈妙繒綵以衣樹身，懸幡枝上。樹極柔軟，諸天見之心生愛樂，於彼林中吹笛、拍手、琵琶、鼓等，和合樂聲在彼窟中。

「復次，大仙！彼天童子種種食力，所謂揣食天飯善香，能生天力，香、色、味等功德具足。有天粳米名蓮華光，自然而熟，甜如甘露，種種色味具足相應。有二食盤，一是金盤、一是寶盤，隨彼天子所須飯食何者何等、如是如是，彼彼飲食皆盤中生。復次，大仙！彼天爾時牟佉離汁生彼盤中即變為花，名阿娑婆。彼有善香，其汁清冷，飲則涼樂。又復，彼香令天童子醉樂怡適。

「復次，大仙！彼四大王子隲宮殿，周匝常有妙好華蔓，多饒妙花莊嚴殿柱，以如是柱莊嚴宮殿金寶金剛。有勝天樹，娑羅翅蔓上攀樹枝。有百千柱、床臥敷具，莊嚴宮殿。六萬天女在中行坐，令彼宮殿端嚴勝妙。彼女殊勝身相、舉動皆可觀瞻，天衣光明莊嚴其身，妙聲、環釧以姿其媚，善香妙色，欲心相應，身極軟弱；歌舞、戲笑恒常不絕，多有姿媚，兩兩共合出美妙聲與笛一音。彼天宮殿如是具足。復次，大仙！彼天宮柱金寶間錯，懸以繒幡，處處垂下。

「復次，大仙！彼四大王受勝欲樂。提頭賴吒、毘樓勒叉、毘樓博叉、拘毘樓等，彼四大王在宮殿中，喜笑、歌舞、嘯咏等聲，天食充飽，諸根喜樂，善愛意生。彼處勝樂皆悉具足。復次，大仙！彼四大王天眾之中，諸天童子長臂洪直，不麁、不細，行如醉象，具丈夫力，柔軟之身具足天相。彼天行時，則有勝香熏一由旬。

「復次，大仙！彼壽天年五百歲命，無中夭傷。彼處勝樂一切具受，開眼看視有喜愛相。彼諸天眾多有戲處，謂蘇婆伽荼迦之處、迦曇婆迦及毘摩羅、光明莊嚴林王之處、闍那迦等勝戲樂處，有如是等第一香處受用心喜。彼諸天子行彼處已，花、珠、金、寶間錯階陛；其階方正，勝妙莊嚴，名寶珠階。百千天女妙聲歌咏，珠寶、樂器自然出聲，多受欲樂。

「福盡命終則有相現：初則失影，不聞花香，迦陵、頻伽、天女妙聲耳不復聞。大仙！當知又天眾中，彼天童子於天宮殿眾集之處，至日不往彼宮殿中。百千天女，樹生瓔珞有妙勝花，俱翅羅聲、欲鳥之聲林中具有，心不生樂，在地旋轉。衣裳垢膩，其身極熱，悲苦看視，地上旋轉。於花帳處心不憙樂，身中汗出。彼目常開，今則眄瞬。彼處動轉，如魚出水，為日所暴，翻覆迴轉，獨在地住。天女見已皆來圍遶，詳共悲哀，同聲啼哭，如是說言：『何期愛人欲向何處？何期第一種種莊嚴柔軟之身，異異無垢，胸膺寬博，兩肩可憙平正之身、柔軟之身？何期戲處、遊戲常樂種種處行，今忽捨我、復捨天宮，欲向何處？』彼諸天女既傷歎已，復說偈言：

「種種善心作，天樹妙莊嚴，此四大王處，多饒飲食樂。
有四柱相應，福德天勝處，多饒天女愛，豐華善心喜。
何忽惡無常，令捨此而去？」

「彼諸天女如是圍遶，大聲號哭，涎出聲壞，並啼並言，可憐可愍。彼諸天女作如是言，離而遠住，復申右臂取花散之，作如是言：『生善道去，君善道去。向人界去，生福處地，信心犁之。應知彼天如是之身。』彼欲死天，既聞此已，如是思惟，自知身死，極大愁苦，舉體烝熱，以烝熱故，身則消洋猶如蘇滓，於彼死處，墓田之中消洋盡壞，身體萎蔫。有掃風來，吹彼天身作一千分，碎末散去遍在虛空。

「於彼處退欲受人身，見閻浮提父母和合。彼既見已，歡喜愛樂，即彼處生。初受生已，其母相出，所謂喜笑，欲得勝食、不憙食肉，憙著赤衣、光明之衣，樂見人眾聚會之處，於兄弟等生勝愛心。藏內、脇中不受苦惱，無有涎唾、又不惡心、無有身病。在彼藏中，善具足、手，然後出生。

「彼既生已，端正好色，見者愛念。彼若增長，聞四王天心則歡喜。修行施戒，飲酒不醉，心常惺悟，身則肥鮮，恒以眾香莊嚴其身。愛林戲處、心多欲染，自身諸根樂近婦女，數數飲食，樂好美饍。常修歌樂，身體膩潤，不黑、不白，其眼猶如青毘琉璃。大仙！當知四大王天退生人中本性如是，四大王處所熏相續有如是相。

（略）

「大仙！當知我之所有聲聞之人、諸弟子中最為勝者，所謂長老伽婆波帝，於婆羅門種姓中生，遊心禪思、慈心、悲心，三昧眼開住慈三昧，於七日中息不出入。大仙！當知彼時既入慈三昧已，心若須風則有風吹、若其不須則無風吹。劫盡燒時地為一焰，彼身乃至如芥子許亦不能燒。若須彌山墮其身分，於節節上即令停住，不能令動。若復難陀、憂波難陀二惡龍王毒力熾盛，彼惡力毒，若以氣噓能動須彌，如是毒力四大海水能令味醎。大仙！當知如是大力惡毒龍王，伽婆波帝三昧力故能令無毒。

大般涅槃經 卷第一

摘錄

北涼天竺三藏曇無讖譯

壽命品第一

如是我聞：一時，佛在拘尸那國力士生地，阿利羅跋提河邊娑羅雙樹間。

爾時，世尊與大比丘八十億百千人俱，前後圍遶。二月十五日臨涅槃時，以佛神力出大音聲，其聲遍滿乃至有頂，隨其類音普告眾生：「今日如來、應、正遍知，憐愍眾生，覆護眾生，等視眾生如羅睺羅，為作歸依屋舍室宅。大覺世尊將欲涅槃，一切眾生若有所疑，今悉可問，為最後問。」

爾時，世尊於晨朝時，從其面門放種種光，其明雜色：青、黃、赤、白、頗梨、馬瑙，光遍照此三千大千佛之世界，乃至十方亦復如是。其中所有六趣眾生遇斯光者，罪垢、煩惱一切消除。

是諸眾生見聞是已，心大憂愁，同時舉聲悲啼號哭：「嗚呼！慈父！痛哉！苦哉！」舉手拍頭、搥胸叫喚，其中或有身體戰慄、涕泣哽咽。

爾時，大地諸山大海，皆悉震動。時諸眾生共相謂言：「且各裁抑，莫大愁苦！當疾往詣拘尸那城力士生處，至如來所，頭面禮敬，勸請如來莫般涅槃，住世一劫、若減一劫。」互相執手復作是言：「世間空虛，眾生福盡，不善諸業增長出世。仁等今當速往！速往！如來不久必入涅槃。」復作是言：「世間空虛！世間空虛！我等從今無有救護、無所宗仰，貧窮孤露。一旦遠離無上世尊，設有疑，惑當復問誰？」

（略）

爾時，復有九恒河沙諸龍王等住於四方，其名曰：和修吉龍王、難陀龍王、婆難陀龍王而為上首。是諸龍王亦於晨朝日初出時，設諸供具，倍於人天，持至佛所，稽首佛足，遶百千匝，而白佛言：「唯願，如來哀受我等最後供養。」如來知時，默然不受。是諸龍王，不果所願，心懷愁惱，却坐一面。

大般涅槃經 卷第一 摘錄

宋代沙門慧嚴等依泥洹經加之

序品第一

如是我聞：一時，佛在拘尸城力士生地，阿夷羅跋提河邊娑羅雙樹間。

爾時，世尊與大比丘八十億百千人俱前後圍遶。二月十五日臨涅槃時，以佛神力出大音聲。其聲遍滿乃至有頂，隨其類音普告眾生：「今日如來、應供、正遍知，憐愍眾生、覆護眾生、等視眾生如羅睺羅，為作歸依、為世間舍。大覺世尊將欲涅槃，一切眾生若有所疑，今悉可問，為最後問。」

爾時，世尊於晨朝時，從其面門放種種光，其明雜色：青、黃、赤、白、頗梨、馬瑙，光遍照此三千大千佛之世界，乃至十方亦復如是。其中所有六趣眾生遇斯光者，罪垢、煩惱一切消除。

是諸眾生見聞是已，心大憂惱，同時舉聲悲號啼哭：「嗚呼！慈父！痛哉！苦哉！」舉手拍頭、槌胸大叫，其中或有身體戰慄、涕泣哽咽。

爾時，大地、諸山、大海皆悉震動。時諸眾生共相謂言：「且各裁抑，莫大愁苦！當共疾往詣拘尸城力士生處，至如來所，頭面禮敬，勸請如來莫般涅槃，住世一劫、若減一劫。」互相執手，復作是言：「世間虛空，眾生福盡，不善諸業增長出世。仁等今當速往！速往！如來不久必入涅槃。」復作是言：「世間虛空！世間虛空！我等從今無有救護、無所宗仰，貧窮孤露。一旦遠離無上世尊，設有疑惑，當復問誰？」

（略）

爾時，復有九恒河沙諸龍王等住於四方，其名曰：和修吉龍王、難陀龍王、婆難陀龍王而為上首。是諸龍王亦於晨朝日初出時，設諸供具，倍於人天，持至佛所，稽首佛足，遶百千匝而白佛言：「唯願如來哀受我等，最後供養。」如來知時，默然不受。是諸龍王，不果所願，心懷愁惱，却坐一面。

佛說大般泥洹經 卷第一

摘錄

東晉平陽沙門法顯譯

序品第一

如是我聞：一時佛在拘夷城力士生地，熙連河側堅固林雙樹間，與八百億比丘前後圍繞。二月十五日臨般泥洹，時諸眾生各各悅樂，自計清淨無疑厭想，忽自覺悟：「今日如來、應供、等正覺，哀愍世間，覆護世間，為世間歸，等觀眾生如視一子，恬淡寂滅大牟尼尊，告諸眾生今當滅度，諸有疑難，皆應來問，為最後問。」如是覺已，各懷憂慼。

爾時，世尊從其面門放種種光：青、黃、赤、白、頗梨紅色，明耀殊特，普照三千大千世界，乃至十方一切佛土；六趣眾生其蒙光者，罪垢、諸惱皆悉除滅，咸皆悲慟淚下如雨，更相謂言：「怪哉！仁者！世間虛空！怪哉！仁者！眾生福盡！怪哉！仁者！苦法增長！如來不久當般泥洹；一何駃哉！世間虛空！一何駃哉！世間眼滅！我等當共疾往詣佛禮拜供養，勸請世尊不般泥洹，住壽一劫、若過一劫。若佛泥洹，誰為我等親善慈導？誰為我等救諸厄難？是故，仁等有所不了，當詣如來諮決所疑。」

（略）

復有九恒河沙諸龍王從四方來；其名曰：和修吉龍王，難頭優鉢難陀龍王等，眾德具足哀愍世間，於晨朝時光明照已，各作是念：「如來不久當般泥洹。」辦眾供具，倍勝人天，來詣佛所，稽首請佛，繞百千匝於一面住。

大般涅槃經後分　卷下

摘錄

大唐南海波淩國沙門若那跋陀羅譯

機感荼毘品第三

爾時，拘尸城內一切男女悲泣流淚，不知荼毘法則云何？問阿難言：「如來涅槃，如何法則可以荼毘？」爾時，帝釋具陳上事，而以答言：「如佛所說，依輪王法。」

爾時，拘尸城內一切人民悲泣流淚，摠入城中，即作金棺七寶莊嚴，即辦微妙無價白氎千張、無數細軟妙兜羅綿，辦無數微妙栴檀沈水、百千萬種和香、香泥、香水、一切繒蓋幡花等，如雲遍滿在於空中，積高須彌。既辦已訖，悲哀流淚，將至佛所，投如來前，悲咽不勝而申供養。爾時，拘尸城內一切人民及諸大眾重復悲哀，哽咽流淚，復持無量香花、幡蓋、一切供具，如雲遍滿空中，互相執手，搥胸哽咽，涕泣盈目，哀震大千，投如來前，悲哀供養。爾時，大眾悲哽啼咽，深重敬心，各以細妙白氎障手，扶於如來入金棺中，注滿香油，棺門即閉。

爾時，拘尸城內一切士女貪福善心，相欲攝取如來功德，不令天人一切大眾同舉佛棺，即共詳議遣四力士，壯大無雙，脫其所著瓔珞、衣服，期心請舉如來聖棺，欲入城內，自申供養，盡其神力都不能勝。爾時，城內復遣八大力士，至聖棺所，脫所著衣，共擎佛棺，皆盡其神力都亦不得。拘尸城內復遣十六極大力士，來至棺所，脫所著衣，共舉佛棺，亦不能勝。

爾時，樓逗語力士言：「縱使盡城內人，男女大小，舉如來棺，欲入城內，亦不能得。何況汝等而能勝耶？汝等當請大眾及諸天力助汝舉棺，乃得入城。」樓逗所言未訖，爾時，帝釋即持微妙大七寶蓋、無數香花、幢幡、音樂，與諸天眾悲泣流淚，垂在空中供養聖棺；至第六天及色界天，皆如帝釋供養聖棺。

爾時，世尊大悲普覆，令諸世間得平等心，得福無異。於娑羅林即自舉棺，昇虛空中，高一多羅樹，拘尸城內一切人民及諸世間人天大眾等共不得舉佛聖棺。

爾時，帝釋及諸天眾即持七寶大蓋、四柱寶臺，四面莊嚴七寶瓔珞，垂虛空中，覆佛聖棺，無數香花、幢幡、瓔珞、音樂、微妙雜綵，空中供養；至第六天色界諸天，倍前帝釋覆佛聖棺及申供養。爾時，拘尸城內一切人民見佛聖棺昇在空中，搥胸大哭，悲咽懊惱。（略）

爾時，拘尸城內有四力士，瓔珞嚴身，持七寶炬，大如車輪，焰光普照，以焚香樓，荼毘如來，炬投香樓，自然殄滅。迦葉告言：「大聖寶棺，三界之火所不能燒，何況汝力而能燒耶？」城內復有八大力士，更持七寶大炬光焰，一切將投棺所，亦皆殄滅。城內復有十六極大力士，各持七寶大炬來投香樓，亦悉殄滅。城內復有三十六極大力士，各持七寶大炬來投，亦皆殄滅。

爾時，迦葉告諸力士、一切大眾：「汝等當知，縱使一切天人所有炬火，不能荼毘如來寶棺。汝等不須勞苦，強欲為作。」爾時，城內士女、天人、大眾復重悲哀，各以所持號泣供養，一時禮拜右繞七匝，悲號大哭聲震三千。

爾時，如來以大悲力，從心胸中火踊棺外，漸漸荼毘，經于七日，焚妙香樓，爾乃方盡。爾時，城內士女、天人、大眾於七日間悲號哭泣，哀聲不斷，各以所持，供養不歇。

爾時，四天王各作是念：「我以香水注火令滅，急收舍利，天上供養。」作是念已，即持七寶金瓶，盛滿香水，復將須彌四埵，四大香潔出甘乳樹，樹各千圍，高百由旬，隨四天王同時而下至荼毘所，樹流甘乳，注寫香瓶，一時注火。注已，火勢轉高，都無滅也。

爾時，海神莎伽羅龍王及江神、河神，見火不滅，各作是念：「我取香水注火令滅，急收舍利，住處供養。」作是念已，各持寶瓶盛取無量香水，至荼毘所一時注火。注已，火勢如故，都亦不滅。

爾時，樓逗*語四天王及海神等：「汝注香水令火滅者，可不欲取舍利還本所居而供養耶？」答言：「實爾。」樓逗語四天王言：「汝大貪心。汝居天上，舍利隨汝，若在天宮，地居之人如何得往而供養耶？」復語海神：「汝等住在大海江河，如來舍利汝收取者，地居之人如何得往而供養耶？」爾時，四天王即皆懺悔，悔已各還天宮；爾時，大海、江、河神等，皆亦懺悔，誠如聖言，悔已各還。

菩薩處胎經 卷第七 摘錄

姚秦涼州沙門竺佛念譯

菩薩處胎經八賢聖齋品第二十八

爾時，座中有菩薩，名曰智積，於過去佛造眾德本，降伏魔怨，善權變化，莊嚴佛土，於無央數修行忍辱，忍心不闕，禪行不廢，於大眾中為師子吼，獨步三界，隨時上下，靡所不入，應適無方，能使山、河、石壁皆為七寶，給施貧窮四事不乏，解了空觀法性清淨，分別三世威儀法則，如幻、如化、如鏡中像，如熱時焰如空中響；所將眷屬根本成就，奉持禁戒不犯毫釐；即從坐起，偏露右臂，右膝著地，叉手合掌，前白佛言：「快哉！世尊！如來所化無不周遍，天、龍、人、鬼皆至道場，空界眾生及以胎化，所可濟度不可稱量。唯願，世尊！分別六趣善惡之行，威儀禁戒，初、中、竟善一一分別，使未學者學、未知者知。」

佛告智積菩薩：「善哉！善哉！能問如來甚深之義，今當與汝分別善惡、禁戒所趣。諦聽！諦聽！善思念之！吾昔一時無央數劫為金翅鳥王，七寶宮殿，後園、浴池皆七寶成，遊戲園觀心得自在，所行法則如轉輪聖王，內宮婦女狀如天人。於百千萬劫，時乃入海求龍為食。時，彼海中有化生龍子，八日、十四日、十五日，受如來齋八禁戒法，不殺、不盜、不婬、不妄言、綺語、不勸飲酒、不聽作倡伎樂、香花、脂粉、高廣床、非時不食，奉持賢聖八法。時金翅鳥王身長八千由旬，左、右翅各各長四千由旬，大海縱廣三百三十六萬里。金翅鳥以翅斫水取龍，水未合頃銜龍飛出。金翅鳥法，欲食龍時先從尾而吞，到須彌山北有大緣鐵樹，高十六萬里，銜龍至彼欲得食噉，求龍尾不知處，以經日夜。明日龍出尾，語金翅鳥：『化生龍者我身是也，我不持八關齋法者，汝即灰滅我。』金翅鳥聞之，悔過自責：『佛之威神甚深難量。我有宮殿去此不遠，共我至彼以相娛樂。』龍即隨金翅鳥至宮殿觀看。『今此眷屬不聞如來八關齋法，唯願指授禁戒威儀，若壽終後得生人中。』爾時，龍子具以禁戒法使讀誦，即於鳥王宮而說頌曰：

「七寶宮殿舍，莊嚴極快樂；行滿戒不具，受此金翅身。
我是龍王子，修道七萬劫；以針刺樹葉，犯戒作龍身。
我非胎生龍，濕生及卵生；轉身不退轉，興顯佛法眾。
汝今受八齋，化汝眷屬等；奉禁無所犯，必得生善處。
我宮在海水，亦以七寶成；摩尼頗梨珠，明月珠金銀，
可隨我到彼，觀看修佛事；復益善根本，滋潤悉周遍。」

「爾時，金翅鳥聞龍子所說，受八關齋法，口自發言：『自今以後盡形壽不殺，如諸佛教。』金翅鳥眷屬受三自歸已，即從龍子到海宮殿，彼宮殿中有七寶塔，諸佛所說諸法深藏，別有七寶函滿中佛經，十二因緣總持三昧，見彼龍子及諸龍女，香花供養禮拜承事，猶如天上難檀婆那羅金殿無異。龍子語金翅鳥：『我受龍身劫壽未盡，未曾殺生嬈亂水性。』爾時，龍子復與金翅鳥，而說頌曰：

「殺是不善行，減壽命中夭；身如朝露虫，見光則命終。
持戒奉佛語，得生長壽天；累劫積福德，不墮畜生道。

今身為龍身，戒德清明行；雖墮六畜中，必望自濟度。」

「是時龍子說此頌時，龍子、龍女心開意解，壽終之後皆當生阿彌陀佛國。」

佛告智積菩薩：「我宿命所行戒德完具，得成菩薩，化現自在無所不入，亦入於金翅鳥，亦入於龍子，亦入於魚、鼈、黿、鼉，所化如是。」

蓮華面經　卷上

大乘修多羅藏

隋天竺三藏那連提耶舍譯

如是我聞：一時，佛住毘舍離獼猴池岸上大重閣中，如來不久當捨壽命。爾時，佛告阿難：「我今共汝往波波城，彼有長者名毘沙門德，吾欲化之。」阿難言：「唯然！受如來教。」即隨佛行。未入彼城有跋提河，佛告阿難：「我今疲極，可入河浴。」爾時，世尊脫鬱多羅僧置河岸上，入河澡洗。

佛告阿難：「汝可至心觀如來身，三十二相以自莊嚴。如是之身，却後三月當入涅槃。」

復告阿難：「汝當更觀如來之身，如優曇花久遠乃現，時時一出難出難見；如是佛身過於彼花百千萬倍，難出難見。如是之身，却後三月更不復現。」

復告阿難：「汝當更觀如來之身，如花鬘師取貫花線，種種色花及種種香，結作花鬘，彼鬘成已覩者歡喜。如來身者三十二相、八十種好以自莊嚴，閻浮提金光色明炎，圓光一尋。如是身者，却後三月當般涅槃。」

復告阿難：「汝當更觀如來之身，如三十三天所住之地百寶莊嚴，復有種種音樂快樂。彼諸天等，於彼寶地及天音樂不能暫捨，亦不能記彼地寶色。如是佛身三十二相不可遍觀。何以故？觀一一相心不能捨。如是身者却後三月當般涅槃。」

復告阿難：「汝當更觀如來之身，譬如日、月有大威德神通光明，在佛身邊悉蔽不現，是故佛身過彼日月最尊、最勝。如是之身，却後三月當般涅槃。」

復告阿難：「譬如師子，諸獸中王；如天帝釋大伊羅鉢象，諸象中王。佛身亦爾，具大勢力獨步無畏。如是之身，却後三月當般涅槃。」

復告阿難：「汝當更觀如來之身，如須彌山王四寶所成，處于大海安住不動，其體堅實無有瑕隙。如來之身過那羅延力，百千萬倍不可為比。如是之身，却後三月當般涅槃。」

復告阿難：「如來之身，於無足、二足、多足眾生，有色、無色、有想、無想、非有想非無想眾生之中，如來色身最尊、最勝。如是之身，却後三月當般涅槃。」

復告阿難：「如小千世界，千日、千月、千須彌山、千弗于逮、千瞿耶尼、千欝怛羅越、千閻浮提、千四天王、千三十三天、千帝釋天王、千炎摩天、千炎摩天王、千兜率陀天、千兜率陀天王、千化樂天、千化樂天王、千他化自在天、千他化自在天王、千梵身天、千大梵天王，如是小千世界滿中諸天，欲見如來面貌周盡，不能得見。何以故？如來面光如百千電炎，出過世間所有光明百千萬倍。是故帝釋、大梵天等，常讚歎佛光明殊勝。如是之身，却後三月當般涅槃。」

復告阿難：「莫作是念，如來不盡貪、瞋、癡故自讚己身。如來身者，貪、瞋、癡使及彼習氣永盡無餘。如是，阿難！如來、應供、正遍知有大威德，汝常供侍如來生身，以是因緣所得功德，不可量、不可數、不可思議，無量無邊阿僧祇。阿難！汝今欲聞如來滅後，未來眾生供養如來碎身舍利因緣事不？」

爾時，阿難偏袒右肩，右膝著地，合掌白佛言：「世尊！今正是時。大德婆伽婆！今正是時。唯願如來為我宣說佛涅槃後，諸眾生等供養如來碎身舍利因緣等事。我聞是法，至心受持廣為他說。」

佛告阿難：「汝善諦聽！我今當說。阿難！如來入涅槃時入金剛三昧，碎此肉身猶如芥子。如是一分舍利向諸天所。爾時，帝釋天王及諸天眾，見佛舍利知佛涅槃，即雨天曼陀羅花、摩訶曼陀羅花、曼殊沙花、摩訶曼殊沙花供養舍利，如見佛身禮拜右遶，有種阿耨多羅三藐三菩提善根，有種聲聞善根，有種辟支佛善根。

「有一分舍利向龍世界中。爾時，娑伽羅龍王、無量龍等，見佛舍利，大設供養，以因陀羅寶、摩訶因陀羅寶、火珠寶、清水寶，如是無量種種諸寶，持用供養碎身舍利。禮拜右繞，作供養已，是時龍等各自發願，有發阿耨多羅三藐三菩提願者，有發聲聞菩提願者，有發辟支佛菩提願者。

「有一分舍利向夜叉世界。爾時，毘沙門王及餘無量大夜叉將，見碎身舍利，以種種花、末香、燒香、燈明、音樂，如是無量供養舍利，禮拜合掌右遶恭敬；有發無上大菩提願者，有發聲聞願，有發辟支佛願。

「彼餘舍利在閻浮提，當來有王名阿輸迦，統一閻浮提；此王為供養舍利故，造作八萬四千塔，置此舍利而供養之。此閻浮提復有六萬諸王，亦當供養碎身舍利，以諸花鬘、種種香等，燈明、音樂，供養禮拜右遶恭敬；有種無上大菩提善根，有種聲聞善根，有種辟支佛善根，有即捨家出家，於佛法中信心清淨，剃除鬚髮而披法服，精勤修道皆悉漏盡而般涅槃。

「如是，阿難！如來、應供、正遍知有大威德，以彼法身依生身故，供養生身舍利因緣所得功德，無量無邊阿僧祇，不可數不可說。」

爾時，如來作如是念：「我此三阿僧祇劫勤苦所成佛法，欲令久住於世間故，當往諸天、諸阿修羅、諸龍、迦樓羅、摩睺羅伽等所住之處，付囑佛法。」爾時，如來即於閻浮提沒，三十三天中出。

爾時，帝釋天王見世尊已，即敷高座奉迎如來，白佛言：「世尊！願受此座。」爾時，世尊即坐其座，帝釋天王與百千萬眾，頂禮佛足住在一面。

佛告帝釋言：「汝今當知，吾亦不久當般涅槃，以此佛法囑累於汝，汝當護持。」如是至三。

帝釋天王悲泣雨面，收淚而言：「世尊涅槃一何疾哉？如來涅槃何其太速？世間法眼於茲永滅，如佛所教是我力分，即當護持恭敬供養。如來昔於兜率陀天降神母胎，我於爾時與忉利眾常作守護；及佛生時，亦與諸天共來守護；如來坐於菩提樹下破八千萬億魔軍，得阿耨多羅三藐三菩提時，我與諸天亦常守護；佛於波羅棕鹿野苑中，三轉十二行法輪時，我與天眾亦常守護。我今無力能使如來不入涅槃，無力能護。」爾時，世尊種種說法，勸喻安慰、示教利喜帝釋諸天，令護佛法，從天上沒，即於娑伽羅龍王宮出。

爾時，龍王見如來至，即時敷座。佛坐其座，告龍王曰：「汝今當知，如來不久入於涅槃。我以佛法囑累於汝，汝當守護無令斷絕。龍王！當知此龍世界有諸惡龍，多生瞋恚不知罪福，為惡卒暴破壞我法，是故我今以此佛法囑累於汝。」

爾時，龍王悲泣雨面，收淚而言：「世尊！我諸龍等盲無慧眼，是故今者生畜生中。若佛滅後龍世界空，我等捨命，不知未來當生何處？諸佛如來是眾生寶，云何今者欲般涅槃，世間眼滅？」爾時，世尊示教利喜娑伽羅王，令護佛法，在龍宮沒，於德叉迦龍王宮出。

爾時，龍王為佛敷座，佛坐其座。龍王復與百萬億龍，頂禮佛足却住一面。佛告龍王：「汝等！當知如來不久入無漏界而般涅槃，今以佛法囑累於汝，至心守護。」

爾時，龍王悲泣雨面，以手收淚而白佛言：「如來滅度世間眼滅，諸佛如來是眾生寶。若佛滅度，我今不知當生何處？」佛為龍王種種說法示教利喜，即從彼沒，於黑色龍王宮中出。

爾時，龍王為佛敷座，佛坐其座，黑色龍王與百萬億龍眾，頂禮佛足却住一面。佛告龍王：「汝等！當知如來不久入般涅槃，我以佛法囑累於汝，汝當至心而守護之。」

爾時，龍王悲泣雨面，捫淚而言：「如來滅度世間眼滅，諸佛如來是眾生寶，若佛滅度，我今不知當生何處？」佛為說法示教利喜，即從彼沒，於夜叉世界出。

爾時，毘沙門王為佛敷座，佛坐其座。毘沙門王與百萬億夜叉之眾，頂禮佛足却坐一面。爾時，毘留勒叉天王，與百萬億鳩槃荼眾，頂禮佛足却坐一面。爾時，毘留博叉天王，與百萬億諸龍之眾，頂禮佛足却坐一面。爾時，提頭賴吒天王，與百萬億乾闥婆眾，頂禮佛足却坐一面。爾時，大夜叉將，般脂迦槃、折邏旃荼、娑多耆利、兮摩跋多、摩尼跋陀、富那跋陀，如是一切諸夜叉將，頂禮佛足却坐一面。爾時，佛告四天大王，及夜叉將、乾闥婆將、鳩槃荼將、諸龍將言：「汝等！當知如來不久入般涅槃。我以佛法囑累於汝，當好守護。」第二、第三亦如是說。「汝等！當知夜叉國中諸惡夜叉、鳩槃荼國惡鳩槃荼、乾闥婆國惡乾闥婆、諸龍國土有諸惡龍，如是眾生多起瞋恚，不知罪福為惡卒暴，破我三阿僧祇劫勤苦所修無上佛法，是故，我今囑累汝等。」

時四天王及夜叉將乃至龍將，悲泣雨面，抆淚而白佛言：「世尊涅槃何其太速！如來滅度一何疾哉！為死摩竭之所吞噬。」爾時，世尊種種說法示教利喜，即從彼沒，閻浮提出。

爾時，世尊作如是念：「我所作事今已作竟，諸惡眾生今已調伏，可入安隱寂滅涅槃。」佛告阿難：「生死可厭，吾今不久欲入涅槃。」

爾時，阿難生大苦惱，悲泣雨面如箭入心，悶絕倒躄*死轉于地，而作是言：「世尊涅槃何其太速！如來滅度一何疾哉！世間眼滅，我復更當與誰持鉢！更復持扇在誰邊立！不復更聞甘露之法，誰復與我說甘露味！我今更復隨誰後行！不復更見殊勝日月圓滿之面。尊者舍利弗等大智慧人已入涅槃，而佛如來今復滅度，世間闇冥失智慧眼，智須彌王今欲崩散，佛樹欲倒，法橋欲絕，法舡欲沈，法炬欲滅，正法日、月將墜於地，解脫之門今欲閉塞，三惡道門今將欲開，三阿僧祇劫所集法聚將沒不久。」

爾時，佛告長老阿難：「汝莫憂愁，莫復啼哭，莫大叫喚、搥胸、哽咽、悶絕、躄地。何以故？世間生者是有為法，會歸無常，欲令此法不失不壞而常住者，無有是處。」爾時，世尊種種說法，安慰勸喻示教利喜，囑法藏已默然而住。

爾時，世尊復作是念：「阿難比丘為憂愁刺深入其心，我今當拔彼憂愁刺。」告阿難言：「汝今欲見未來事不？我見來世如觀現在，當為汝說。」

爾時，阿難偏袒右肩右膝著地，合掌向佛頂禮佛足而白佛言：「大德世尊！當為我說，今正是時。我聞法已，當奉受持廣宣流布。」

佛告阿難：「諦聽至心，我今當說。阿難！未來之時有諸破戒比丘，身著袈娑遊行城邑，往來聚落住親里家，彼非比丘又非白衣，畜養婦妾產育男女；復有比丘住婬女家；復有比丘貯畜金銀，造作生業以自活命；復有比丘通致使驛以自活命；復有比丘專行醫藥以自活命；復有比丘圍碁六博以自活命；復有比丘為他卜筮以自活命；復有比丘為他呪彼死尸令起，遣殺怨家以自活命；復有比丘為他誦呪驅遣鬼神，多取財物以自活命；復有比丘專行殺生以自活命；復有比丘住僧伽藍，私自費用佛法僧物以自活命；復有比丘內實犯戒外示護持，受人信施；復有比丘雖不破戒而懷慳惜，衣服、飲食，及以鄙悋眾僧之物不與客僧；復有比丘雖不破戒，悋惜眾僧房舍、床座不與客僧；復有比丘雖不破戒，為諸檀越供養禮拜多得財利，其心不欲令餘比丘受人信施，唯欲自受；復有比丘實非羅漢，而常詐稱得羅漢果，欲令人知我是羅漢；復有比丘多受檀越四事供養，內無實德唯增貪心，但為活命不為修道；復有比丘興利商賈以自養活；復有比丘專行偷盜以自養活；復有比丘畜養象、馬、*駞、驢、牛、羊，乃至賣買以自養活；復有比丘販賣奴婢以自養活；復有比丘屠殺牛、羊以自養活；復有比丘受募入陣，征戰討伐，多殺眾人以求勳賞；復有比丘穿踰牆壁，盜他財物以自活命；復有比丘專行劫奪，攻破城邑及與聚落以自活命；復有比丘毀壞佛塔，取其寶物以自活命。如是無量地獄因緣，捨命之後皆墮地獄。

「阿難！譬如師子命絕身死，若空、若地、若水、若陸，所有眾生不敢食彼師子身肉，唯師子身自生諸虫，還自噉食師子之肉。阿難！我之佛法非餘能壞，是我法中諸惡比丘猶如毒刺，破我三阿僧祇劫積行勤苦所集佛法。阿難！譬如有人入於大海，至寶渚中多取寶物置於船上，欲渡大海於中沈沒。佛之正法如彼寶船，當來破戒諸惡比丘多樂造作種種惡業，滅我佛法沈沒不現。

「阿難！如來涅槃不久之間正法當亂，正法亂已，復有種種諸惡比丘出現於世，不信如來得證無漏寂滅涅槃，況復信有世間餘人得阿羅漢入涅槃者。阿難！如來所有正法名味句義所謂修多羅、祇夜、鞞迦曷羅、*伽陀、憂陀那、尼陀那、阿波陀那、伊帝鼻利多伽、闍多迦、裴富略、阿浮陀達摩、優波提舍，十二部經為惡比丘之所毀滅，彼諸人等，樂作文章綺飾言辭。多有如是諸惡比丘，破我佛法。」

爾時，阿難白佛言：「世尊！當來之世，如是破戒諸惡比丘而出生耶？」

佛言：「如是！如是！阿難！未來之世當有如是諸惡比丘出現於世，雖披法服剃除鬚髮，破我佛法。」

爾時，阿難作如是念：「以佛力故，可令我見未來之世如是事不？」

爾時，如來以神通力，即令阿難悉見未來諸惡比丘，以兒坐膝置婦其傍；復見種種諸非法事。爾時，阿難見此事已，心大怖畏身毛皆豎，即白佛言：「世尊！如來速入涅槃，今正是時，何用見此未來之世如是惡事？」

佛告阿難：「汝意云何？如來向說諸惡比丘惡業報果，豈是餘人所能知不？」

阿難白佛言：「世尊！唯有如來，乃能知此未來之世諸惡業報。」

佛言：「善哉！善哉！阿難！實如汝說，唯有如來乃能知之。阿難！汝今頗見佛未涅槃，諸惡比丘圍遶，如來為說法不？」

阿難白言：「無如是事。」

佛言：「阿難！善哉！善哉！如汝所說。如來現在實無如是諸惡比丘圍遶如來，佛為說法。」佛言：「阿難！未來之世，多有在家白衣得生天上，多有出家之人墮於地獄、餓鬼、畜生。」復告阿難：「善惡之業終不敗亡。我於過去曾作商主，入於大海，活多人故手殺一人，以是業緣乃至成佛，猶尚身受金鏘之報。」

爾時，帝釋天王與三十三天眾，疾至佛所，頂禮佛足却住一面。炎摩天王與百萬億炎摩天眾，疾至佛所，頂禮佛足却坐一面。刪兜率陀天王與百萬億刪兜率陀天眾，疾至佛所頂禮佛足却坐一面。化樂天王與百萬億化樂天眾，疾至佛所，頂禮佛足却坐一面。他化自在天王與百萬億他化自在天眾，疾至佛所，頂禮佛足却坐一面。爾時，毘摩質多羅阿修羅王與百萬億阿修羅眾，疾至佛所，頂禮佛足却坐一面。爾時，娑伽羅龍王與百萬億龍眾，疾至佛所頂禮佛足却坐一面。皆於一念一刹那一無虛律多頃，諸天、阿修羅、迦樓羅、乾闥婆、緊陀羅、摩睺羅伽等，於虛空中遍滿十二由旬，皆為最後見如來故。

爾時，佛告阿難：「此道場菩提樹最勝殊妙，過去諸佛皆於此處，證阿耨多羅三藐三菩提；未來諸佛亦於此處，得阿耨多羅三藐三菩提；現在我身又於此處，破十八億魔軍得阿耨多羅三藐三菩提。如是，阿難！我今不久當般涅槃。復次，阿難！藍比尼園最勝最妙，是佛如來最後生處。復次，阿難！摩耶夫人是大福德，乃能生出人中之寶。復次，阿難！淨飯國王是大福德，乃作一切諸眾生中最勝寶父。復次，阿難！毘舍離城，比嗜離國最勝、最妙；王舍大城，摩伽陀國最勝、最妙，七庵婆羅樹處亦妙，瞿眈摩若，尼俱陀樹處亦勝亦妙；裴囉多豆，囉多豆囉尼憩處亦勝亦妙；力士生地，乃是過去轉輪聖王解寶天冠，在此安置辟支佛塔，是我焚身最勝、妙地。復次，阿難！此閻浮提最勝好處，眾生於中樂貪壽命，是故我今於此涅槃。我於三阿僧祇劫所集之法，不久當滅。」

爾時，世尊慰喻阿難，令心歡喜除其愁刺。付囑法已，告阿難言：「吾今與汝可往諸國。」阿難唯然受如來教。

爾時，世尊至波波城，所應度者皆悉度訖。復往諸國教化無量百億那由他眾生，皆成就已。爾時，阿難隨從佛行，如是次第至摩伽陀國道場菩提之樹，世尊遶樹作六匝已，即於樹下結加趺坐。佛告阿難：「如來不久後十五日當般涅槃。」爾時，諸天、阿修羅、迦樓羅、乾闥婆、緊那羅、摩睺羅伽等，作如是念：「如來不久於十五日當般涅槃，我等皆當最後禮拜。」

佛告阿難：「莫作是念：『謂佛世尊有貪、瞋、癡讚歎於此閻浮提處。而如來者離貪、瞋、癡。此三界處是眾生生處，於三界中而此欲界，是諸眾生習三惡業，又造人身及與天業，色界、無色界業，乃至非想非非想業。』」說此語已，佛起于座。即時此地六種震動，無量百千萬億那由他諸天，於虛空中憂愁啼哭作如是言：「如是眾生中寶，不久當滅。」

蓮華面經 卷上

蓮華面經 卷下 摘錄

隋天竺三藏那連提耶舍譯

是時，娑伽羅龍王與百萬億諸龍眾等，同時舉聲悲泣雨淚，以手抆淚而說偈言：

伊羅鉢象數滿千，不比如來一節力；
如是大力雄猛者，今為無常所破壞。

（略）

是時，毘留博叉天王與百萬億諸龍眾等，同時舉聲悲泣雨淚以手抆淚，而說偈言：

如來面形如滿月，光明照曜猶日輪；
如是不久住於世，示為無常所吞食。

（略）

爾時，提頭賴吒天王與百萬億龍眾，同時舉聲悲泣雨淚，以手抆淚而說偈言：

如來身色甚希有，於三界中無有比；
如是不久當滅度，為彼無常之所羂。

（略）

佛告阿難：「我昔於彼阿波羅龍王處，記罽賓國，我涅槃後，其國熾盛安隱豐樂，如欝怛羅越，佛法熾盛多有羅漢而住彼國，亦有無量如來弟子。此閻浮提所有羅漢皆往彼國，猶如兜率天處。如來所有名身、句身，謂：修多羅、祇夜、鞞迦曷羅那、伽他、優陀那、尼陀那、阿波陀那、伊帝鼻利多劍伽、闍多迦、裴富略、阿浮陀達摩、優波提舍，彼諸羅漢，結集如來十二部經，廣造諸論。彼罽賓國猶如帝釋歡喜之園，亦如阿耨清涼之池。復有頗羅墮逝、賓頭樓等，皆樂住彼罽賓國土。不退佛乘阿羅漢等，亦住彼國。復有因陀羅摩那阿羅漢、白項阿羅漢等，復於如來所說法藏，有漏無漏之法，皆悉撰集廣行流布。阿難！我涅槃已最後法身，彼等建立於未來。復有金毘羅等五諸天子，生罽賓國，廣令我法流布於世，大設供養，我諸弟子於閻浮提，初未曾有如是大會。

佛告阿難：「於未來世罽賓國土，當作如是大法之會。阿難！彼五天子滅度之後，有富蘭那外道弟子，名蓮花面，聰明智慧，善解天文二十八宿五星諸度，身如金色，此大癡人，已曾供養四阿羅漢，當供養時作如是誓：『願我未來破壞佛法，以其供養阿羅漢故，世世受於端正之身。』於最後身生國王家，身為國王，名寐吱曷羅俱邏，而滅我法。此大癡人破碎我鉢，既破鉢已，生於阿鼻大地獄中。

「此大癡人命終之後，有七天子次第捨身生罽賓國，復更建立如來正法，大設供養。阿難！以破鉢故，我諸弟子漸污淨戒。鉢初破時，諸比丘等雖污清淨戒，智如牛王能破外道。經第二時，此閻浮提諸比丘等，破清淨戒樂作不善，身行偷盜耕田墾植，多貪貯畜好衣好鉢，不樂讀誦修多羅、毘尼、阿毘曇。如是，阿難！樂讀樂誦智慧之人悉皆滅度。是時多有諸比丘等，諂曲嫉妬多起非法。以諸比丘不如法故，諸國王等不依王法。以王不如王法治故，其國人民多行增上十不善業。以惡業故，此地多生荊棘、毒草、土沙、礫石。

「阿難！當於爾時，此閻浮提五種精味失力失味，所謂酥、油、鹽、石蜜、蜜。如是五種失力味故，爾時眾生復更多行增上惡業，以其多行惡不善故，佛破碎鉢當至北方。爾時，北方諸眾生等，見佛破鉢大設供養，以種種花、燒香、塗香、燈明、華鬘、種種音樂，供養此鉢，有發阿耨多羅三藐三菩提心者，有發聲聞心者，有發辟支佛心者。彼破碎鉢當向波羅鉢多國，彼國人民見佛碎鉢，以種種花、燒香、末香、塗香、燈明、花鬘、種種音樂，供養此鉢，有發阿耨多羅三藐三菩提心者，有發聲聞心者，有發辟支佛心者。

「阿難！此佛碎鉢以佛力故，亦是眾生善根感故，我此碎鉢自然還復如本不異，於後不久我鉢即於閻浮提沒，現於娑伽龍王宮中。當沒之時，此閻浮提七日七夜皆大黑闇，日月威光悉不復現，地大震動，惡雷掣電於虛空中而出惡聲，黑風卒起極大怖畏。天、人、阿修羅、迦樓羅、乾闥婆、摩睺羅伽等，皆大號哭淚下如雨。如是，阿難！此鉢當爾初沒之時，如來法律亦沒不現。爾時，魔王見法律滅，心大歡喜心大安隱，於虛空中作如是言：『瞿曇法滅，我當教化諸眾生等，自作諸惡亦教他作。』以魔教故，城邑聚落迭相殺害。爾時，魔王以教眾生廣作惡故，生身陷入阿鼻地獄。

「爾時，娑伽羅龍王見佛鉢已，以種種寶：因陀尼羅寶、摩訶尼羅寶、火珠寶、清水寶，如是大寶，大設供養，至于七日禮拜右繞。是諸龍等，有發無上菩提心者，有發聲聞心者，有發辟支佛心者。爾時，娑伽羅龍王以手捧鉢，而說偈言：

「諸相莊嚴手，受種種味食；盛置於此鉢，如是持用食。」

佛告阿難：「如是我鉢於娑伽羅龍王宮沒，於四天王宮出。爾時四天王：毘留勒叉、毘留博叉、毘沙門、提頭賴吒，七日七夜大設供養，以種種花、種種華鬘、種種塗香、種種燒香、種種燈明、種種音樂，供養禮拜已。時諸天眾有發無上菩提心者，有發聲聞心者，有發辟支佛心者。爾時，毘留勒鳩槃茶王以手捧鉢，而說偈言：

「如來最後食，在於鐵師家；鉢為化眾生，而來於此處。」

佛告阿難：「如是我鉢過七日已，於四天宮沒，三十三天宮出。爾時，佛母摩耶夫人見佛鉢已憂愁苦惱，如箭入心難可堪忍，*宛轉于地猶如圓木，作如是言：『如來涅槃一何疾哉！修伽陀滅何其太速！世間眼滅，佛樹傾倒，佛須彌山崩，佛燈亦滅，法泉枯竭，無常魔日萎佛蓮花。』

「爾時，佛母摩耶夫人，以手捧鉢告於一切諸天、阿修羅、迦樓羅、乾闥婆、緊那羅、摩睺羅伽等言：『諸天諦聽！此是釋迦如來常受用鉢，第一勇猛面貌圓滿過日月者，影現此鉢。復次，諸天！如是之鉢復於王舍大城之中，受於尸利堀多毒食。諸天諦聽！釋迦牟尼大雄猛者，滿腹城內修摩伽陀家用此鉢食。諸天諦聽！如來為化優樓頻螺迦葉及大毒龍，以彼惡龍內此鉢中。諸天諦聽！以業緣故，於裴連多國四月之中，復以此鉢受馬麥食。天眾諦聽！釋迦如來以大悲故，復以此鉢受於最下極貧者食。諸天諦聽！釋迦如來復以此鉢，於娑伽羅龍王宮內受種種食。諸天諦聽！釋迦如來於夏四月，復以此鉢受我等食。諸天諦聽！釋迦如來復以此鉢，覆於訶利鬼母最小之子，名必利鹽迦羅夜叉，以其惡心常食人血，故調伏之。』于時佛母摩耶夫人以手捧鉢，而說偈言：

「隨佛心欲受，皆入於鉢中；佛於我腹內，滿足於十月。」

「爾時，帝釋天王，七日七夜以種種天花、天香、天栴檀香，大設供養禮拜右繞。作是供已，時諸天眾有發無上菩提心者，有發聲聞心者，有發辟支佛心者。爾時，天王以手捧鉢，而說偈言：

「今此殊勝鉢，能長眾生智；佛身亦如是，成就諸功德。」

佛告阿難：「如是我鉢過七日已，於三十三天中沒，焰摩天中出。爾時焰摩天主見佛鉢已，七日七夜種種供養，以天曼陀花、天栴檀香、種種花、種種音樂，供養佛鉢禮拜右繞。是時諸天有發無上菩提心者，有發聲聞心者，有發辟支佛心者。爾時，焰摩天主以手捧鉢，而說偈言：

「千萬億眾生，見鉢皆歡喜，能生勝妙果，牟尼使來此。」

佛告阿難：「如是我鉢過七日已，於焰摩天沒，兜率陀天出。爾時，兜率陀天王見佛鉢已，七日七夜以天曼陀華、摩訶曼陀華，及餘種種妙華、種種香、種種音樂，大設供養禮拜右繞，以手捧鉢，而說偈言：

「上中下眾生，佛起慈悲心；此鉢受食已，佛使至於此。」

佛告阿難：「如是我鉢過七日已，於兜率天沒，化樂天出。爾時，化樂天王見佛鉢已，七日七夜以種種天花、種種天香、種種天音樂，大設供養禮拜右繞。是時天眾，有發無上大菩提心者，有發聲聞心者，有發辟支佛心者。爾時，天王以手捧鉢，而說偈言：

「希有大道師，悲愍於眾生；為利眾生故，使鉢來於此。」

佛告阿難：「時諸天、阿修羅、迦樓羅、乾闥婆、緊陀羅、摩睺羅伽，以天曼陀花、摩訶曼陀花，及餘種種華、種種香、天栴檀香、末香，供養鉢已，即以此鉢送至娑伽羅龍王宮中。」佛言：「阿難！此閻浮提及餘十方，所有佛鉢及佛舍利，皆在娑伽羅龍王宮中。」

佛告阿難：「如是我鉢*及我舍利，於未來世於此地沒，直過八萬由旬住金剛際。阿難！我今語汝，未來之世諸眾生等，壽命八萬四千歲時，彌勒如來、應供、正遍知，三十二相八十種好，身紫金色圓光一尋，其聲猶如大梵天鼓、迦陵伽音。爾時，我鉢及我舍利，從金剛際出，至閻浮提彌勒佛所，鉢及舍利住虛空中放五色光，所謂青、黃、赤、白、頗梨雜色。（略）

大方等無想經　卷第一

摘錄

北涼天竺三藏曇無讖譯

大雲初分大眾健度第一

如是我聞：一時，佛在王舍城耆闍崛山中，與大比丘僧九萬八千，大迦葉等而為上首，一切皆是大阿羅漢：諸漏已盡皆得自在，其心調柔如香象王；隨順善道心得解脫，智慧無礙捨離重擔；所作已辦永斷諸有，所修禁戒、清淨微妙心到彼岸；威德巍巍有大名稱，具足成就得八解脫，皆於晨朝從禪定起，往至佛所，頭面禮佛，合掌恭敬、右遶三匝，修敬已畢，却坐一面。

復有比丘尼眾六萬五千，摩訶波闍波提比丘尼而為上首，亦於晨朝從禪定起，往至佛所，頭面禮足，合掌恭敬、右遶三匝，修敬已畢，却坐一面。

（略）

復有三萬八千龍王，其名曰：蓮華龍王、德叉迦龍王、迦迦羅龍王、愬修吉龍王、愛德鬘龍王、大地龍王、牙利龍王、淨目龍王、師子龍王、鳌聲龍王、鼓聲龍王、金光龍王、金色龍王、黑鬚龍王、持大雨龍王、大海龍王、枳羅婆龍王、梵龍王、願愛龍王、伊羅鉢龍王、陀毘羅龍王、恒河龍王、辛頭龍王、博叉龍王、私陀龍王、有德龍王、阿耨達龍王、鉢售那龍王、人龍王、非人龍王、人頭龍王、吉龍王、動律龍王、毘舍羅龍王、蠡龍王、黃色龍王、難陀龍王、優波難陀龍王、毘樓勒叉龍王、提頭賴吒龍王、毘樓博叉龍王、毘沙門龍王、半闍羅龍王、摩那斯龍王。如是等龍王，樂欲聽受大乘經典，既得聞已，欲為一切廣宣分別；欲持正法，守護正法；為護法故，堅持禁戒，荷法重擔，亦於晨朝從禪定起，往至佛所，頭面作禮，合掌恭敬、右遶三匝，修敬已畢，却坐一面。

大方等無想經　卷第二　摘錄

北涼天竺三藏曇無讖譯

大雲初分大眾健度餘

爾時，世尊神通力故，起四黑雲，甘水俱遍；興三種雷，謂下、中、上；發甘露聲，如天伎樂，一切眾生之所樂聞。爾時，世尊即說呪曰：

竭帝　波利竭帝　僧竭帝

gati paragati saṃgati

波羅僧竭帝　波羅卑羅延坻

parasaṃgati palapilayanti

三波羅卑羅延坻

samparapirayanti

婆羅婆羅

palapala

波沙羅　波娑羅　摩文闍　摩文闍

pasala pasala mauñja mauñja

遮羅帝　遮羅坻　波遮羅坻波遮羅坻

calati calati pacalati pacalati

三波羅遮羅坻比提嘻利嘻梨

sampalacalati biti śriśri

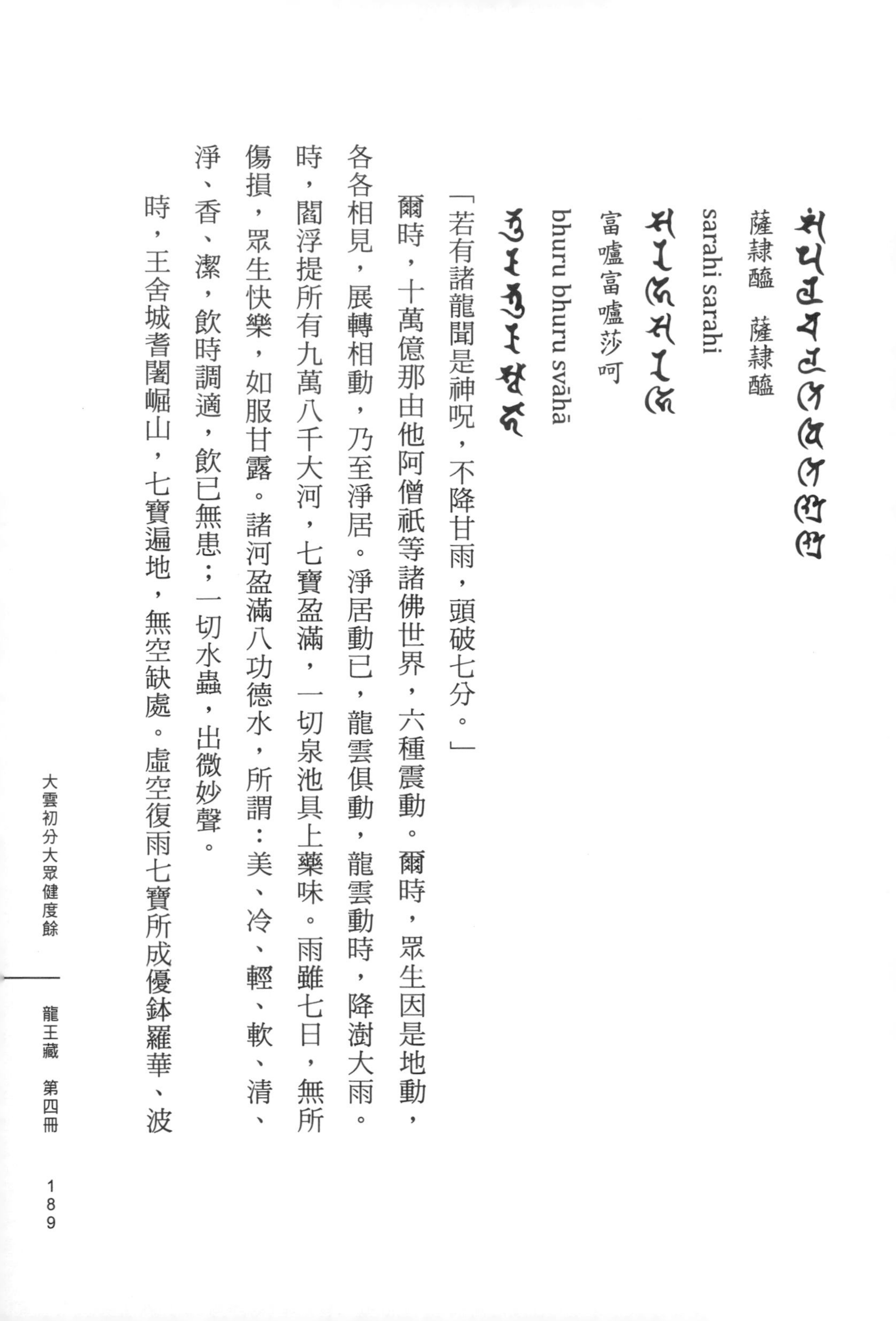

薩隸醯　薩隸醯

sarahi sarahi

富嚧富嚧莎呵

bhuru bhuru svāhā

「若有諸龍聞是神呪，不降甘雨，頭破七分。」

爾時，十萬億那由他阿僧祇等諸佛世界，六種震動。爾時，眾生因是地動，各各相見，展轉相動，乃至淨居。淨居動已，龍雲俱動，龍雲動時，降澍大雨。時，閻浮提所有九萬八千大河，七寶盈滿，一切泉池具上藥味。雨雖七日，無所傷損，眾生快樂，如服甘露。諸河盈滿八功德水，所謂：美、冷、輕、軟、清、淨、香、潔，飲時調適，飲已無患；一切水蟲，出微妙聲。

時，王舍城耆闍崛山，七寶遍地，無空缺處。虛空復雨七寶所成優鉢羅華、波頭摩華、拘勿頭華、分陀利華。水性之屬，悉發阿耨多羅三藐三菩提心；畜生眾生，貪樂大乘、渴仰大乘，慈心相向，猶如一子，皆共同心供養於佛。

爾時，大眾，天、龍、夜叉、乾闥婆、阿修羅、迦樓羅、緊那羅、摩睺羅伽，持諸供具、華香、伎樂供養於佛。時，虛空中復雨種種香、華、寶衣、伎樂、幡蓋供養於佛。

「善男子！此經乃是無量功德之所成就，是故能致如是瑞應。」

大方等無想經 卷第三 摘錄

北涼天竺三藏曇無讖譯

大雲初分得轉生死業煩惱健度第六

爾時，大雲密藏菩薩言：「世尊！有十生死煩惱業田得心定願藏法門。唯願如來廣為眾生分別解說。」

佛言：「善哉！善哉！善男子！諦聽！諦聽！善思念之！吾當為汝開示解說。此經中，有得生死煩惱田果實法門，復有生死田樂王法門，復有生死莊嚴住心法門，復有生死喜地法門，復有生死期地法門，復有生死正見法門，復有生死眴法門，復有生死衣法門，復有生死久住法門，復有生死光明法門。善男子！是名十生死煩惱業田得心定願藏法門。」

爾時，眾中有龍王，名曰無毒，以諸雜香、上妙諸花、幡蓋、伎樂供養於佛，即說讚曰：

為諸眾生故，顯示生死義，佛無煩惱業，為眾故處之。

（略）

大雲初分金翅鳥健度第二十三

爾時，大雲密藏菩薩言：「世尊！有十金翅鳥神通所入法門，惟願如來分別解說。」

佛言：「善哉！善哉！善男子！諦聽！諦聽！善思念之！吾當為汝分別宣示。有能壞婆修吉龍王力神通王法門、自在力入法門、喜入法門、開勇入法門、大海時入法門、能壞大山法門、能壞風力法門、長見法門、能壞一切毒法門、得寶嘴法門。善男子！是名十法門。」

是時，眾中有一天子，名深淨行，持諸華、香、幡蓋、伎樂以供養佛，即說讚曰：

如來大法王，慧眼喻千日，定根金剛手，能壞諸煩惱。

大方等無想經　卷第四　摘錄

北涼天竺三藏曇無讖譯

大雲初分如來涅槃健度第三十六

爾時，大雲密藏菩薩白佛言：「世尊！此經中說四百三昧，其義甚深，難可得解，惟願如來，分別解說。」

佛言：「善哉！善哉！善男子！如汝所問，欲療眾生雜惡、穢垢，令得忍辱、正信之心，正精進心、念心、定心，欲令未來薄福之人，生福德故，故發此問。

「善男子！若有國土、城邑、聚落四部之眾，受持、讀誦、書寫、解說如是經者，時旱則雨，雨過則止。善男子！隨有國土，其中眾生受持、讀誦、書寫、解說、聽此經者，當知是人得金剛身。何以故？是經典中，有神呪故。為眾生故，三世諸佛，悉共宣說：

郁究隸　牟究隸　頭柢　比頭柢

ukuli makuli duti biduti

陀尼羯坻　陀那賴坻　陀那僧塔兮

dhanigati dhanarati dhanasaṃdahi

「若有四眾，讀誦此呪，則為諸佛之所稱讚。若有國土欲祈雨者，六齋之日，其王應當淨自洗浴，供養三寶，尊重、讚嘆稱龍王名。善男子！四大之性，可令變易；誦持此呪，天不降雨，無有是處。」

大方等大集經　卷第二十二　摘錄

北涼天竺三藏曇無讖譯

虛空目分第十之一初聲聞品第一

爾時，世尊告憍陳如比丘：「憍陳如！四方多有無量菩薩悉來集會，為聽法故，今當至心清淨其意。」

爾時，世尊以微妙音告四童子：「諸善男子！善來，甚快！從何方面何處而來？」一時四童子敬禮佛足，周匝圍遶。

爾時，金剛山童子言：「世尊！南方去此九萬二千億恒河沙等諸佛世界，彼有世界名金剛光藏，具足五滓。有佛、世尊，號金剛光明功德如來，十號具足，今現在為諸眾生，宣說開示雜四諦法。彼佛勸我至此世界，問訊世尊，并欲聽受虛空目法門。世尊！彼金剛光明功德如來，致敬慇懃問訊世尊，并遺如是陀羅尼，能作大光明乾焦煩惱，乃至能得如來十八不共之法。」即於佛前說如是呪，乃至四童子亦復如是。說是呪已，其地即時六種震*動。

一切龍王各作是言：「我等亦當共至佛所。」爾時，東方有二龍王：一名、牛護，二名、寶護，是二龍王與六萬龍王；南方亦二：一名、為月，二名、婆修，與七萬龍王來至佛所，頭面敬禮，前白佛言：「世尊！我等皆能受持、讀誦、書寫如是法目陀羅尼。若有比丘、比丘尼、優婆塞、優婆夷，受持、讀誦、書寫如是法目陀羅尼者，我等皆當誠心守護。」西方、北方亦復如是。爾時，世界一一各有十萬龍王，來至佛所，頭面禮敬。

爾時，龜茲國土，有一龍王名曰海德，是阿那婆達多龍王弟，與九萬龍王；于闐國土，有一龍王名樂藏寶，亦是阿那婆達多龍王弟，與萬八千龍王；波羅越國，有一龍王名曰山德，亦是阿那婆達多龍王弟，與二萬龍王；師子國土，有一龍王名曰寶藏，與四萬八千龍王；毘茶國土，有一龍王名曰長髮，與四萬二千龍王；念蜜耆山，有一龍王名曰婆修吉，與八千龍王；烏萇國土，有一龍王名阿鉢羅羅，與二萬五千龍王；乾陀羅國，有一龍王名伊羅鉢多，與三萬龍王；真丹國土，有一龍王名曰三角，與萬八千龍；難陀龍王、優波難陀龍王，亦與無量龍王，共至佛所，頭面禮敬，白佛言：「世尊！我等皆能受持、讀誦、書寫如是陀羅尼門，乃至不忘不失一字。」

佛言：「善哉！善哉！善男子！汝等真實能護正法。」

大方等大集經　卷第三十三　摘錄

隋天竺三藏那連提耶舍譯

日密分中分別品第四之二

爾時，頻婆娑羅王白佛言：「世尊！此世界中無量菩薩，所可成就光明妙色，我從本來初未曾見、初未曾聞。世尊！是菩薩光，能照一切娑婆世界。若是菩薩近於阿耨多羅三藐三菩提者，其光云何？」

「大王！若有菩薩成就無上菩提道者，其光能照十方世界。何以故？善法莊嚴諸功德故，成就具足莊嚴法故，一切善根多增長故，以近無上菩提道故，畢竟無上菩提道故，受於如來正法果故，分別演說無邊法故，所可得身無罣礙故，獲得清淨真實法故，所可修集到彼岸故，未來世業已得盡故，成就無量佛正法故，能轉無上妙法輪故，於一切法得自在故，通達一切眾生根故，永斷一切煩惱習故，是故光明悉能遍照十方世界。大王！隨佛功德大勢力故，亦能覩見十方諸佛。」

王言：「世尊！我今欲見十方諸佛菩薩、聲聞。」

爾時，世尊告阿若憍陳如：「若我弟子，聲聞之人、在家、出家，是人各各深自思惟所有善法，我亦欲入如來三昧。若有人天得如實忍，若有不退於三乘者，如是眾生亦入於定。復有眾生於三寶所得信敬心，亦復如是入於禪定。」

爾時，世尊即入三昧，其三昧名一切佛境界行智廣如虛空一切智者喜日月光明。如是三昧，聲聞、緣覺及諸菩薩所不能知、不能計量，是名佛境界三昧。如來入是三昧已，娑婆世界百億四天下、百億須彌山、百億日月乃至百億有頂，如是等土悉入佛身。娑婆世界，地獄、餓鬼、畜生、天人，有受苦者皆得除滅，一切歡喜，譬如比丘入第三禪。所有一切菩薩摩訶薩悉從定起見佛光明，見光明已，自所有光尋滅不現。一切聲聞所受快樂，譬如比丘入第三禪。

爾時，一切無量眾生悉皆自覩如來毛孔，一一毛孔出無量光，如恒河沙等日月光明，亦如恒河沙十住菩薩所有光明，如是光明悉能遍照十方佛土。

爾時，十方諸佛世尊各告大眾：「諸善男子！汝等頗見釋迦如來大光明不？如是光明成就無量無邊功德，是光因於大慈大悲，為於憐愍諸眾生故，是故，今者示諸眾生大神變相。一切眾生見是光已，皆發阿耨多羅三藐三菩提心；他方世界有諸眾生得神通者，皆集至此娑婆世界，其不得者遙禮供養。

爾時，一切諸佛、菩薩及聲聞眾，皆悉來詣娑婆世界，一切菩薩悉以七珍、種種華香、伎樂、幢蓋，供養恭敬、尊重讚歎。有諸眾生處佛身者，皆悉見之。見已，復受無量快樂。

爾時，娑婆世界一切眾生，同共發聲作如是言：「我等以是善因緣故，願後共生一國土中，令得覩見十方諸佛，三惡業道已得消滅。若有眾生見佛神變，不發阿耨多羅三藐三菩提心者，當知是人常行黑闇。諸菩薩等，為眾生故受種種苦，或化作佛、或作辟支佛，或作聲聞、梵天、帝釋、四大天王、那羅延像，自在天像、龍像、鬼像、阿修羅像、轉輪王像。若有佛界應以聲聞得調伏者現聲聞像，如是等化自非十住不能為也。是故無上菩提之心，成就無量無邊功德。」

爾時，一切諸佛身內所有眾生，以偈頌曰：

以諸惡心因緣故，流轉生老病死者，

以不親近善知識，是故不能到彼岸。
若能遠離諸惡心，諸惡邪見惡因緣，
能斷三有生死者，是則能到於彼岸。
眾生難得於人身，得已值遇善友難，
篤信之心復難得，得已難得聽正法。
若有能發菩提心，是人能斷諸煩惱，
亦能教化無量眾，現大神變如今佛。
若能永斷二法者，所謂常斷二見等，
若見一切行無我，是人名為善思惟。
若能修集苦集諦，是人能斷諸煩惱；
若能發起菩提心，是人則勝諸世間。

說是偈已，無量眾生發阿耨多羅三藐三菩提心。復有眾生發緣覺心，復有眾生發聲聞心，或有眾生得無量陀羅尼。復有眾生得如法忍、不退忍、如實忍，或有獲得須陀洹果乃至阿羅漢果。

爾時，波旬悉見娑婆世界在佛身內，見已，悲泣涕淚橫流，心生愁惱，若坐、若起、若行、若立，進止出入以手拍頭，亦受苦惱，乃至一切魔之眷屬亦復如是。

時，魔波旬有一大臣，名曰空樹，見魔愁惱，而說偈言：

何故愁惱而獨行？其心迷亂如狂人，
所至之處心不樂，唯願天王說因緣。

時，魔波旬復以偈答：

我見瞿曇大神力，是故生惱而狂行，
內心躁動無安所，愁熱逼切及眷屬；
覩見如來無邊身，悉受一切娑婆界，
令我境界悉空虛，是故我今生愁惱。
十方所有諸聖人，悉來集會此世界，
大設供養供養佛，是故令我生愁惱。
瞻覩如來大神力，及見眷屬歸依佛，

我今獨行無伴侶，是故令我生愁惱。

爾時，大臣復說偈言：

我今多有諸眷屬，其心弊惡具器甲，
力能破壞如來身，及能毀壞大神力。

時，魔波旬復說偈言：

我今眷屬深畏佛，云何能壞神通力？
若欲生心毀壞時，則自見身被五縛。

是時，大臣復說偈言：

如其怨敵勢力大，當詐現親則可壞，
若知瞿曇有大力，先當詐現親厚心。

時，魔波旬復說偈言：

我若詐現親厚心，為欲毀壞瞿曇身，
即現頸下繫死屍，為一切人所呵責。

是時，大臣復說偈言：

一切欲有是魔界，所有人天屬如來，
願王切勅惡龍王，是能破壞瞿曇身。

時，魔波旬復說偈言：

若汝審知龍有力，我已失心汝自約，
若實能壞瞿曇者，我還得土及本心。

爾時，大臣即便宣告諸惡龍王：「汝當為我壞瞿曇身。」

時，諸惡龍將欲飛空而不能動，即語大臣：「敬奉來命欲往毀壞，適生此心便不得去。」

爾時，大臣即生怖畏，作如是念：「我若今者現魔大力，令諸惡龍心生瞋恚，以瞋恚故，則能毀壞瞿曇之身。」

爾時，龍宮有化死屍充滿側塞，諸龍見已，自於宮室心不甘樂，作是念言：「是誰化作此死屍耶？」雖復思惟莫知誰為。

爾時，一切四天下中諸大龍王，及其男女、大小眷屬，即出宮室至佉羅坻山，其山平坦廣縱正等四萬由旬，皆是先聖所遊居處七寶具成，乃至難陀婆難陀王，亦捨住處至此山中。四大海中所有龍王，及其眷屬無量無邊，伊羅跋龍王、善住龍王、龜龍王、阿那婆達多龍王、目真隣陀龍王、德海龍王、水德龍王、舍德龍王、樂德龍王、阿波那羅龍王、山德龍王、牛德龍王、伊羅跋多龍王、長臂龍王、長髮龍王、淨龍王、迦羯羅龍王、水濡龍王、黑髮龍王、金色龍王、舍拘龍王、念彌龍王、象龍王、利牙龍王、有行龍王、疑網龍王、長面龍王、赤眼龍王、樂見龍王，如是等閻浮提土所有龍王，其數八萬并其眷屬，乃至四萬四千國土所有龍王，皆至佉羅坻。

北欝單越，有二龍王，一名、無遍，二名、金身；是二龍王，與無量眾及四萬四千國土龍王，亦至此山。東弗婆提，有二龍王，一名、為月；二名、婆私吒；是二龍王，與無量眾生及四萬四千國土龍王，至此山中。西瞿耶尼，有二龍王，一名、寶髮，二名、光髮，及四萬四千國土龍王至此山中，及四天下四生龍王，并其眷屬亦至此山。是諸龍王其身皆如四寸藥根，以瞋恚故身如須彌。

時，魔波旬見如是等諸龍王已，告其眷屬：「諦聽！諦聽！以我力故令如是龍從宮室出，至彼大山悉失勢力，不能毀壞瞿曇沙門。」

大方等大集經卷第三十三

爾時，復有大臣名曰戒梯，即白魔言：「大王！如是龍王為欲破壞釋迦身故集會一處，各作是念：『我今當以何等方便，壞瞿曇身？』」波旬答言：「我有是事。若審，汝當往看。」爾時，大臣與百千萬眾生，欲往彼山。

爾時，如來從禪定起，坐於一面示現常身。大臣既見如來常身在摩伽陀國，見已，即作是念：「瞿曇沙門退失神通，將不於我生怖畏耶？欲於我所生大惡乎？我應先至彼瞿曇所，與共談論。」

爾時，大臣即與大眾往至佛所，而說偈言：

汝身未度生死海，云何當能度眾生？
瞿曇勿誑諸眾生，說言當得大涅槃。

爾時，如來復以偈答：

我已得度生死海，亦得永脫一切有，

我以慈悲因緣故，說言眾生當涅槃。
汝已於昔無量世，發起無上菩提心，
已曾供養無量數，百千巨億諸世尊。
汝今定當得佛道，云何言我誑眾生？
我今施汝大念力，便可至心觀本身。

爾時，大臣聞是偈已，即自觀察過去本身，了了明見發菩提心，供養無量無邊諸佛。見已，即時心大慚愧，於如來前頭面著地，懺悔作禮，白佛言：「世尊！我今已憶無量世中發菩提心，已曾供養無量億佛，於諸佛所聽受妙法，已得修行六波羅蜜。

「世尊！迦葉佛時有一比丘說聲聞乘，我不思惟，便言：『是語非是佛語，魔之所說。』是人已發菩提之心行菩薩道，以是因緣，迦葉如來不授我記，我因是事生於魔界，受是身來，已經五萬七千億歲。世尊！我寧以是過去等身受地獄苦，終不退於菩提之心。」

佛言：「大臣！善哉！善哉！若人以金如須彌山并七寶物，於無量世供養於佛，其福不如發菩提心。何以故？發是心者，乃是供養十方諸佛。」

爾時，戒梯菩薩即於座上得如法忍，從坐而起頭面作禮，繞佛三匝，以身上衣供養於佛，乃至四萬四千大眾亦復如是。

時，魔波旬見其大臣及其眷屬已歸依佛，心生苦惱，牢閉門戶却坐一面。

爾時，世尊即為大眾說三種慈：所謂生緣、法緣、無緣，如虛空目中之所宣說。

爾時，一切諸天、龍王，悉皆集會佉羅坻山先聖住處，欲動不能欲行亦然，欲現大身而復不能，尋向難陀婆難陀王而作是言：「大王！先者所作臭穢死屍，皆是波旬之所為也。是故令我悉來至此受是小身。若能歸依魔波旬者，可得解脫。」

爾時，伊羅跋羅龍王言：「魔王今者喪失本心及其神足，云何當能救濟汝等？」爾時，龍王或有歸依四天王者，或有歸依忉利天，或焰摩天，或兜術天，或化樂天，或他化自在天，或梵天等。

爾時，海龍王即作是言：「汝等不見釋迦如來，一切賢聖人天雜類大設供養而歸依耶？」

爾時，或有龍王歸依那荼仙人，或馬藏仙人，或光味仙人，或歸廣仙人，或跋伽婆仙人，歸依如是等五種仙人。是五仙人悉得五通住於雪山，悉在光味大仙人所聽受正法。光味菩薩，亦以種種無量讚歎，讚歎如來。

爾時，仙人悉聞一切龍王音聲。聞已，即白光味仙人：「頗聞諸龍哭聲不耶？」

答言：「已聞。」

「大士！唯願往彼救濟其苦。」

光味答言：「汝等可往，我不得去。所以者何？今有大天欲得聞受無緣慈故。」

時，四仙人禮拜光味，往佉羅坻山而救濟之。諸龍見已，即各舉聲求哀求救。仙人答言：「我不能救，彼雪山中有一菩薩名曰光味，彼能救拔，吾等不能，汝當一心求哀作禮。」時諸龍王各自同聲向彼作禮。

爾時，光味聞是聲已，與無量諸天大眾至佉羅坻山。龍王見已，頭面作禮：

「唯願大士救我等苦。」爾時，光味菩薩知時已到，欲說星宿。

爾時，大海龍王白光味菩薩言：「大士！是星宿者，誰之所說？誰作大星？誰作小星？誰作日月？何日之中？何星在先？云何滿月？云何為時？如是星宿繫屬何天？性是何等？何輕何重？何善何惡？何食何施？誰造此晝？誰作此夜？影有幾步，名曰為轉？云何南轉？云何北轉？大士！汝於諸仙最為第一，唯願具足分別解說。」

爾時，光味菩薩告諸龍王：「大王！先過去世賢劫之初，旃陀延城，其城有王名無量淨，正法治國，不貪欲樂常樂寂靜才智聰達。王有夫人，欲心發動與王遊行，在一林中貪心視王，即便姙身。是時，夫人時滿即生其兒，頭耳項眼脣口悉皆似驢，餘分似人。其母見已，即生怖畏，擲之廁中。身未至地，是時驢鬼於空接取，往雪山之中，瞻看哺養猶如生子。

時，雪山之中有甘美藥，驢鬼採取以食是兒，是兒食已身則轉異，有大光明，福相具足智慧慈悲。以是因緣，諸天禮拜供養讚歎，為是兒故。於雪山中有諸種種藥草果蓏，餘相悉轉唯脣似驢，是故名為驢脣仙人，於六萬年受持禁戒常翅一足。一切梵天、魔天、帝釋，大設供養而供養之，皆悉合掌，白驢脣仙人：『欲求何願？唯願語之，若我力能，我當施汝。』仙人答言：『我今欲得了知星宿，為眾人故心生憐愍。』一切天言：『若為憐愍一切眾生，欲得知者，願當說之。』仙人言：『梵天！我實不解最初宿。』」說是星時，諸大龍王，於光味菩薩心生歡喜。

爾時，光味菩薩為諸龍王出微妙音讚歎三寶，又作是言：「我今真實不能救拔汝等苦惱，唯有如來釋迦之尊乃能救之。釋迦如來為欲調伏諸眾生故，於無量世能捨所珍，修習慈悲為救苦惱。」

爾時，一切龍王、男女、大小至心念佛讚歎歸依：「南無世尊於眾生中最為殊勝，一切法中心得自在，於諸法海已到彼岸，能救一切眾生苦惱，施其安樂平等無二。憐愍一切能示正道惠施正眼，一切天、龍之所供養，能受一切十方世界所有人天微妙供具。世尊！我今多受無量苦惱，唯願慈悲少垂救拔。」是諸龍王心念佛已，尋自見身如先無異。

時，光味菩薩語諸龍王：「如來功德不可思議，為眾生故於無量世修行具足六波羅蜜，說三慈悲調伏眾生，說一切法無我無作，說陰入界四大煩惱，說煩惱性及眾生性，說一切法無性無相、無礙無作無垢無淨、無明無暗無取無捨、無行無住無一無二，陰入界等及以四大亦復如是，名第一義空。是故如來能調眾生為無上尊，是故如來能拔汝等無量苦惱。」

日密分中救龍品第六

爾時，世尊告光味菩薩：「善男子！汝今欲聞諸龍業不？」光味菩薩白佛言：「世尊！今正是時，唯願演說。」佛言：「善哉！善哉！善男子！至心諦聽，當為汝說。」爾時，一切天人以好香華、妓樂、旛蓋供養於佛。

爾時，世尊與欲色界一切諸天、無量聲聞及菩薩眾，從摩伽陀國趣須彌山。爾時，梵天設七寶座以待如來，復有造作七寶街道。是時，梵王作如是言：「唯願如來經涉此路，坐我座上。」

爾時，他化自在天復以閻浮檀那寶造床及道，亦言：「如來願行此路坐我座上。」

爾時，化樂諸天復以天金造床及道，亦言：「如來願行此道，坐我金床。」

爾時，刪兜術陀天復以天銀造床及道，亦言：「如來願行此道，坐我銀床。」

時，夜摩天復以瑠璃造床及道，亦言：「如來願行此道，坐瑠璃床。」

時，忉利天復以真珠造床及道，亦言：「如來願行此道，坐真珠座。」

時，四天王復以瑪瑙造床及道，亦言：「如來願行此道，坐瑪瑙床。」

時，四阿脩羅復以栴檀造床及道，亦言：「如來願行此道，坐栴檀座。」

爾時，世尊心憐愍故，化作佛像遍行六道，遍坐六座。以如來真身，處在梵王所設道座，一一化像皆有無量聲聞、菩薩以為眷屬；一一化像所有光明，猶如無量日月光明。

是諸龍王見化像已，心生恭敬各作是言：「今須彌山乃至如是千日月耶？」

難陀婆難陀言：「如來世尊與無量梵天趣須彌山，是其光明，非日月也。汝等若欲得解脫者，應當至心專念如來。如來世尊已壞無明，是故今有如是光明。」

阿那婆達多龍王言：「是光明者，是魔所有，非佛光也。何以故？一切欲界屬魔波旬故，是魔波旬能作是惡。波旬今者憐愍故，能救如是諸龍王苦。」或有說言：「如此乃是化自在天、化樂天、兜率陀天、夜摩天、忉利天、四天王等，以憐愍故能救如是諸龍王苦。」

善住龍王言：「是光明者，即是光味菩薩光明，以憐愍故救諸龍王苦。」

寶髻龍王言：「是光明者，乃是出家剃除鬚髮大德人光，以憐愍故救諸龍王苦。」

海龍王言：「是光明者，是如來光。何以故？以憐愍故，如來世尊於諸眾生修一子想，能救眾生一切苦惱，於無量世修行具足六波羅蜜，唯為救濟一切眾生無量苦惱。是故，一切欲色界天設大供具而供養之。」

爾時，世尊告帝釋言：「憍尸迦！如我遊此娑婆世界為化眾生，如汝在於三十三天為度諸天。」

憍尸迦言：「世尊！我今未有無邊之智，云何說我能化諸天？世尊！是須彌山有無量天、無量梵天、無量鬼神、無量乾闥婆、無量緊那羅、無量迦樓羅、無量阿脩羅、無量摩睺羅伽、無量諸龍、無量大仙、無量聖人。唯願如來以憐愍心化度如是無量眾生。」

爾時，世尊熙怡微笑，無量色光從其口出，青、黃、赤白、玻瓈、雜色，遍照十方幽冥之處，勝無量億梵天光明、無量億數釋天日月，能壞一切諸惡魔業。

爾時，世尊告帝釋言：「憍尸迦！娑婆世界所有諸山須彌為最，我亦如是，於諸眾生最為第一。」

爾時，一切龍王聞是語已，各白佛言：「世尊！唯願憐愍，救我等苦。」

佛言：「諸善男子！汝等先當至心念佛，我當救之。」

爾時，世尊告憍陳如，其音遍聞十方世界：「憍陳如！一切諸法悉皆無常，一切諸法生住無常。何以故？生因緣故。一切因緣生法，即是苦也。若法生時即是苦，即是癰瘡，即是有支，即是生老，即是生滅。

「憍陳如！眼即無常。若眼生者即是苦，即是癰瘡，即是有支，即是生老，即是生滅，乃至意亦如是。

「憍陳如！若眼滅者，即是生老病死等滅，即是一切有支滅，乃至意亦如是。眾生不知眼之生滅，是故流轉在五道中，如來為斷眼生滅故而演說法，亦為說苦、斷苦行法。是故如來是梵中大梵、天中大天、象中大象；是沙門中大沙門、婆羅門中大婆羅門、慈中大慈、悲中大悲，無上之尊為大丈夫，已到生死大海彼岸，最大福田無勝施主，其心平等為大法王，持大禁戒無上精進，善修梵行了知正道，為大導師通達餘業。

「憍陳如！善知眼之生滅因緣故名如來，不了知故名為凡夫。云何不知名為凡夫？

「憍陳如！一切眾生皆說有我，是故不見眼生滅相，輪轉五道。

「憍陳如！有諸外道，說言見者名之為我，乃至知者是我。眼者，即是我之因緣，乃至意者亦復如是。

「憍陳如！諸外道說眼喻於向，我者喻見，若如是者是名顛倒。何以故？所言見者即是和合，於和合中而生我想，是故顛倒。若言向喻於眼、見喻我者，是義不然。何以故？向中見者，亦見亦聞，亦識亦觸。眼不如是，是故見者不得名我，向雖久故見猶明了，眼若久故不得如是。我者名常，若我見聞我則無常，若無常者云何說我？

「憍陳如！眾生以是顛倒因緣不見四諦，如來了是顛倒相故，名為正智，我者即是如來。若有能知如來我者，是人則能壞顛倒相。若壞顛倒則破魔業，若破魔業，是人則能救拔諸龍。憍陳如！是故我今能救諸龍。」

大方等大集經　卷第四十一

隋天竺三藏那連提耶舍譯

日藏分中星宿品第八之一

爾時，欲界魔王波旬，悉見一切娑婆國土所有眾生，及諸天宮合家眷屬，在佛身中。時，魔波旬見已，悲泣涕淚橫流，心大懊惱遍身汗出，啼哭失聲稱怨大喚；或起、或立、或坐、或行，入出家居東西狂走，頻申欠呿怖懼慞惶，憒歎長歔喘息麁短，合眼張口吐舌舐身，露背現胸申臂縮脚，搖動頭項索手揩摩，種種施為受大苦惱，乃至一切魔之眷屬，心內愁憂亦復如是。

時，魔波旬有一軍主，名戒依止，見王身心如是煎迫，說偈問言：

何故愁惱獨行住，唱喚馳走似顛狂，
出入家居心不安？如是因緣願王說。

時，魔波旬聞是語已，倍更懊惱啼哭雨淚，說偈答言：

我今身體汗遍流，心中分裂如刀割，
啼哭眼中淚如血，為覩瞿曇現變通；
其形廣大無有邊，剎土悉皆居腹內，
我失臣民及眷屬，境界宮殿悉空虛。
復有十方大眾來，充滿於此娑婆界，
各設無邊大供養，禮拜*圍繞或往還；
令我自在無威力，伴侶眷屬歸於彼；
如來有是大神力，云何令我心不愁？

時，戒依止大魔軍主為於波旬復說偈言：

我所統領諸軍眾，強壯勇健實難當，
刀輪奮擊擬如來，須臾破身令粉碎。

時，魔波旬說偈答言：

我等諸軍及眷屬，久已歸依佛世尊，

設欲自往生惡心，即見項邊帶枷鏁。

時，戒依止大魔軍主復說偈言：

我今多設諸方便，誘誑於彼惡怨家，
詐現親善作知識，得便然後當摧滅。

時，魔波旬說偈答言：

若我發起毒惡心，如是方便欲毀佛，
即見死屍繫頸下，如是臭惡難可看。

時，戒依止大魔軍主復說偈言：

一切欲界屬於魔，唯有天人信歸佛，
諸惡毒龍亦王領，願勅速害瞿曇身。

時，魔波旬復說偈答：

若審知龍有力能，我已荒迷汝自勅，
若實能壞瞿曇者，我還得土復本心。

爾時，戒依止大魔軍主即自念言：「世間難摧，謂三種毒：一者、天魔，二者、惡龍，三者、得定五通仙人。我今魔宮已被破壞，唯龍境界牢固，光明照耀海中，威力自在，眷屬圍繞不可思議。龍既屬魔其餘兵眾悉皆統領，今當為王約勅速往壞彼瞿曇。」

魔波旬言：「善哉！善哉！智慧軍主汝可疾去，到彼龍宮如是切勅，早與瞿曇共相鬪戰。」時，戒依止大魔軍主，辭王畢已即自舉手，普告無量百千軍眾唱如是言：「汝等宜應速整衣鉀，我今欲往彼龍王宮，令諸惡龍興發毒風，害瞿曇命使令破碎。」如是說已，一切軍眾悉不能動。

其戒依止軍眾及身既不得前，眼中淚出身毛皆竪，合掌向魔波旬說言：「我等今者不能得去，沙門瞿曇姦偽多幻，知我等家繫縛於我，令我身內一切火燃焦沸熱惱猶如湯煮，我今如是力不自在，云何復欲假力於他？」

時，魔波旬倍更懊惱憂愁不樂，令戒依止具以上事宣告諸龍：「汝當為我壞瞿曇身。」

時，諸惡龍將欲飛空而不能去，語戒依止：「敬奉來命欲往毀壞，適生此心便不得往。」時，戒依止即生恐怖，作如是念：「若我今者現魔大力，令諸惡龍心生瞋忿，以瞋忿故則能破壞瞿曇之身。」

時，魔波旬及戒依止，化龍宮內作諸蚊虻、蠅疽、毒虫、死屍、人糞，臭處狼藉充滿其中。諸龍見已於自宮室心不甘樂，作是念言：「是誰化作此惡物也？」雖復思念莫知誰為。

爾時，一切四天下中諸大龍王及其男女大小眷屬悉生瞋忿，即出宮殿至須彌下佉羅坻山。其山平坦，於山頂頭有大聖人先所居住，彼山周匝縱廣正等四萬由旬，一切莊嚴純是七寶，乃至難陀、優婆難陀龍王，亦與無量百千眷屬，捨自住宮往佉羅坻大聖人處請求救濟。彼龍奮身如須彌山，即到彼已，其身皆小猶如銅橢。雖如是知不能得語，各各自說我等欲往而不能動，即大憂愁瞋忿停坐。

爾時，復有娑伽羅龍王，亦與無量億那由他百千眷屬，如是伊羅鉢龍王，如是善住龍王，如是德叉迦龍王，如是阿那婆達多龍王，如是目真隣陀龍王，如是海德龍王，如是婆婁那龍王，如是大德龍王，如是那吒達都龍王，如是阿鉢羅邏龍王，如是山德龍王，如是牛頭龍王，如是阿藍浮龍王，如是伊羅鉢多龍王，如是欝車伽臂龍王，如是婆羅刪那龍王，如是斯羅摩羅龍王，如是迦迦吒行龍王，如是稽羅綺龍王，如是水行龍王，如是安闍那殊致龍王，如是迦那迦賓闍那龍王，如是奢俱奢伏綺龍王，乃至閉眼龍王，乃至白象腋龍王，乃至天利龍王，乃至天婆婆遮羅龍王，乃至天迦龍王，乃至伊羅口龍王，乃至天眼赤龍王，乃至端正龍王，乃至光行龍王，乃至此間閻浮提地八十六千諸大龍王，時彼一切一一龍王，各有無量百千眷屬悉皆來詣此聖人處，請求救濟。如是乃至八十四萬諸海洲中，一一海洲則有無量億那由他百千諸龍，各捨宮宅為救濟故來佉羅坻大聖處。

如是欝單羅拘盧洲中，鼻擔比龍王、大遍龍王，彼二龍王各與無量億那由他百千諸龍眷屬圍繞，請求救濟故來到此聖人住處。

如是弗婆毘提洲中，蘇摩婁叉龍王、婆斯目叉龍王，彼二龍王亦與無量億那由他百千諸眷屬圍繞，悉來到此求於救濟。

如是瞿耶尼洲中，曷賴多那龍王、瞿波羅婆龍王，彼二龍王亦與無量億那由他百千諸龍眷屬圍繞前後隨從，為求救濟故來到此大聖人處。

爾時，復有此四天下八萬四千一切洲中，所有諸龍：卵生、胎生、濕生、化生如是諸龍，如在生處，龍婦、龍男、龍女、龍子，為救濟故一切悉來此大聖人牟尼處所，到已一切皆得小身譬如銅樁。彼龍瞋忿，各作是念：「我等本身如須彌山，今者云何如是細小？」

時，魔波旬見於諸龍，皆來入此牟尼處所，悉受小身。見已，波旬心中懊惱，亦生瞋忿怖畏不安，語其眾軍及眷屬言：「汝等看此一切諸龍，以我力故變其宮殿，化作一切蚊虻、毒蠅，及餘臭惡種種糞穢，皆捨自家來詣大山聖人處所，悉失勢力無復自在，不能毀壞沙門瞿曇。」

時，戒依止大魔軍主白波旬言：「大王莫愁，願聽我語。如是諸龍受此身者，非是沙門瞿曇所化，龍自集會一處戲笑作於是身，望得方便害彼釋子。」

魔波旬言：「如是者善。汝可速去聽問彼龍，說何語言作何方便，可得令彼沙門瞿曇破壞離散？若得碎者，我境界勝，龍宮亦全。」

時，戒依止大魔軍主，前後導從百千萬眾欲往彼山，發於自家乘空而進。爾時，世尊宣揚過去一切諸願通達顯示究竟無餘，一切聖人現在世者，一切牟尼處所作證，一切眾生教化畢了，一切諸佛眷屬家生，奮迅境界皆已示現。一切菩薩摩訶薩眾，所得壽命一種無差。一切天、龍、夜叉、羅刹、人及非人，得見一切諸佛剎土，光明遍照種種莊嚴，心皆歡喜。十方一切餘佛剎中，此剎光明最勝巍巍，福德因緣得此殊勝。餘佛剎中一切五道皆來此剎，供養禮拜釋迦如來。

是時，佛神力故，此娑婆界及十方佛土一切眾生入佛身內，如是神通諸佛境界三摩提力。

彼諸眾生見佛身光，出過十方一切諸佛世界，普皆充滿照曜殊特能蔽餘光；於自坐處作如是說：「釋迦如來不可思議！未曾聞見。」彼諸菩薩如是說已，各以種種華香、寶衣、袈裟、纓絡、種種音樂供養如來，供養畢已無量百千右繞禮拜，悉皆退坐。時，此大眾，一切天、龍、夜叉、羅剎、阿修羅、迦婁羅、緊陀羅、摩睺羅伽、鳩槃茶、薜荔、多毘舍、遮富單那、迦吒富、單那，乃至一切人及非人，亦設種種供養，如前作禮右繞畢皆退坐，如是聽法。

時，戒依止大魔軍主，將領眷屬在於閻浮地上遊行。爾時，如來在眾中坐，示現常身安然不動。大魔軍主見已念言：「沙門瞿曇示現大身，今復本形在摩伽陀國端坐不異，或能見我大魔軍眾，怖畏失力無復神通。」彼戒依止大魔軍主復作是念：「沙門瞿曇多諸巧慧，或能於我欲生惡心，我今先當到瞿曇所，看彼道術方便因緣，試共談論觀其詐偽。」

時，戒依止大魔軍主，眷屬圍繞前至佛所，對如來立而說偈言：

未能度脫於自身，生死海中得出離，
何以誑他眾生類，云我安汝置涅槃。

爾時，如來答戒依止大魔軍主而說偈言：

我久超度流轉海，更不生於諸有中，
慈悲愍念諸群生，是故說於出要道。
汝於往昔無數劫，已發最勝菩提心，
值遇然燈佛世尊，修行布施及持戒。
如是過去億千佛，悉已恭敬曾供養，
當得於此清淨乘，我今決定授汝記，
未來成佛還如我，云何乃說誑眾生？
我今施汝智慧眼，可念前生行本末。

時戒依止魔軍主，即得宿命識往身，

頭陀苦節習於禪，業果福德皆明了。

時，戒依止大魔軍主聞此偈已，念彼過去福德因緣，對於如來五體布地，眼中淚出，長跪合掌，作如是言：「如來世尊！我大懊悔、我大慚愧，如大癡人、如迷、如醉、如著鬼癲，我念過去經一阿僧祇劫，大精進力發阿耨多羅三藐三菩提心，行六波羅蜜，修習聖道作諸福德，值佛現在種種供養，聽受妙法發弘誓願。乃至迦葉如來法中有一比丘說聲聞法，有大乘人說菩薩法，我於爾時心錯、口惡謗此說人，言是魔語或魔眷屬，大乘人邊說小乘過。如是惡口說因緣故，我於彼中迦葉如來不授我記得阿耨多羅三藐三菩提。以彼惡口罪業因緣，我於彼死魔界中生，受是身來已經五十七億千歲。世尊！我寧更歷六百千年受地獄苦，終不一念失阿耨多羅三藐三菩提心，何況退於四梵行念？」第一、第二如是懺悔，乃至第三如是懺悔，并餘眷屬亦復如是。「又過去世流轉際中，如是當來於生死海及在地獄，終不暫退阿耨多羅三藐三菩提心。」

佛言：「軍主！善哉！善哉！善男子！若復有人，燃於大燈如須彌山，并七寶物於無量世供養諸佛，是福德聚不如有人至心慈悲發菩提心。何以故？發是心者，乃是供養十方諸佛，彼過去福此最為勝。汝善男子！今盡此罪更莫餘念，生死五陰一切有中得導師身。」

爾時，戒依止菩薩摩訶薩，即於坐處得法順忍，從坐而起頭面作禮繞佛三匝，即脫身上無價寶衣、真珠、瓔珞供養如來。脫布施已，說偈問言：

菩薩云何修諸法？達了一切悉皆空，
觀察世間如水泡，能盡諸有無明縛。
一切惡見性非實，得勝無生順忍心，
常於菩提道中行，能令眾生得解脫。

爾時，世尊答戒依止而說偈言：

不動如山四種心，智慧之人乃能有，
無量億劫受諸苦，為愍一切諸眾生。
佛說禁戒堅固持，乃至不破如一點，
一切三世佛正法，具足圓滿悉能行。

爾時，八萬四千魔軍及戒依止菩薩眷屬，聞戒依止得授記已心大歡喜，即於佛前至心悔過，一切皆發阿耨多羅三藐三菩提心，此菩提心名為三昧順菩提心。得此心已，歡喜踊躍，各各脫衣以用布施，布施已坐。

爾時，波旬見其軍主并及眷屬已歸依佛，心生瞋忿苦惱不安，更大怖畏作如是言：「我今得出沙門腹中，復失眷屬，未知幾人於此得出？作佛弟子有幾人在？速閉城門，莫放一人令其出外，自魔境界安隱住止。」

爾時，世尊更為彼魔大眾眷屬說三種梵行，所謂眾生攀緣、法攀緣、離攀緣，如虛空眼品中說。

爾時，一切諸天龍王，悉皆集會佉羅坻山牟尼聖人處所中住，彼一切龍各見自形小如銅橢欲動不能，遊行絕望思念舊體，懊惱細身宛轉彼中，不得自在怖畏毛竪，一切相與向難陀、跋難陀王邊，禮拜作如是言：「大王！我龍國土，今者所有蚊虻、蒼蠅、毒虫、糞穢種種不淨，皆是瞿曇之所為也。是故我等皆捨宮宅，到此間求覓救濟，又不能得離於小身及以怖畏；若能歸依佛世尊者可得免脫。」

是時，難陀、跋難陀龍王作如是言：「沙門瞿曇多諸方便種種幻術，能內一切娑婆佛剎安置身中，於我龍家亦復化作一切諸惡，令我怖畏來此求救。今者沙門自失勢力，無復方便神通道術，身今如本坐舊座中豈能救我？如是小身既造此獄，安置於我皆不得去，何能救濟令無怖畏？一切諸龍繫屬波旬，欲界自在唯有魔力，今可禮拜求出此難，各各還家安隱而住。」

爾時，伊羅婆龍王復作是言：「汝等諸龍莫生懊惱。何以故？沙門瞿曇已能降伏魔之眷屬，群臣人民作於弟子；唯魔王在，喪失本心及其神力，云何當能救濟汝等？」

時，諸龍王，聞伊羅婆如是說已，或有禮拜四天王者，或有禮拜帝釋天者，或有禮拜須夜摩天，或有禮拜刪兜率陀，或有禮拜化樂天者，或有禮拜他化自在，或有禮拜大梵天者。

爾時，娑伽羅龍王復語一切諸龍王言：「汝等不見彼諸天王、人及非人、聖賢雜類，禮拜供養沙門瞿曇而歸依耶？」爾時諸龍即復歸依其餘仙聖。

時，彼山頂有六聖人：第一名、蘇尸摩，第二名、那籌，第三名、阿收求多，第四名、毘梨呵，第五名、婆揭蒱，第六名、殊致阿羅娑隋言光味。彼一切龍，或有歸於蘇尸摩邊作禮拜者，或有歸依於那籌者，或有禮拜阿收求多，或有禮拜毘梨呵者，或有歸依婆揭蒱者，或有歸依殊致羅娑。彼一切龍，皆悉歸命此六聖人請求救濟，是六聖人得五神通，悉各在於雪山邊住。

彼五聖人皆在殊致羅娑菩薩摩訶薩大聖人所，聽於正法。時，殊致羅娑菩薩，亦以種種無量言辭，讚歎釋迦如來神德。時五聖人悉聞一切龍王哭聲，求乞救濟。聞已即起，白殊致羅娑菩薩摩訶薩言：「大德頗聞彼龍啼哭、嘷咷，求救聲不？」

答言：「已聞。」

「大士！今聖人處，一切諸龍大懊惱心，我等聞知尚欲往救，況大德乎？唯願慈悲往至彼所，救一切龍與其解脫。」

時，殊致羅娑大聖人言：「汝等可往，我未及去，所以者何？此中大天、龍王、夜叉，百千萬眾今對我坐，問離障礙四梵行法，彼心歡喜聽我所說。」

時，五聖人禮彼殊致羅娑大士三匝繞已，以神通力飛騰虛空到佉羅*坻大山頂頭牟尼聖人處所。

爾時，彼處一切龍王，見五聖人心生歡喜，恭敬禮拜作如是言：「汝等大仙福德之人，智慧方便一切莊嚴，於苦惱中已到彼岸，願救濟我出惡獄中令得解脫。」

彼五聖人如是答言：「我等不能救濟汝等。所以者何？現今雪山有大菩薩名殊致羅娑，諸聖人中最大智慧大解方便，彼菩薩能與汝解脫，汝可一心求哀勸請。」

諸龍聞已，如是異身同共合掌，遙向殊致羅娑聖人，恭敬禮拜皆唱是言：「大德聖人！願救濟我！願憐愍我！」

爾時，殊致羅娑菩薩摩訶薩，聞彼龍王唱救濟聲，即與大天緊那羅等，夜叉、羅刹百千萬人前後圍繞，以神通力發於雪山乘空而往，到佉羅坻山頂。時諸龍王見彼聖人，各各恭敬合掌禮拜，一心同聲作如是言：「大仙聖人願救濟我，於此獄中與我解脫，令我自身及以眷屬，安隱還家離諸苦惱。」

爾時，殊致羅娑菩薩善解方便知世因緣，欲為諸龍說星宿法：「星宿法者，各有度數和合時節，合時則易、不合則難。時節未合不得解脫，諦聽次第，我當為汝分別解說：「今此月者名奢婆拏，星宿名為富那婆藪，富那婆藪屬此五月，此月復繫屬於日天。汝諸龍王，與此星辰時未和合。」

爾時，娑伽羅龍王白殊致羅娑菩薩言：「大士！是星宿者本誰所說？誰作大星、誰作小星、誰作日月？何日之中何星在先？於虛空中復誰安置三十日月、十二月年？云何為時？繫屬何處、姓何字誰？何善何惡、何食何施？若為是晝若為是夜，日月星宿復若為行，何者名為月初一日、何者滿月？若為時節、若為行度，一一各幾？復若為停？幾許時行？何者是輕、何者是重？何者是合？何者非合？云何力多？云何力少？云何名為日前、後行？上行幾影？下行幾影？影有幾步名曰為轉初轉？云何月北月南？云何次第？大士！汝於諸聖第一最尊，願愍我龍具足解說，我等聞已脫苦奉行。」

爾時，殊致羅娑菩薩告諸龍言：「大王！過去世時，此賢劫初，有一大城名曰瞻波，彼中人民和合熾盛。有一天子名大三摩多，端正少雙才智聰明正法行化，常樂寂靜不著世榮，為諸人民之所宗仰，恭敬禮拜而侍衛之。彼三摩多清淨慈悲，愍念眾生猶如赤子，不樂愛染常自潔身。王有夫人多貪色欲，王既不幸無處遂心，曾於一時遊戲園苑，獨在林下止息自娛，見驢命群根相出現，慾心發動脫衣就之。驢見即交遂成胎藏，月滿生子，頭耳口眼悉皆似驢，唯身類人而復麁澁，鬃毛被體與畜無殊。夫人見之心驚怖畏，即便委棄投於屏中，以福力故處空不墜。

「時有羅剎婦名曰驢神，見兒不污念言：『福子！』遂於空中接取洗持，將往雪山乳哺畜養，猶如己子等無有異。及至長成教服仙藥，與天童子日夜共遊。復有大天亦來愛護此兒，飲食甘果藥草身體轉異，福德莊嚴大光照耀，如是天眾同共稱美，號為佉盧虱吒大仙聖人。以是因緣彼雪山中并及餘處，悉皆化生種種好華，種種好果，種種好藥，種種好香，種種清流，種種和鳥，在所行住並皆豐盈，以此藥果資益因緣，其餘形容，麁相悉轉、身體端正，唯脣似驢，是故名為驢脣仙人。

「是驢仙人學於聖法，經六萬年翹於一脚，日夜不下無有倦心。天見大仙如是苦行，時諸梵眾及帝釋天，并餘上方欲、色界等和合悉來禮拜供養，乃至龍眾、修羅、夜叉一切雲集，所有仙聖修梵行人，皆來到此驢聖人邊。種種供奉讚歎稱揚：『如是苦行生來未覩。』設供養已合掌問言：『大仙聖人欲求何等？唯願為我諸天說之，若我力能即當相與，終不悋惜。』

「爾時，驢脣聞是語已，內心慶幸答諸天言：『必能稱我情所求者，今當略說。我念宿命，過去劫時，見虛空中有諸列宿、日、月、五星，晝夜運行，各守常度，為於天下而作照明，我欲了知分別、識解，愍暗暝故，不憚劬勞。此賢劫初無如是事，汝等一切諸天、龍神憐我故來，願說星辰日月法用，猶如過去置立安施，造作便宜善惡好醜，如我所願具足說之。』

「一切天言：『大德仙人！此事甚深非我境界。若為憐愍一切眾生，如過去時願速自說。』

「爾時，佉盧虱吒仙人告一切天言：『初置星宿昴為先首，眾星輪轉運行虛空。』告諸天眾：『說昴為先其事是不？』爾時，日天而作是言：『此昴宿者常行虛空歷四天下，恒作善事饒益我等，我知彼宿屬於火天。』

「是時，眾中有一聖人名大威德，復作是言：『彼昴宿者我妹之子，其星有六形如剃刀，一日一夜歷四天下行三十時，屬於火天姓鞞耶尼，屬彼宿者祭之用酪。』佉盧虱吒仙人語諸天曰：『如是！如是！如汝等言，我今以昴為初宿也。

「『復次置畢為第二宿，屬於水天，姓頗羅墮。畢有五星形如立叉，一日一夜行四十五時，屬畢宿者祭用鹿肉。

「『復次置嘴為第三宿，屬於月天，即是月子，姓毘梨伽耶尼。星數有三形如鹿頭，一日一夜行十五時，屬嘴宿者祭根及果。

「『次復置參為第四宿，屬於日天，姓婆私失絺。其性大惡多於瞋忿，止有一星如婦人黶，一日一夜行四十五時，屬參宿者祭用醍醐。

「『次復置井為第五宿，屬於日天，姓婆私失絺。其有兩星形如脚跡，一日一夜行十五時，屬井宿者以粳米華和蜜祭之。

「『次復置鬼為第六宿，屬歲星天，歲星之子，姓炮波那毘。其性溫和樂修善法。其有三星猶如諸佛胸前滿相，一日一夜行三十時，屬鬼星者亦以粳米華和蜜祭之。

「『次復置柳為第七宿，屬於蛇天，即姓蛇氏。止有一星如婦女黶，一日一夜行十五時，屬柳星者祭用乳糜。右此七宿當於東門。

「『次置南方第一之宿名曰七星，屬於火天，姓賓伽耶尼。其有五星，形如河岸，一日一夜行三十時，屬七星者宜用粳米烏麻作粥祭之。
「『次復置張為第二宿，屬福德天，姓瞿曇彌。其星有二形如腳跡，一日一夜行三十時，屬張宿者毘羅婆果以用祭之。
「『次復置翼為第三宿，屬於林天，姓憍陳如。其有二星形如腳跡，一日一夜行十五時，屬翼星者用青黑豆煮熟祭之。
「『次復置軫為第四宿，屬沙毘梨帝天，姓迦遮延，蝎仙之子。其星有五形如人手，一日一夜行三十時，屬軫星者作䅘稗飯而以祭之。
「『次復置角為第五宿，屬喜樂天，姓質多羅延尼，乾闥婆子。止有一星如婦人黶，一日一夜行十五時，屬於角者以諸華飯而用祭之。
「『次復置亢為第六宿，屬摩姤羅天，姓迦栴延尼。其有一星如婦人黶，一日一夜行十五時，屬亢星者當取菉豆和蘇蜜煮以用祭之。
「『次復置氐為第七宿，屬於火天，姓些吉利多耶尼。氐有二星形如腳跡，一日一夜行四十五時，屬氐宿者取種種華作食祭之。右此七宿當於南門。
「『次置西方第一之宿其名曰房，屬於慈天，姓阿藍婆耶尼。房有四星形如纓絡，一日一夜行三十時，屬房宿者酒肉祭之。
「『次復置心為第二宿，屬帝釋天，姓迦羅延那。心有三星形如大麥，一日一夜行十五時，屬心星者以粳米粥而用祭之。
「『次復置尾為第三宿，屬獵師天，姓迦遮耶尼。尾有七星形如蝎尾，一日一夜行三十時，屬尾星者以諸果根作食祭之。
「『次復置箕為第四宿，屬於水天，姓特叉迦旃延尼。箕有四星形如牛角，一日一夜行三十時，屬箕宿者取尼拘陀皮汁祭之。
「『次復置斗為第五宿，屬於火天，姓摸伽邏尼。斗有四星如人拓地，一日一夜行四十五時，屬斗宿者末粳米華和蜜祭之。
「『次復置牛為第六宿，屬於梵天，姓梵嵐摩。其有三星形如牛頭，一日一夜行於六時，屬牛宿者以醍醐飯而用祭之。
「『次復置女為第七宿，屬毘紐天，姓帝利迦遮耶尼。女有四星如大麥粒，一日一夜行三十時，屬女宿者以鳥肉祭之。右此七宿當於西門。
「『次置北方第一之宿名為虛星，屬帝釋天，娑婆天子，姓憍陳如。虛有四星其形如烏，一日一夜行三十時，屬虛宿者煮烏豆汁而用祭之。

「『次復置危為第二宿，屬多羅拏天，姓單那尼。危有一星如婦人黶，一日一夜行十五時，屬危宿者以粳米粥而用祭之。

「『次復置室為第三宿，屬蛇頭天，蝎天之子，姓闍都迦尼拘。室有二星形如脚跡，一日一夜行三十時，屬室星者肉血祭之。

「『次復置辟為第四宿，辟屬林天，婆婁那子，姓陀難闍。辟有二星形如脚跡，行一日一夜四十五時，屬辟星者以肉祭之。

「『次復置奎為第五宿，屬富沙天，姓阿風吒排尼。奎有一星如婦女黶，一日一夜行三十時，屬奎宿者以酪祭之。

「『次復置婁為第六宿，屬乾闥婆天，姓阿舍婆。婁有三星形如馬頭，一日一夜行三十時，屬婁星者以大麥飯并肉祭之。

「『次復，置胃為第七宿，屬閻摩羅天，姓跋伽毘。胃有三星形如鼎足，一日一夜行三十時，屬胃宿者粳米烏麻及以野棗而用祭之。右此七宿當於北門。

「『二十八宿有五宿行四十五時，所謂畢、參、氐、斗、辟等。』二十八宿言義廣多，難曉深趣不可具宣，我今略說。」
說是宿時，同聞諸天，皆悉歡喜。

大方等大集經　卷第四十三

隋天竺三藏那連提耶舍譯

日藏分送使品第九

爾時，娑伽羅龍王白光味菩薩言：「大德！乃能憶念如是過去宿命劫中種種善業、無量往事，而不忘失，及說虛空星宿照明安施法用，悉皆了達一一無遺，於三界中最尊最勝，智慧第一更無能過。是故彼龍并及我等，如是方便得脫此獄，離於苦惱，憐愍眾生，慈悲一切，功德戒行，及婆羅多莊嚴於心，一切滿足。」

是時，光味語諸龍言：「我今非是佉羅虱吒苦行仙人，亦復不能於虛空中置於星宿，今我說者神通力知，汝娑伽羅諸龍王等莫作是說，我實不能。然此佉羅虱吒仙人宿往因緣，說猶未盡。

「爾時，帝釋及諸梵天，各向佉羅虱吒仙人，齊共合掌作如是言：『我等樂聞，唯願更說。我等梵天諸天中尊，猶如大仙聖人中尊，我諸天中有梵行者，若放種種神祇呪術，我皆了知，亦能為他分別廣說。』時虱吒仙言：『若能如是，亦可教化一切眾生悉令知之。』

「是時，青眼帝釋天主在於眾中，虱吒仙人語帝釋言：『天主！一切善法必令具足住持於世，常使照明，修善法人擁護勿捨。若有精進樂善眾生，持戒多聞修禪學慧，如是等眾，天主應當供給所須衣服、飲食、臥具、湯藥，種種施與令無有窮。我說虛空星宿法已，今此世界諸地分中，各有龍王停止守衛，如娑伽羅龍、婆婁那、德叉迦、寶護大行、瞿娑羅、婆蘇婆、呼嚧俱叉、婆私無俱叉等，此八龍王護於海中，能令大海無有增減。阿奴馱致、毘昌伽蘇致、婆婁那得、于問婁叉婆，此四龍王守護池中出一切河，是故諸河流注無竭。難陀、優波難陀，此二龍王守護山中，是故諸山叢林鬱茂；婆須吉、娑羅囉、蓋輸盧、瞿摩祇利，亦為守護。毘梨沙、閻浮伽、赤眼娑羅婆帝，於小河水而為守護。

「悉陀摩奴、阿羅蘇摩、賀盧唱利，於聖人所及諸藥草而為作護，堅固緊輸迦歡喜，此於地中而為守護。最勝光、毘喻婆三婆、毘離耶尸棄，此於火中作護。動摩都劣三摸地、羈蘭耶、羈賴車，此於風中作護。優羅婆、羅阿闍耶、帝羅娑羅，此於樹中作護。吁嚧呵張火、薄脚羅沙斯，此於花中作護。香常跋陀耶、邏婆遮、富婁那迦羅，此於果中作護。阿比林婆、毘遮婆、多吁嚧脂、多末羅伽，彼中毘首羯磨、蘇摩、敧師奇和沙月眼，此四種一切工巧為最守護。羈羅睺陀羅、僧伽那斯、阿蘭那、懼無迦，如此四種夜叉，於一切福德布施等中能為作護。金剛眼、師子眼、善見眼、三槊，如此四種一切龍護，如是等各各為護。』」

爾時，光味菩薩，於諸仙聖天人龍中最上最勝，憐愍一切苦惱眾生，是故於此救諸龍厄，令得解脫。

時，光味菩薩作是思惟：「云何當令彼諸龍等，於三寶中迴心歸向？」即以方便善巧音辭，次第教言一切龍王：「信於我者，我實不能拔濟於汝。今有大聖一切智人，乃能施汝安隱無畏，我所讚歎佉羅虱吒仙人功德、如是說法，非我小德辦於斯事。彼聖人者，過去無量阿僧祇劫，已曾修習種種福德，一切難事皆悉能捨，所謂象馬、種種寶車、妻子、國城、金銀、輦輿、奴婢、衣裳、床榻、敷具，眾生須者，稱意與之。或復手、足、耳、鼻、舌、身，頭目、筋骨、皮肉、肌膚，求無悋惜，速能滿足六波羅蜜，具大慈悲。於苦惱眾生能令解脫，為諸眾生得安隱故，乃至處於地獄之中，救濟眾生心無暫捨，亦不自為得成佛道，欲令一切惡趣眾生得脫種種老病死苦。是大仙人，乃往過去無邊劫中，經歷是等種種願行。而是仙人，生生世世堅固精進勇猛慈悲，引接眾生安涅槃道。

「又，彼佉羅虱吒仙人，無量劫來種種福德具足圓滿，乃至生於淨飯王家，託在摩耶夫人腹內，既出生已，舉手唱言：『我三界中最尊最勝！』放種種光能與一切眾生安樂，光因緣故，感動無量天、龍、夜叉及阿修羅、人、非人等，一切悉來而共供養。又，於生時，一一方面各行七步，脚所蹈處皆有蓮華承捧其足，以此脚踏行步因緣，一切山河地及大海悉皆濤動，如是變現出生功德。又，釋迦子能令我等一切眾生解脫生老病死，寂滅安隱，離諸怖畏到涅槃城。」

說是語時，一切諸天、阿修羅眾、龍及夜叉、乾闥婆、緊陀羅、摩睺羅伽、人、非人等，各散種種眾寶雜華塗香末香，於虛空中猶如雨下，以用供養，種種讚歎。爾時，光味菩薩為諸大眾而說偈言：

過去無量僧祇劫，種種布施習檀那，
清淨尸羅及羼提，精進坐禪學般若，
安樂一切眾生故，備忍種種諸苦辛；
宮中六萬后妃嬪，棄捨出家如脫屣，
獨處六年修苦行，日食一麻一米麥，
精進晝夜不睡眠，身形唯有皮骨在。
菩提樹下思惟坐，八十萬眾天魔來，
四方上下地及空，八十由旬悉充滿，
如是魔軍及眷屬，皆能破壞使歸降，
成就無上勝菩提，得證第一義諦果。
見聞種種無怖畏，其心寂靜如涅槃，
常於一切眾生中，等心愍念無偏黨。
真實智慧具足滿，教導一切諸天人，
無一眾生起邪惡，如是慈悲徹骨髓。

又於一切眾生類，乃至蟻子及蜎飛，
不生惱亂毒害心，一切眾生流轉中，
悉能令其得解脫；又於繫縛諸有獄，
拔出眾生使獲安，絓是小小如棈身，
大聖悉皆往救濟；彼諸龍等一切眾，
能却其惡及憂愁，是故大聖哀愍來，
慈心出汝此獄中。廣說無邊深秘要，
不自在者悉稱心，一切歸家安隱住。
得彼聖人救濟者，不畏金翅諸鳥王，
各還所止恣意遊，如本受樂心無異。
大聖過去修萬行，不許惱亂一眾生。
汝等所有諸災惡，魔王所為非佛作，
莫起餘心謗毀佛，受我教誨發菩提，
勿生疑惡自迷沒，一一皆如我前說。

爾時，一切諸大龍王、所有眷屬、男女、大小，在於牟尼聖人處者，聞此說已，各各一心齊共合掌，作如是言：「南無南無大聖！一切世間眾生中勝！具一切法到自在岸，能與一切眾生解脫，能與一切眾生安樂，能與一切眾生歡喜，能令一切到智慧彼岸。於諸眾生慈悲平等，令修善法悉具足滿，成就一切善業眾生，安立善道與實法眼，於天、龍中作上福田，於三界中最勝最尊，能受世間一切供養。我等諸龍同共辛苦，滿此獄中未能得出，如是至心禮拜歸命。」說此語已，一切龍等悉得本形，雖復舊身而猶不能於彼山中免離得出。

爾時，一切諸龍王等復白光味菩薩言：「惟願救濟！如大德說，彼聖人者於諸眾生不起惱亂，常施安樂。此言誠實，我今信受無有疑心。若愍眾生慈悲救濟，惟願速來！令我等輩出彼魔獄。」

是時，光味告諸龍言：「彼大聖人具足智慧，牟尼如來心常憐愍一切眾生，修習諸善捨於諸惡大悲普覆，於流轉中精勤勇猛接引眾生，於菩提道令得安隱，現見因果成就佛眼。一切菩薩摩訶薩過去久遠不瞋因緣，悉皆具足慈、悲、喜、捨四梵行法。復次，菩薩摩訶薩道行因緣中生，因緣生已，種種惡趣及慈等行，皆已說竟。

「復次，彼佛如來世尊住無量阿僧祇恒河沙等諸佛刹，微塵等無量無邊清淨阿耨多羅三藐三菩提行故，六波羅蜜悉具足滿，菩薩摩訶薩出於流轉生死海故，到大涅槃智慧彼岸，壞四魔故、紹三寶種不斷絕故，能以法水洗諸眾生，一切煩惱垢令清淨故，如來如是永離攀緣說四梵行。

「復說如性出相離相，及離我見，一切法等無盡方便。謂於五陰、十八界、十二入實諦觀故，四大差別生死等法皆得滅盡，方便離於貪瞋癡等，一切煩惱體性悉空。無眾生界離諸攀緣，無喜離喜無行離行，無物離物無想離想，無諸障礙無有處所，無塵無染無暗無明，不可捉持。無自無他不來不去，無異離行，乃至一切陰入界等。智眼體性非暗非明，不行不生，法界真實；不滅不壞，如如不生，法界真實皆空，過去一切諸法等中悉皆了達，是真攀緣如來從生。若有菩薩於是法中達到彼岸，具足充滿六波羅蜜，猶如虛空離色離觸，如是心得無障礙智，普斷一切，諸見及習悉皆除盡，如是得離一切煩惱，是名菩薩摩訶薩離觀四種梵行之法。」

是時，光味說此法已，時彼眾中娑伽羅龍王、毘昌伽蘇脂龍王、須摩呼嚧迦沙護寶龍王，如是等龍王，已於過去菩薩行中修習福德發弘誓願，念宿命已即得光明照耀陀羅尼。餘諸龍眾八十那由他，亦曾過去種種願行悉修習來，一切皆發三菩提心得於三昧。

爾時，光味即自化作聖人之身如菩薩形，與諸仙等乘神通力，從虛空中往如來所。

大方等大集經日藏分念佛三昧品第十

爾時，一切諸龍眾等信受光味菩薩之言，皆悉至心歸依於佛、歸依於法、歸依於僧。作是歸時，魔王波旬親見親聞，既見聞已大生驚怪怖畏不安，瞋恚憂愁遍身流汗，舉手摸頭而說偈言：

呵呵看彼甚大笑，姦偽幻惑釋沙門，
誘誑諸龍皆歸已，迷忤一切諸眾生。

惑亂道中妄安立，實非言是我法真，
如是實法若得時，彼中始終應不失。

爾時，波旬說是偈已。彼眾之中有一魔女名為離暗，此魔女者曾於過去殖眾德本，作是說言：「沙門瞿曇名稱福德，若有眾生得聞佛名一心歸依，一切諸魔於彼眾生不能加惡，何況見佛親聞法人，種種方便慧解深廣！父王今者欲於如來及學佛道者邊興造惡心，終不能成。」

時，魔王言：「沙門瞿曇解達真如智慧廣大，於空法中深入堅固，自既度脫生死大海，又教眾生亦皆出離。」

魔女答言：「如王所說，若於空法覺實際者，設千萬億一切魔軍，終不能得須臾為害。如來今者開涅槃道，女欲往彼歸依於佛。」即為其父而說偈言：

離相不著人中勝，如如常住天中尊，
到於彼岸智慧城，我今欲往歸依彼。
修學三世諸佛法，度脫一切苦眾生，
善於諸法得自在，當來願我還如佛。

爾時，離暗說是偈已，父王宮中五百魔女姊妹眷屬，一切皆發菩提之心。是時，魔王見其宮中五百諸女，皆歸於佛發菩提心，益大瞋忿怖畏憂愁，即作是念：「我今當行大魔王力、大魔王威，於自宮中魔王坐處，極盡神化，當彼聖人牟尼住所、一切諸龍和合集處，作大火石，從虛空中一時雹下，碎彼諸龍及光味仙人，使其遠散。若彼去者，我魔王宮乃可安樂。」作是念已，即於空中放大火雹如雨而下。

是時，如來以神通力變彼火石悉為天華，繽紛亂墜隹羅坻滿山頂上，聖人住處悉皆充遍，一切龍王莫不歡喜。

是時，魔王見雹下於聖人住所，即自指示五百女言：「諸女好看，今彼處所一切諸龍眷屬大眾，歸依沙門瞿曇邊者，我已破碎一切如塵，何況我宮而不能壞！若我宮中有欲歸向於瞿曇者，要當使其如彼不異。」

是時，五百諸魔女等更為波旬而說偈言：

若有眾生歸佛者，彼人不畏千億魔，
何況欲度生死流，到於無為涅槃岸！

若有能以一香華，持散三寶佛法僧，
發於堅固勇猛心，一切眾魔不能壞，
何況畢定求作佛！若有精誠持一戒，
或復至心來佛邊，聽受一句微妙法，
即發不退菩提道，決定一切眾中尊，
得佛金剛不壞身，能摧一切四魔眾。
父王但看諸龍等，各散種種香華雲，
惟佛世尊能了知，非是魔王之境界。
獨一導師處於世，說於殊勝難思議，
所作一切皆吉祥，能令眾生罪業除。
我等過去無量惡，一切亦滅無有餘，
至誠專心歸佛已，決得阿耨菩提果。

爾時，魔王聞是偈已，倍大瞋恚怖畏煎心，憔悴憂愁獨坐宮內。

是時，光味菩薩摩訶薩聞佛說法，一切眾生盡離攀緣得四梵行，當於佛前從空而下。到佛所已，光味菩薩與其大眾，為佛作禮右繞三匝，却住合掌而白佛言：「世尊！如來說彼四禪地依止心念陀羅尼，以是陀羅尼呪術力故，我憶過去有二婆羅門子，以欲事故罪應合死，為官所收。殺時未到，王勅有司付於牢獄，半月半月時給一飡，五縛繫身，兩手兩足悉皆桁械，咽喉被鎖飢渴難堪，兼復畏於死時將逼，獄中一心歸依於佛。彼時有佛名曼陀羅華香，專意佛邊遙求救濟。

「是時，彼佛憐愍眾生及我等故，於自座中現佛境界大神通力，說四禪地依止心念陀羅尼，作如是言：『我以佛力令彼獄中二婆羅門，聞此四禪地依止心念陀羅尼。聞已，歡喜至心憶念，以是因緣，令其所有一切惡業一切障礙；若今生中惡業障礙，若多生中諸惡業障；若煩惱障、法障、眾生障、捨施障、智慧障、生活障、壽命未盡橫死障；意欲不生繫地所牽業力障礙，若有清淨佛剎之中，情願欲生而不得往違心障礙，如此一切惡業障礙，聞此四禪地依止心念陀羅尼因緣故，喉及手足五種枷鎖，自然一時脫落在地，即於獄中得陀羅尼力。』

「以神力故，得出於獄，從虛空中到曼陀羅華香佛所，禮拜供養盡其壽命，即得往生山光佛剎。彼佛世尊名曰雲色，從雲色佛求請出家。既出家已，生生世世無量劫中，常得不生於空佛刹，恒值佛世如今此刹，娑婆世界三千大千佛土，地及虛空乃至阿迦膩吒天，人、非人等皆悉充滿，時彼佛刹一切眾生，地及空中乃至阿迦膩吒天，亦復如是，一切眾生具足惡業及諸障礙，以彼如來為眾生故，說此四禪地依止心念陀羅尼，身口意惡悉皆消除，若聽聞此陀羅尼力，一切三世諸罪惡業悉滅無餘。

「又彼眾生種種更得人忍三昧陀羅尼。乃至壽命欲盡之時，此間死已如願欲生他方清淨佛刹，應念即生，得於宿命，常勤精進行十善法，常不復墮三惡道中，常能修行六波羅蜜，常行四攝，常得見佛，常聞於法，常供養僧，常得四禪及五神通，常具足得四梵行念。生生世世，常與彼法和合共生，乃至涅槃未曾捨離。」

佛言：「善哉！善哉！善男子！汝為大利益眾生故，作如是說過去宿命發心因緣。」

爾時，世尊復告光味菩薩言：「善男子！諦聽！諦聽！若有比丘、比丘尼、優婆塞、優婆夷，或男、或女有信心者，欲於三乘及餘道中願得速證涅槃道、盡一切苦者，欲得一切聞持在心、一切身口意業清淨，欲護佛法，欲求種種利益、種種衣食，一切豐饒，自在殊勝端正大力，眷屬強盛國土富安，職位高遷多人敬奉，聰明智慧最尊最勝，行住四儀常無所乏，及樂種種施戒坐禪，得諸三昧乃至無色一切有頂所有三昧，亦復樂於四梵天行。

「若有樂於陀羅尼人，望得如是種種眾事，而彼惡業堅固厚重，諸業障礙，煩惱障礙，乃至欲生清淨佛剎不生障礙。以如是故，種種善願不得稱心。欲令如是種種惡業速滅盡者，而此眾生應淨洗浴著鮮潔衣，菜食長齋勿噉辛臭，於寂靜處莊嚴道場，正念結加或行或坐，念佛身相無使亂心，更莫他緣念其餘事。或一日夜、或七日夜，不作餘業至心念佛乃至見佛，小念見小，大念見大，乃至無量念者見佛色身無量無邊，彼佛身形三十二相，於一一相亦念亦觀皆令明了，隨所見相見青光明，於彼光相專精繫意無令心亂。

「作是念時，而誦是呪：

哆緪咃　毘視林婆　毘視林婆

tadyathā vijrimbha vijrimbha

欝頭波馱避耶毘視林婆

utpādapeya vijrimbha

斯那婆頗　羅斯那婆頭

snabapha rasnabadu

羅阿毚那多他　悸阿毚那多他

rānunatathātā śianunathātā

悸復嘘多俱致毘視林婆　毘視林婆　莎呵

śibhusutakoṭi vijrimbha vijrimbha svāhā

「如是一相在於前心，勤勤專念不起亂想，然後誦此陀羅尼呪，乃至念於佛身

相中青色出光，彼光出已從行者頂入。爾時安心慎莫驚怖，於自身中見於此光，如彼青色念此青光，於自身中各各肢體處處遍行，乃至一切身中火然，見火然已乃至成灰，及四方風來吹散滅。如是念時，見於自身無有一相惟有空在，乃至十方皆悉是空不見一色。如是念佛青色力緣，誦持於呪成就此行。

「善男子！若復有人如是繫念不散亂心，學四禪地依止心念陀羅尼，而彼眾生一切業障，煩惱障、法障，罪業皆盡，惟除五逆、破毀正法、誹謗聖人。

「若復有人如是樂者，能如上習念佛三昧，一日一夜口能誦持一切佛法，一切外道十八種論智慧勝處，如是種種句義文章悉皆憶持無有遺忘。又一日夜得於四禪，四種神通、四無量行、四種辯才，及四無色三摩跋提，如是等法一切成就具足得之。如是修者，乃至能於一彈指頃到一佛剎及無量剎。又以一足能動如是無量剎土，過是等剎亦能動搖，能以一身結加趺坐遍滿諸剎。如是世界能令水滿，十方塵數皆能數知，能以七寶滿諸國界。

「又復，彼人於一念頃，悉能得知生死業報，過去現在及以當來，一切眾生所有心數。又彼行人能以一身，種種化作一切佛身、帝釋天身、梵天王身、那羅延身、摩醯首羅身、四天王身、轉輪聖王身，乃至水火遍虛空。又復，彼人如是念者，能一念中一切十方地及虛空種種華滿七寶充遍，一切眾香傘蓋幢幡、種種衣裳、種種纓絡，一切虛空皆悉能滿。

「若復有人至心修習此四禪地依止念佛三昧，一一差別諦識了達。時彼眾生如是無量惡業悉盡，如是無量福德精進種種三昧、種種陀羅尼、種種忍及五神通，於餘乘中速得滿足，流轉海中畢定疾出，除五無間、謗法誹聖，不得是法。彼人應須經七七日，此四禪地依止念佛三昧心內熏修，於此法中常說、修習、不捨離者，一切罪盡；若不專心，罪兩分盡；平常用心，罪一分盡；如是修習，須精進心，純信敬心，能如是者彼惡乃盡。

「若復有人此四禪地依止念佛三昧，或天中說，或人中說，若彼天、人信心聽受如此三昧，內自思惟生於歡喜；如是之人若在牢獄五鎖繫身，或復餘處受辛苦者，悉得免脫。若失生活或復求財，或打、或燒、或臨河水、或被毒藥，或為種種怨家來侵，或一切鬼、或一切幻，或復國王種種怖畏，或自家中鬪諍口舌，或復他人橫來瞋怒，或死怖畏或惡道中欲墮怖畏，如是怖畏此業皆盡，生人天中。

「若復有人一聞如是四禪地依止念佛三昧，至心信受如是念佛三昧，有大勢力，有大利益，小小用心尚得如是，何況至心無有疑惑！」

說此三昧法時，眾中八十六頻婆羅那由他百千從十方來諸天人等，過去已曾為此三昧所熏修者，皆悉獲得如上所說。復有八十四那由他眾生得苦智忍，無量眾生得此三昧，或須陀洹至羅漢果。

無量眾生發菩提心時，彼離暗五百魔女，承佛神力在魔王宮，悉皆得此念佛三昧，悉捨本形得男子身；曾於過去修學如是念佛三昧故。時，此五百諸魔王女得三昧已及男子身，心生歡喜欲往佛所，一切化作大梵天身，一一梵王無量千億眷屬圍繞；或作無量帝釋天身，亦有千億眷屬圍繞，各以無量種種音樂、種種莊嚴，如是化已，從魔宮下，向如來所，設於供養，種種華鬘、末香、塗香散於佛上，頂禮佛足右繞三匝，却住一面。

大方等大集經日藏分昇須彌山頂品第十一

爾時，佛告光味菩薩摩訶薩言：「善男子！汝今當知彼一切龍惡道中生罪業悉盡。」復告光味：「空觀心念故。」

時，光味言：「如是，世尊！如來清淨戒行具足，如來當為一切諸龍作莊嚴故。」

「復次，光味！我於是時，實為諸龍不可思議業報差別，欲廣說故。」

爾時，一切諸色欲天，乃至夜叉、鳩槃茶等，從虛空中雨種種華、散種種香、衣服、幢幡、七寶瓔珞、種種伎樂。無量百千億那由他，一時俱作歌詠讚歎出妙音聲，人與非人僉然恭敬。

爾時，世尊從座而起，四面顧視向北方看：「此何處山與須彌接，近彼欲界及於色天？」

爾時，如來與諸大眾，菩薩、聲聞、天、人、龍神、一切八部四面圍繞，前後導從趣須彌山。是時，如來欲以足步躡於山根，次第登上。大梵天等知佛欲昇須彌山頂，即為如來化作七寶階橋，持諸天衣及華香末種種校飾。如是作已，前白佛言：「惟願如來行我橋上。」

他化樂天亦為佛故，用閻浮金化作寶橋，以龍栴檀末而散橋上，作如是言：「惟願如來行我橋上。」

化自樂天亦為佛故，用諸天金化作寶橋，種種牛頭細栴檀末散於橋上，作如是言：「惟願如來行我橋上。」

兜率陀天亦為佛故，以諸天銀化作寶橋，以諸種種應時所出微妙之香名黑栴檀末而散橋上，作如是言：「惟願如來行我橋上。」

須夜摩天亦為如來，以天琉璃化作寶橋，散諸種種多摩羅葉細末香，作如是言：「惟願如來行我橋上。」

天帝釋亦為佛故，以赤真珠化作寶橋，以天種種栴檀一切寶末用散橋上，又以天繒七寶妙網而羅覆之。覆已，作如是言：「惟願如來行我橋上。」

如是四鎮四大天王，亦以珍琦天石藏寶，為如來故化作寶橋，亦持細妙種種天衣覆於橋上。覆已，作如是言：「惟願如來，從我橋上上須彌山。」

是時，四大阿修羅王并其眷屬，為如來故，以其所出摩娑羅寶化作寶橋，持天金銀細末之屑散於橋上。散已，作如是言：「惟願如來行我橋上。」

爾時，世尊為彼一切梵、釋、四鎮及阿修羅諸天王等，以憐愍故，一時化作八佛如來，三十二相、八十種好無有殊異，八部、四眾、菩薩、聲聞圍繞導從。彼一切天、阿修羅等，如是大設諸莊嚴已，時佛世尊即上寶橋，昇須彌頂，或餘處起，或餘處去。彼八如來身大明耀，一一佛身皆放光明，如百千億日月之光一時照明。

如是八佛放身光已，時，諸龍眾一切皆在此佉羅山聖人處所集聚而住，諸龍見已一切怪言：「此是何處八大護世，今來依止於須彌山？」

爾時，難陀、優波難陀龍王作如是言：「此是梵天一切欲色圍繞而住，一切天中最為殊勝到智慧岸，憐愍我等故來至此。今一切龍，若欲得出此苦獄者，皆可禮敬。」

是時，阿那婆蹋多龍王作如是言：「此非梵天，乃是魔王，於欲界中威力自在，愍我等故，妻子、眷屬皆悉圍繞，為欲界中一切眾生脫於怖畏，故來是中救我龍厄。」

時，地利致色龍王作如是言：「此非魔王，乃是欲界他化等天故來此中，欲令一切諸龍解脫。」

爾時，眾中一切龍王，皆發大聲作如是言：「願諸天等，與我解脫；與我解脫，施我安樂，令我早得出於*此獄。」

時，娑伽羅龍王復作是言：「彼非兜率、化自樂等，此是天主釋提桓因所放光明，照於欲界及四天下。觀彼一切四域眾生樂於善法。汝等一切起慈悲心，更勿生瞋，於彼天所，求乞解脫速離此苦。」

時，善住龍王作如是言：「此非帝釋，乃是一切諸色界天，捨於禪樂從彼下來，欲雨法雨與眾生樂。汝諸龍等一切，至心禮拜、乞救。」

時，毘昌伽蘇脂龍王復作是言：「此非色天神通力來，是四天王毘沙門等，為護四方，各各自將眷屬而來，欲除罪惡諸眾生故。」

爾時，寶護龍王復作是言：「此非四天王，我見染衣、剃除鬚髮、身服袈裟，相好端然，盛德自在，為諸天人之所瞻仰，恭敬供養，合掌圍繞，如日月天星宿遍繞。此八大聖皆悉顯赫，堅固照明身紫金光，三十二相慈悲一切，於三界中得受供養。」

爾時，毘昌伽蘇脂龍王更如是言：「真實導師我親見來，能救能護一切眾生能竭苦海，能於此獄與解脫樂，今近住此須彌山頂。如是世尊神通力故，此須彌頂忽更廣闊，八十四百千踰闍那。」

爾時，欲色一切諸天，各欲供養於如來故，為佛造作七寶階橋，樓閣梯橙次第節級，乃至上到阿迦膩吒天。各以種種不可思議天雜琉璃羅網校飾，猶如寶蓋巧妙少雙，一切眾生見無厭足，無量百千種種珍寶以用莊嚴，種種天衣、種種瓔珞、種種傘蓋、繒綵幢幡、鼛鼓鍾鈴、花香伎樂，如是供養遍滿虛空。

爾時，世尊告帝釋言：「天主！如是三千大千世界娑婆剎土，一切諸佛，并大菩薩摩訶薩、大阿羅漢、大仙聖人，及樂福德大力魔王，種種色欲天、龍、夜叉、人、非人等，於此三千大千剎住受用皆訖。如是帝釋！此須彌山，如來世尊、十方佛剎諸來菩薩、大阿羅漢一切聖人，樂福魔王、大德諸天，乃至於龍、夜叉、羅剎、人、及非人，此須彌山皆悉停住，汝諸天等當來世中多得勢力。」

時，天帝釋白佛言：「若佛如來憐愍我者，如是受用神通力作，及此三千大千世界娑婆剎中所有菩薩、大阿羅漢、大梵魔王、他化樂天、諸帝釋天，乃至於此娑婆世界所有天王、龍王、夜叉王、乾闥婆王、阿修羅王、迦婁羅王、緊那羅王、摩睺羅伽王；復有大力福德眾生、天中聖人、人中聖人，一切皆來供養佛故，見於佛故，禮拜佛故，聽於法故。如是等眾，此須彌山若受用者，我於當來增大勝樂得大安隱。」

爾時，世尊受帝釋天於彼中住，端坐正念熙怡微笑。笑已，口中出種種光：青色、黃色、赤色、白色、紫頗梨色，照此三千大千佛剎之中。百億魔王宮、百億帝釋宮、百億梵天宮、百億一切諸天王宮、百億阿修羅王宮、百億聖人牟尼住處，是一切光如是照已，如上所說一切福德大力魔王，乃至聖人一切驚覺，各各尋光乘神通力，如一念頃來到於此須彌山頂。

爾時，世尊現神光已，告帝釋言：「天主！如是三千大千世界一佛剎中，則有百億須彌山王。是時一切諸須彌中，此須彌山最尊最勝。何以故？我及天人一切大集在此受用，度諸龍故。」說此語時，無量百億帝釋天等，一切梵王皆大歡喜。

如是如來神通力故，時，四龍王皆得從彼聖人住處而出。既得出已各還自方，如是娑伽羅龍王還於南方大海岸中，復其本身大如須彌，乃至舉頭到帝釋宮自見於佛。如是西方護寶龍王，北方毘昌伽蘇脂龍王，東方蘇摩呼嚧叉龍王，各還大海，於舊宮中悉復本形，乃至如前須彌山頭自來見佛。所餘無量那由他百千萬億，猶在彼處不能得出。時，一切龍向大聖人如是稱說：「願救濟我！願救濟我！於此獄中令速解脫。」

爾時，難陀、優波難陀二龍王等，從佉羅山聖人住處，各以自身依須彌山，化作大橋拄帝釋宮，作如是言：「惟願如來踏此橋上，從須彌頂下佉羅坻聖人處坐，為一切龍歸依、說法。」

時，帝釋天如是念言：「此龍身澁毒氣皮麁，或傷如來足不安隱。」作是念已，即以天服覆於龍身，又持天中牛頭栴檀、優羅伽娑羅栴檀、多摩跋香，此三種香及以天華種種屑末，散於橋上并蔽龍身。

時，佉羅坻牟尼住處，以佛力故更增廣博，八十四億那由他百千踰闍。彼處廣已，大梵天王以天金銀化作師子須彌寶座，種種莊嚴幡華、帳蓋而安置之。

爾時，一切諸龍王等聞是語已，各白佛言：「世尊！惟願憐愍！救我等苦。」

佛言龍王：「汝等先應至心念佛，我當救之。」

爾時，世尊在須彌頂，告於長老憍陳如言：「憍陳如！諸佛境界奮迅神通加被之力如是說法，及此一切三千大千娑婆世界佛剎之中，所有一切無量眾生，彼諸眾生聞我說法能聽受者。

「憍陳如！一切諸法悉皆無常，一切諸法生住無常。何以故？生因緣故。如眼識生，生已住，住已念，念更生，此即是苦。是生因緣，即是苦生，即是癰瘡，即是一切十二有支，即是生老病死因緣。如是念念生滅，如眼因緣，耳鼻舌身亦復如是。

「憍陳如！住雖暫有滅更漸生，此譬如窓。此生住緣，此苦因緣，有此百種老病及死，如是展轉漸生因緣。眼見造業，隨見隨念隨造，所造生死因緣無窮。

「憍陳如！如眼寂滅，光滅沒故不見眾色，如彼日沒窓中不見。若因緣滅一切患滅，十二有支一切寂滅，生死寂滅如日沒緣，耳鼻舌身亦復如是。

「憍陳如！如心寂滅所緣亦滅，此窓因緣如本不生，一切萬法亦復如是。此名苦滅一切患滅，十二有支一切寂滅，究竟生死盡諸有邊亦復如是。

「憍陳如！眾生不知眼之生滅，隨逐耳鼻舌身所染，是故流轉於五道中。我之聖法，能離生死過於彼岸，是故如來為斷一切眼生滅故而演說法，亦為說苦、斷苦行法，一切苦中得盡其底。是故如來得此法已，是一切天梵中大梵、天中大天、人中大人、沙門中大沙門、婆羅門中大婆羅門，大慈悲中大悲最勝，無上之尊為大丈夫，已度生死流轉彼岸，一切世中最勝檀那、曇摩、僧琰摩。何者檀那？所謂捨施，乃至頭目手足所須肢節皆悉能捨，況復餘物！此名檀那。何者曇摩？清淨持戒，乃至人來索頭與頭，心不瞋忿慈悲不失，是名曇摩。何者僧琰摩？不捨六根一心禪定，一切福德言語誦持憶念不忘，此二思量思念已修，此二種名僧琰摩一切眾生平等心法。

「若我捨法曇摩檀那，及僧琰摩，四梵行法聖八正道，如是之法慈心熏故，此一切法於無量劫慈心修故。如我所得一切諸法，於眾生中廣演宣說，亦作導師悲憐眾生開解其意，演說此事無所缺減。汝等今者應當一心信受奉持學習諸禪，種種蘭若，或林樹下，或復塚間，種種山巖崖岸中住，於彼坐禪，為盡生死故，勤大精進身心不倦，莫作下心，無所成故，死時悔惱。此我一切所教之法。」

如是說已，此娑婆界三千大千佛剎之中百億四天下，一四天下則有無量億那由他百千眾生，彼諸眾生種種善根福德具足，或得陀羅尼，或得於忍，或得法眼，或得須陀洹乃至阿羅漢。或有眾生，地獄、畜生、餓鬼等中，餘報惡業悉得盡滅。如是夜叉，貧窮因緣一切皆盡而得大富；或有眾生人中貧窮惡業報盡，及諸惡病皆得除愈，獄禁眾生皆蒙解脫。

爾時，娑伽羅龍王即於佛前說偈讚歎：

真金離垢滿月面，清淨行具最勝田，
三界天人龍中尊，能去眾生濁垢惱。
施戒忍辱及精進，成就真實平等心，
解脫諸龍施安樂，憶念往昔誓願力，
慈悲久修眾業行，堅固勝彼諸眾生。
如是備受眾苦辛，不忘彼龍諸所惱，

種種流轉得越度，出過生死海彼岸，
自身解脫濟群生，智水洗龍使清淨。

大方等大集經　卷第四十四

隋天竺三藏那連提耶舍譯

日藏分中三歸濟龍品第十二

爾時，空中自然而雨種種香華、種種寶衣、種種音樂、種種歌舞充滿虛空，一切天、龍、夜叉、羅剎及阿修羅悉皆恭敬。爾時，世尊與諸大眾菩薩聲聞左右圍繞前後隨從，從須彌頂蹈龍身橋，下佉羅坻聖人住處，梵天所敷寶師子座，坐於彼座。時虛空中一切天、龍、夜叉、羅剎，并阿修羅、緊那羅等各設供養，種種香末、種種華香、種種寶衣以散佛上，右繞三匝禮已而坐。

爾時，娑伽羅龍王白佛言：「世尊！何因緣故，我等一切在龍中生？」

佛言：「龍王！諦聽！諦聽！我今為王分別廣說。有十種業來生龍中，何者為十？有諸眾生行六波羅蜜，欲得阿耨多羅三藐三菩提覺，亦願欲得無惡障礙，或復欲得多修布施，以時捨施願因緣故，來生龍中。

「復次，龍王！或有眾生於大乘中修行捨施，福德果報因緣故願生龍中。

「復次，龍王！或有眾生為阿耨多羅三藐三菩提故行於布施，福報雖多不能清淨，怖畏地獄、餓鬼、畜生中因緣故，願生龍中。

「復次，龍王！有諸眾生欲行阿耨多羅三藐三菩提時，生高心大慢力因緣，故願生龍中。

「復次，龍王！有諸眾生發菩提願行阿耨多羅三藐三菩提時，多生瞋恚恨他眾生，以瞋忿向彼地獄、餓鬼、畜生因緣故，長起瞋忿，如是死已，願生龍中。

「復次，龍王！有諸眾生求於小乘，欲得福田，覓聖人中，捨布施報福德供養，如是因緣自願力故來生龍中。

「復次，龍王！有諸眾生嫉妬慢故，彼業因緣來生龍中。

「復次，龍王！有諸眾生多起憍慢，饒於語言，以彼自業來生龍中。

「復次，龍王！有諸眾生不信佛、法、僧寶，又不供給和上、阿闍梨及餘大德，又不供養父母二親，於中種種瞋忿、毒心、愛憎、憍慢、癡因、緣故，於福田中邪錯行故，以是業緣來生龍中。

「復次，龍王！有諸眾生種種癡慢，惡業力多，福德力少，心怖畏故願生龍中。

「復次，龍王！有諸眾生妄語、兩舌、惡口無慈，此三業緣故而生龍中。」

佛言：「龍王！以此十種業因緣故，來龍中生。

「復次，龍王！復有三業因緣而生龍中。何等為三？有諸眾生，堅固惡業造身口意，彼業熟故生地獄中經無量劫，受大極苦難得解脫，雖免大業，小業未盡生於龍中，或畜生中，或餓鬼中，以此三惡業因緣故來生龍中。」

時，娑伽羅龍復白佛言：「如是，世尊！而此龍中，或有諸龍所受樂報猶如諸天，或有餘龍受樂如人，有如餓鬼、如畜生者，或有餘龍如地獄中受大辛苦。」

說是事已，時，娑伽羅大龍王子名青蓮華面，前白佛言：「世尊！我何惡業罪因緣故來生龍中，身大端正，所有色觸或復衣裳及坐臥處，於一切時，我身受用猶如火燒，常無衣服赤體而行？如我父王樂受最勝，如轉輪王果報不異？」

佛言：「華面！諦聽！諦聽！善思念之。今當為汝說於本事。乃往過去三十一劫，有佛世尊名曰尸棄、多陀阿伽度、阿羅訶、三藐三佛陀。時，彼世中有王名曰裴多富沙，彼富沙王於三月中供養彼佛，并及無量百千須陀洹、斯陀含、阿那含、阿羅漢，并大菩薩摩訶薩眾，以種種衣服、飲食湯藥而供給之，至心聽法。既聞法已，即發阿耨多羅三藐三菩提心。如是三月設供養已，彼富沙王為尸棄佛及餘眾僧造立寺舍，施種種衣、飲食、湯藥、床臥、被褥，具足豐饒。彼富沙王第一太子名裴多娑樹帝，彼娑樹帝見佛聞法，於流轉中生大怖畏，從父王邊禮拜諮啟，請欲就佛，願求出家。王報子言：『欲往隨意，任汝出家。』既出家已，又白父言：『我欲父王寺上停止。』富沙王言：『亦隨汝意，住彼寺中。』

「時，尸棄佛眾僧弟子，在彼寺中坐臥受用，敷噉飲食，彼富沙子裴多樹帝妬嫉心生，忿彼舊住佛弟子眾，恒瞋罵之。時彼眾僧被瞋罵已，悉皆離寺，彼娑樹帝見僧去已，生歡喜心，即自念言：『彼去者好，我大安隱。』眾僧去已，時娑樹帝恣用寺內衣服、飲食，有餘人來即不聽住。彼娑樹帝具造如是諸惡業已，命終之後生大地獄中，經無量千萬那由他歲受諸火燒。地獄得脫，生餓鬼中，復經無量百千萬歲而受辛苦。餓鬼中死，還墮地獄，脫地獄已，生餓鬼中，如是經由三十一劫。汝等諸龍！諦聽諦受，其娑樹帝於流轉中，具足如是受諸辛苦。」

佛言：「華面！彼娑樹帝者豈，異人乎？即汝身是也。乃往過去惡業因緣故，生大地獄、餓鬼、畜生，輪轉受苦，經是三十一大劫中，備受眾苦未曾暫捨，餘殘業故來生龍中，受是惡報。」

時，華面龍聞是語已，大聲啼哭，舉身自投，四支布地，禮拜白佛，作如是言：「我今至心從佛懺悔，我大癡惑大慢愚曚，不解方便差別好惡，造是罪業，低頭合掌至心發露，不敢覆藏。如來世尊！我今至誠入於骨髓，歸佛歸法歸比丘僧，從今發意乃至壽盡，於是時中作優婆塞。」

佛言：「善哉！善哉！善男子！汝今有於地獄、餓鬼惡道業報，如是至心歸依我者，得盡彼業；此中死已，值彌勒佛，得於人身，於彌勒佛法中出家，證羅漢果。」

佛言：「華面！莫更狐疑，時彼裴多富沙人王，於三月中以種種資生供養尸棄如來及諸菩薩聲聞眾故，今得此報，受娑伽羅大龍王身猶如天樂，三十一劫不生三惡，常生天人受如是報。彼亦為於阿耨多羅三藐三菩提行因緣故，來此龍中願欲得生。」說是語時，一切諸龍皆大懊惱，悔往先咎，悉於佛前至心供養。

爾時，眾中有一盲龍，名曰頗羅機梨耆，舉聲大哭作如是言：「大聖世尊！願救濟我！願救濟我！諸佛慈悲憐愍一切，我今身中受大苦惱，日夜常為種種諸蟲、小蛇、蝦蟇之所唼食，居熱水中無暫時樂。」

佛言：「梨耆！汝過去世於佛法中曾為比丘，毀破禁戒內懷欺詐，外現種種善相威儀，廣貪眷屬弟子眾多，名聲四遠莫不聞知。彼諸弟子如是說言：『我和上得阿羅漢果。』以是因緣多得供養，得供養已，獨受用之，見持戒人反惡加說。彼人懊惱，如是念言：『世世生中願我所在食汝身肉。』如是惡業死生龍中，是汝前身，眾生願故食噉汝身，惡業因緣得此盲報，住熱水中。又於過去無量劫中，在融赤銅地獄之中，常為諸蟲之所食噉。」

爾時，龍眾聞此語已，憂愁啼哭作如是言：「我等今者，皆悉至心咸共懺悔，願令此苦速得解脫。」

爾時，如來出金色手摩彼龍面，作如是言：「汝等諦聽，我於過去曾作國王，名曰善眼。是時有一盲婆羅門來，從我乞求索一眼，我時歡喜兩眼皆與。若我此言誠不虛者，令汝梨奢清淨眼生，一切諸罪悉皆除盡。」即說呪曰：

多經吔　斫芻佉婆　娑蘭那佉婆

tadyathā cakṣukhaba saraṇakhaba

羯磨佉婆　阿難闍那　毘囉闍佉破

karmakhaba ananjanaṃ birajakha

蘭多若摩　尼婆羅那都夜

raṇtajñama ṇivaraṇatroya

阿鞞栴陀羅　樹低　頻頭輸第

ahicantra śuci bintuśuddhe

吃利波輸第頻羅輸第　阿誓　多誓　多隸　多隸

kṛpaśuddhe phalaśuddhe aje taje tale tale

婆細陀索繼陀索繼嗚盧羅避

vahidhasakedhasakeorūrabi

摩訶*嗚盧羅避　帝腹阿邏多那婆羅帝莎呵

mahāorūrabi tipuaratnaprati svāhā

爾時，世尊說此實淨眼陀羅尼已，彼梨耆龍得清淨眼，餘五萬三千龍亦得淨眼，及餘八十四那由他夜叉、鳩槃茶、餓鬼、薜荔多、毘舍遮、人、非人等，罪垢消滅，皆得淨眼。

爾時，善德天子向佛合掌，而說偈言：

看彼十力世導師，能使諸龍眼清淨，

今生若不得值佛，諸失眼者常盲冥。

爾時，世尊告長老憍陳如：「汝可持此淨眼陀羅尼呪。若有眾生過去惡業，於今現在或當來世，或四大病、或惡人呪、或因毒藥，以此緣故即便失目。如是眾生，應當誦此淨眼陀羅尼，自悔過去所造惡業，於諸眾生起大慈悲，至心念佛捨於餘事，七七日中，晝夜六時以手拭眼，以是因緣得清淨眼。

「若有眾生，於過去世作諸惡業，或毀於法，或謗聖人，於說法者為作障礙，或抄寫經洗脫文字，或損壞他眼，或暗蔽他，此業緣故今得盲報。如是重惡業因緣故，七七日中不得差者，應當抄寫此陀羅尼，至心誦持，悔過彼業。復以海沫、甘草、呵梨勒、阿摩羅、毘醯羅此五種藥擣末蜜和，盛著舊龜甲中，以久年蘇火上煎已，誦此陀羅尼一千八遍以呪此藥，用塗眼上。捨諸緣事，七七日中念佛、造像，至心發願。時彼眾生惡業消盡，得清淨眼。若有財者，并營寺舍，隨力所辦布施資生。如是一切惡業皆盡，於當來世無量生中，常不失眼。」

爾時，一切諸龍眾等作如是言：「南無南無大悲世尊，能施三世眾生利益，失眼得明，一切惡業清淨無垢。」

爾時，有龍名曰青色，大聲唱喚而說偈言：

世尊能除諸罪垢，猶如大河洗一切，
悉知眾生種種行，是故稱佛眾中尊。
我所居停住澤中，大野枯泉無有水，
熱風吹身劇於火，形體屋舍臭難堪；
八千億年住於彼，曾無一日受歡樂，
常為眾生所食噉，眷屬大小悉皆然。

爾時，世尊說偈答言：

若有眾生造諸罪，而復修營於福德，
建立寺舍施鍾鈴，種種飲食供養僧，
以此雜福因緣故，在所生中隨業受。
造惡苦辛如地獄，施食快樂似天堂，
或復來生於龍中，緣彼善業因緣故。
於龍頭中自然出，希有如意妙寶王，
所欲念者皆隨意，種種果報皆悉具。

雖處枯泉及旱澤，能出上妙清流水，
清淨虛空布密雲，地平如掌泉池湧，
行住坐臥所在處，皆能應念生諸水。
若有一切諸眾生，雖復能得於人身，
備造種種罪惡業，不能供養於三寶，
死後眾苦皆聚集，地獄餓鬼具受之。
設復得為龍王身，所有眷屬并妻子，
貧窮饑餓諸熱惱，頂上無有如意寶，
居住空澤多毒蟲，枯涸常乾無有水。
如是皆由過去世，曾於佛法作比丘，
或見蘭若苦行人，嫉妬慳心惜飲食，
遠客比丘來寄止，瞋忿懷怒心不喜，
檀越平等施飲食，於中遮止便罵詈。
設有清淨好流水，屎尿糞穢滿其中，

所有居住行坐處，一切臭穢皆不淨，
或有清淨持戒者，如是見已皆遠離。
若有餘處好人聞，無心欲來於此者，
彼人惡業因緣故，死墮地獄無量世，
灰河沸屎燒赤銅，無量億年受楚毒。
如是餓鬼中饑渴，生曾不聞漿水名，
餘報復生龍道中，具足多年受辛苦。
雖得龍身常饑餓，在所生處空無水，
或在枯澤惡焦山，絕水常乾無飲食，
死已數入地獄中，大火熱惱充遍身。
在彼經於無量歲，如是循還餓鬼中，
自非修禪能救濟，禮拜供養佛如來。
持戒智慧學多聞，精進捨於慳慢想，
妬嫉毒心最為惡，此業因緣須斷除，

憶念死時受是殃，決定無疑早懺悔。

爾時，如來說是偈已，彼龍眾中二十六億諸餓龍等，念過去身，皆悉雨淚，作如是言：「唯願哀愍救濟於我！大悲世尊！我等憶念過去世時，於佛法中雖得出家，備造如是種種惡業，以惡業故，經無量身在三惡道；亦以餘報故，生在龍中受極大苦，如青色龍我亦如是。」

爾時，世尊語諸龍言：「汝可持水洗如來足，令汝殃罪漸得除滅。」時，一切龍以手掬水，水皆成火變作大石，滿於手中生大猛炎，棄已復生如是至七。一切龍眾見如是已，驚怖懊惱啼泣雨淚。

佛告諸龍：「汝造罪業得是惡報，修善業人受於好果，我今教汝說真實誓：『若佛導師憐愍一切，於諸眾生平等無二，此言不虛，願我諸龍火炎時滅。』」作是誓已，火炎皆滅。

時，餓龍等乃至八過，以手捧水洗如來足，至心懺悔：「我從今日更不造惡。」如是懺已，各白佛言：「如來大慈！願救濟我！」

佛言：「諸龍！汝此惡業有餘未盡，彌勒佛世當得人身，值佛出家，精進持戒，得羅漢果。」

時，諸龍等得宿命心，自念過業，啼泣雨面，各如是言：「我憶往昔於佛法中，或為俗人親屬因緣，或復聽法來去因緣，所有信心，捨施種種華果飲食，共諸比丘依次而食。」或有說云：「我曾喫噉四方眾僧華果飲食。」或有說言：「我往寺舍布施眾僧，或復禮拜，如是喫噉。」或復說言：「我毘婆尸如來法中曾作俗人。」或復有說：「我尸棄佛如來法中曾作俗人。」或復有說：「我毘葉婆如來法中曾作俗人。」或復有說：「我迦羅拘村馱佛法之中曾作俗人。」或復有說：「我迦那迦牟尼佛法之中曾作俗人。」或復有說：「我迦葉佛如來法中曾作俗人。」

或復有說：「我釋迦牟尼佛法之中曾作俗人，或以親舊問訊因緣，或復來去聽法因緣，往還寺舍。有信心人供養僧故，捨施華果種種飲食；比丘得已，迴施於我，我得便食。彼業因緣，於地獄中經無量劫，大猛火中或燒或煮，或飲洋銅，或吞鐵丸；從地獄出，墮畜生中；捨畜生身，生餓鬼中，如是種種備受辛苦。惡業未盡，生此龍中常受苦惱，熱水爛身、熱風吹體，熱沙熱土熱糞熱灰，食入口中變成銅汁，或作鐵丸。於一切時，所食之物，入口口焦，入咽咽爛，入腹腹然，直過墮地，遍體穿穴。受如是苦不可堪忍，惟願如來慈哀救濟。」

佛告諸龍：「此之惡業與盜佛物等無差別，比丘逆業其罪如半，然此罪報受未盡故，難可得脫。汝等今當盡受三歸，一心修善，以此緣故，於賢劫中值最後佛，名曰樓至，於彼佛世罪得除滅。」一時諸龍等聞是語已，皆悉至心盡其形壽，各受三歸。

時，彼眾中有盲龍女，口中膖爛，滿諸雜蟲，狀如屎尿，乃至穢惡，猶若婦人根中不淨，臊臭難看，種種噬食，膿血流出，一切身分常為蚊虻、諸惡毒蠅之所唼食，身體臭處難可見聞。

爾時，世尊以大悲心見彼龍婦眼盲困苦，如是問言：「妹何緣故得此惡身，於過去世曾為何業？」

龍婦答言：「世尊！我今此身，眾苦逼迫無暫時停，設復欲言而不能說。我念過去三十六億於百千年生惡龍中受如是苦，乃至日夜剎那不停，為我往昔九十一劫於毘婆尸佛法之中作比丘尼，思念欲事過於醉人，雖復出家不能如法。於伽藍內敷施床褥，數數犯於非梵行事，以快欲心生大樂受，或貪求他物多受信施。以如是故，於九十一劫常不得受天人之身，恒三惡道受諸燒煮。」

佛又問言：「若如是者，此中劫盡妹何處生？」

龍婦答言：「我以過去業力因緣生餘世界，彼處劫盡，惡業風吹，還來生此。」時彼龍婦說此語已，作如是言：「大悲世尊！願救濟我，願救濟我！」

爾時，世尊以手掬水，告龍女言：「此水名為瞋陀留脂藥和，我今誠實發言語汝，我於往昔為救鴿故棄捨身命，終不疑念起慳惜心。此言若實，令汝惡患悉皆除差。」

時，佛世尊以口含水，灑彼盲龍婦女之身，一切惡患臭處皆差。既得差已，作是說言：「我今於佛乞受三歸。」是時，世尊即為龍女授三歸*依。

時彼眾中復有一龍，種種臭惡，一切諸蟲滿其口中及咽喉內，膿血流出，有見聞者皆悉捨去。時佛見已，即便問言：「善男子！汝於過去作何惡業受如是報？」

彼龍張口，於其口內出種種蟲，膿血流溢猶如熱火，雖復張口，竟不能言，即還閉口。爾時，世尊即為彼龍而說偈言：

汝以過去盜因緣，輕戲聖人受是報；
至誠聽我此實言，即得清涼滅諸苦。

爾時，世尊說實語已，即以少水瀉龍口中，火及蟲膿悉皆滅盡。龍口清涼，作如是言：「大聖如來！我憶過去迦葉佛時，曾作俗人在田犁地。有一比丘，來從我乞求五十錢，我時報言：『聽待穀熟，當與汝食。』比丘復言：『若當五十不可得者，願乞十文。』我於爾時瞋彼比丘，而語之言：『乃至十錢亦不相與。』時彼比丘心生懊惱。又於餘時，往寺舍中入樹林下，輒便盜取現在僧物、十菴羅果而私食之。彼業因緣，地獄受苦；惡業未盡，生野澤中作餓龍身，常為種種諸蟲食噉，膿血流溢，饑渴苦惱。又彼比丘，以瞋忿心惡業緣故，死便即作小毒龍身，生我腋下唼於我血，熱氣觸身不可堪忍，是故我身熱膿血滿。」

龍白佛言：「大悲世尊！唯願慈哀救濟於我，令我脫彼怨家毒龍。」爾時，世尊以手抄水，發誠實語，作如是言：「我曾往昔於饑饉世，爾時願作大身眾生，長廣無量，以神通力於虛空中唱如是言：『彼野澤中有大身蟲名曰不瞋，汝等可往取其身肉以為飲食，可得不饑。』時彼世中人、非人等，聞此聲已，一切悉往競取食之。」說是真實諦信語時，彼龍腋下小龍即出。

時，此二龍俱白佛言：「世尊！我等久近離此龍身，解脫殃罪？」

佛告龍言：「此業大重次五無間。何以故？若有四方常住僧物，或現前僧物，篤信檀越重心施物，或華或果或樹或園，飲食資生、床褥敷具、疾病湯藥一切所須，私自費用，或持出外，乞與知識親里白衣，此罪重於阿鼻地獄所受果報。是故汝等可受三歸，歸三寶已，乃可得住於冷水中，如是三稱三受，身即安隱得入水中。」

爾時，世尊即為諸龍而說偈言：

寧以利刀自割身，支節身分肌膚肉，
所有信心捨施物，俗人食者實為難。
寧吞大赤熱鐵丸，而使口中光焰出，
所有眾僧飲食具，不應於外私自用。
寧以大火若須彌，以手捉持而自食，

其有在家諸俗人，不應輒食施僧食。
寧以利刀自屠膾，身體皮膜而自噉，
其有在家諸俗人，不應受取僧雜食。
寧以自身投於彼，滿室大火猛焰中，
其有在家俗人輩，不應坐臥僧床席。
寧以火熱炎鐵錐，拳手握持便焦爛，
其有在家俗人等，不應私用於僧物。
寧以勝利好刀枯，而自臠切其身肉，
勿於出家清淨人，發起一念瞋恚心。
寧以自手挑兩眼，捐棄投之擲於地，
其有習行善法者，不應懷忿瞋心視。
寧以熱鐵鍱其身，東西起動行坐臥，
不應瞋忿心妬嫉，而著眾僧淨施衣。
寧飲灰汁鹹鹵水，熱沸爍口猶如火，

不應懷貪毒惡心，服食眾僧淨施藥。

爾時，世尊說此偈已，一萬四千諸龍眾等悉受三歸，所有過去現在業報諸苦惱中而得解脫，深信三寶，其心不退。復有八十億諸龍眾等，亦於三寶起歸敬心。

爾時，世尊告憍陳如：「汝觀此等諸惡眾生自誑其心，或以怖畏貧窮因緣，或於惡道生於恐畏，修行善法，或作比丘，所得種種資生之具，皆是信心檀越所施。而是眾生或自食噉，或與他人或共眾人，盜竊隱藏私處自用，如是業故墮三惡道，久受勤苦。復有眾生，*貧窮下賤不得自在，是故出家，望得富饒解脫安樂。既出家已，懈怠嬾墮不讀誦經，禪慧精勤捨而不習，樂知僧事。

「復有比丘晝夜精勤，樂修善法讀誦經典，坐禪習慧不捨須臾，以是因緣，感諸四輩種種供養。時知事人得利養已，或自私食或復盜與親舊俗人，以是等緣久處惡道，出已還入，如是愚瞑，不見當來果報輕重。我今戒勅沙門弟子，念法住持，不得自稱我是沙門真法行人，猗眾僧故。他信施物，或餅或果或菜或華，但是眾僧所食之物，不得輒與一切俗人，亦不得云此是我物，別眾而食。又亦不得以眾僧物貯積，興生種種販賣，云有利益，招世譏嫌。又亦不得出貴收賤，與世諍利。又亦不得為於飲食及僧因緣，使諸眾生墮三惡道。應須勸引安善法中，令比丘眾真信三寶，攝諸眾生乃至父母，令得安隱置三解脫。」

大方等大集經　卷第四十五

隋天竺三藏那連提耶舍譯

日藏分護塔品第十三

爾時，長老阿若憍陳如白佛言：「世尊！此日藏修多羅長夜照明，說一切龍惡業果報不可思議，復說菩薩真實行法。」

佛言：「如是！如是！憍陳如！此四天下有大支提聖人住處，若有眾生精勤方便坐禪正慧，當知此處則為不空，如是福地則為流布日藏法寶。何者名為大支提處？此閻浮提內王舍城中，聖人處所大支提者，乃是過去無量如來、無量菩薩、無量緣覺、無量聲聞，曾於其中修道滅度，今悉現有，當來亦然。過去諸佛菩薩聖人，皆以付授婆婁那龍，令使擁護住持安立。我今亦欲令此處所光明久住，還以付囑婆婁那龍。若有眾生能護我法，精勤方便坐禪正慧，諸富伽羅應常守護供給供養。」
　　爾時，婆婁那龍王作如是言：「如是！如是！如世尊教。往昔過去迦羅鳩村馱應、正遍知，亦以此處令我守護供給供養，精勤方便、坐禪正慧，修善法者為作檀越，我於爾時供給守護乃至法滅。次復有佛，名拘那迦牟尼乃至迦葉，亦以此處付囑於我守護供養，我於爾時供給守護，乃至法盡亦復如是。彼佛法中或有弟子，不受奴婢、僮僕、田地，以清淨心精勤苦行，如是一切我皆守護。今日如來，復以此處付囑於我住持守護。」
　　爾時，世尊復以西瞿耶尼須彌山下，何羅闍低羅山中聖人處所名曰雲盡，付寶護龍王。時，寶護龍白佛言：「世尊！如是！如是！如世尊教。過去迦羅鳩村馱如來，亦以此雲盡聖人住處付囑於我，我於爾時守護此處，及佛弟子如法行者，乃至法滅。」
　　爾時，世尊復以東弗婆提須彌山下，青鴦伽那山中支提聖人住處名聖人生，付蘇摩呼嚧叉龍王。時，彼龍王白佛言：「世尊！如是！如是！如世尊教。」
　　爾時，世尊復以須彌山下北脇之間，華齒山中支提聖人住處名香峯牟尼，付毘昌伽蘇脂龍王，乃至清淨法行比丘亦皆付囑。時，彼龍王作如是言：「如是！如是！如世尊教，過去迦羅鳩村馱如來，亦以此香峯聖人住處付囑於我，及法行比丘守護供養，乃至迦葉如來，亦復如是。今日如來，又以香峯支提處所付囑於我，我當守護。」

佛言：「善哉！善哉！汝大龍王！如是能護我法，住持法母，汝是我伴，大善知識如法檀越，一切眾生依於我法，國土久住利益照明。」

爾時，世尊復以西瞿耶尼洲中那焰牟尼聖人處所，付囑瞿娑嵐婆龍王，乃至法行弟子，守護供養亦復如是。復以東弗婆提洲中昵迦羅陀蓮華牟尼聖人住處，付囑婆私摸極叉龍王，乃至法行弟子，守護供養亦復如是。復以北欝多羅越洲中香峯炎聖人住處，付囑地行龍王，乃至法行弟子，守護供養亦復如是。復以大海之中娑伽羅龍王宮摩尼藏炎牟尼聖人住處，付囑娑伽羅龍王，乃至供養亦復如是。復以須彌山頂帝釋住處開華藏殿牟尼聖人住處，付囑伊羅跋羅龍王，守護供養亦復如是。復以此閻浮中難陀婆陀那大德聖人牟尼住處，付囑閻浮迦龍王守護供養亦復如是。復以此閻浮中鞞奢利善住牟尼聖人住處，付囑婆須吉龍王，守護供養亦復如是。復以此閻浮中迦毘羅婆須都善香迦那迦燈牟尼聖人住處，付囑阿那婆達多龍王，守護供養亦復如是。

復以閻浮提中摩伽陀國毘富羅朋迦牟尼聖人住處，付囑山德龍王，守護供養亦復如是。復以閻浮提中摩偷羅國名愛雲炎牟尼聖人住處，付囑閻婆迦質多羅龍王。復以閻浮提中憍薩羅國名闍耶首馱牟尼聖人住處，付囑吃利彌迦龍王。復以閻浮提中蘇波洛罽薩遮牟脂鄰陀羅名香牟尼聖人住處，付囑牟脂鄰陀羅龍王。復以閻浮提中乾陀羅國名大利舍那若摩羅牟尼聖人住處，付囑伊羅跋多羅龍王。復以閻浮提內罽賓國中名宮宮摩尼佉牟尼聖人住處，付囑吁留邏龍王。復以閻浮提中菴浮利摩國名億藏炎牟尼聖人住處，付囑邏浮邏龍王。復以閻浮提中震旦漢國名那羅耶那弗羅婆娑牟尼聖人住處，付囑海德龍王。復以閻浮提內于闐國中水河岸上牛頭山邊近河岸側，瞿摩婆羅香大聖人支提住處，付囑吃利呵婆達多龍王，守護供養。

此大支提皆是過去大聖菩薩、大辟支佛、大阿羅漢，得果沙門、五通神仙諸聖住處。是故過去一切諸佛次第付囑，欲令流轉，怖畏眾生增長善根，得菩提故。

如是十方無量無數阿僧祇剎過去諸佛及諸菩薩，皆住於彼大支提處常加守護，令諸眾生惡業盡故。於未來世無量無邊阿僧祇剎諸佛、菩薩摩訶薩、聲聞、緣覺，亦復住此二十大支提，常加守護，令諸世間增福德故，一切眾生惡業盡故。

復次，一切菩薩摩訶薩，一切辟支佛，一切阿羅漢、得果沙門，一切五通神仙聖人，於此二十聖人住處大支提中常加護持，一切眾生福德增故，一切眾生惡業盡故。

「如是過去一切聖人，付囑如是二十支提。我今付囑亦如前佛，欲令一切流轉海中，怖畏眾生得安樂故，堅固護持不散壞故。」一時，一切龍受佛付囑二十支提聖人處已，作如是言：「大聖世尊！我等諸龍多於障礙，貪嗜睡眠如癡無異，一夜睡眠當於人中二十一年，如是我等睡猶不覺，或有惡人及非人等，或水、或火毀壞支提。我等或睡、或食飲時，或復喜歡為世欲事，如此因緣，此之惡事則不能却，是故我於一切過去、現在、當來佛法之中成諸不善。」

爾時，世尊告二十八夜叉將言：「我今持此聖人住處付囑於汝，此二十支提福德住處，好加愛敬精心護持。」一時，二十八夜叉將言：「敬順佛教，二十支提如來付囑豈敢不持，但瞿摩娑羅香山一處，我難受取。」

時，祇利呵婆達多龍王即白佛言：「世尊！如來今者，以于闐國牛角峯山瞿摩娑羅乾陀牟尼大支提處，付囑於我，然彼國土城邑村落悉皆空曠，所有人民悉從他方餘國土來，或餘天下或餘剎中菩薩摩訶薩、大辟支佛、大阿羅漢，得果沙門、五神通人坐禪力故，向彼供養，瞿摩娑羅舊無眾生，一切來者皆是他國。世尊！此二十八諸夜叉將不肯護持，我今怪此。所以者何？以彼不護我等諸龍得於惡名。」

佛言：「龍王！莫如是說，何以故？今有二萬大福德人見於四諦，從沙勒國而往彼住。以彼二萬福德眾生有大力故，於此瞿摩娑羅香山大支提處，日夜常來一切供養。龍王！當知如是之時恒不饑乏。又，迦葉佛時，彼于闐國名迦邏沙摩，國土廣大安隱豐樂，種種華果眾生受用，彼國多有百千五通聖人世間福田，依止其中係念坐禪，樂阿耨多羅三藐三菩提。以其國土安隱豐樂，彼土眾生多行放逸貪著五欲，謗毀聖人為作惡名，以灰塵土坌彼聖人。時諸行者受斯辱已，各離彼國散向餘方。時彼眾生見聖人去，心大歡喜，是因緣故，彼國土中水天、火天皆生瞋忿，所有諸水、河池、泉井一切枯竭，時彼眾生無水火故，饑渴皆死，是時國土自然丘荒。」

佛告龍王：「我今不久往瞿摩娑羅牟尼住處，結加七日受解脫樂，令于闐國於我滅度後一百年，是時彼國還復興立，多饒城邑郡縣村落，人民熾盛皆樂大乘安隱快樂，種種飲食及諸果華無所乏少。」

時，僧兒耶大夜叉將白佛言：「世尊！如是！如是！」

佛言：「大夜叉將！汝憶過去久遠事不？」

僧兒耶言：「我念往昔迦葉佛時，此牛角山聖人住處，迦葉如來亦於彼處七日結加受解脫樂，過七日已從禪定起。我時到彼瞿摩娑羅香*牟尼住處，禮拜供養。彼迦葉佛，亦以平等法行比丘，精勤方便、坐禪正慧、修善法者，付囑於我。」

時，祇利呵婆達多龍王白佛言：「世尊！我誓於此瞿摩娑羅香大支提所常護不捨，乃至佛諸弟子法行比丘，精勤修善，不受畜者，我等守護，乃至法盡；或水，或火，或龍、夜叉，或鳩槃茶，彌勒佛時，瞋忿作惡，如是時中，非我所護。」

佛言：「善哉！善哉！龍王！若能如是發至誠心加護我法，住持法母，令法久住，是我真伴，是好檀越。」

是時，座中有六十億菩薩摩訶薩，并及十方餘佛剎中一切菩薩，皆悉來集娑婆世界，聽於日藏大授記經。聞已，一切同白佛言：「如是，世尊！我等從今常來於此四天下中牟尼住處，禮拜供養，持種種華、種種幡蓋、種種金銀而以奉散，亦復持此日藏授記惡業盡陀羅尼，如佛所說，廣為一切眾生而宣說之。我今為利自身他身惡業盡故，行菩提道滿足六度；今此眾中有多億魔，及於無量阿僧祇天、龍、夜叉、阿修羅、迦樓羅、緊陀羅、摩睺羅伽，悉在此會圍繞世尊。惟願如來，以此二十牟尼聖人住處普皆付囑，莫遣當來魔天、龍王、夜叉、羅剎，及緊陀羅、阿修羅等生於異心，於此二十大支提處空無守護，令彼惡人及非人等欲興破毀。」

佛言：「善哉！善哉！善男子！汝莫怖畏。何以故？過去諸佛亦以此處付囑一切龍王、夜叉。我亦如是，以此二十大支提處，付囑諸龍及夜叉眾。所以者何？未來眾生多在八難，欲令彼等惡業盡故，薄慢心故，樂涅槃故，乃至資生所須飲及夜叉等。

食湯藥無所乏故，風雨順時華果茂盛，五穀熟成常安樂故，以是因緣，付囑諸龍

「於未來世一切諸佛，亦於二十大支提處林樹經行、坐禪、苦行，得阿耨多羅三藐三菩提，轉於法輪，乃至涅槃安置塔廟，及佛弟子法行比丘，四果聖人亦於彼住。一切天人皆於彼處禮拜供養，多生功德起涅槃道。彼佛世尊亦以二十大支提處及諸弟子，付囑龍王及夜叉等令加守護。

「善男子！我今為汝說，一切惡心眾生悉得歡喜，亦得生於諸三昧力，亦除一切惡邪煩惱，大授記陀羅尼呪。此陀羅尼，過去、未來一切諸佛加助隨喜，此呪能令惡心眾生得柔軟故，教修一切諸福德故，令習惡人心歡喜故，一切福德皆成就故，種種大願達彼岸故，大智慧中安隱住故，得大聞持陀羅尼故，大方便智得究竟故，一切怨家生歡喜故，能除一切諸災患故，出大難故，離怖畏故，辦大事故，大諦見故，得大忍故，大智海中深遠入故，得四神足三摩跋提，能除一切諸惡見故，乃至能了阿耨多羅三藐三菩提故。」而說神呪：

多經吔阿摩　阿摩婆婆　阿摩波利婆婆

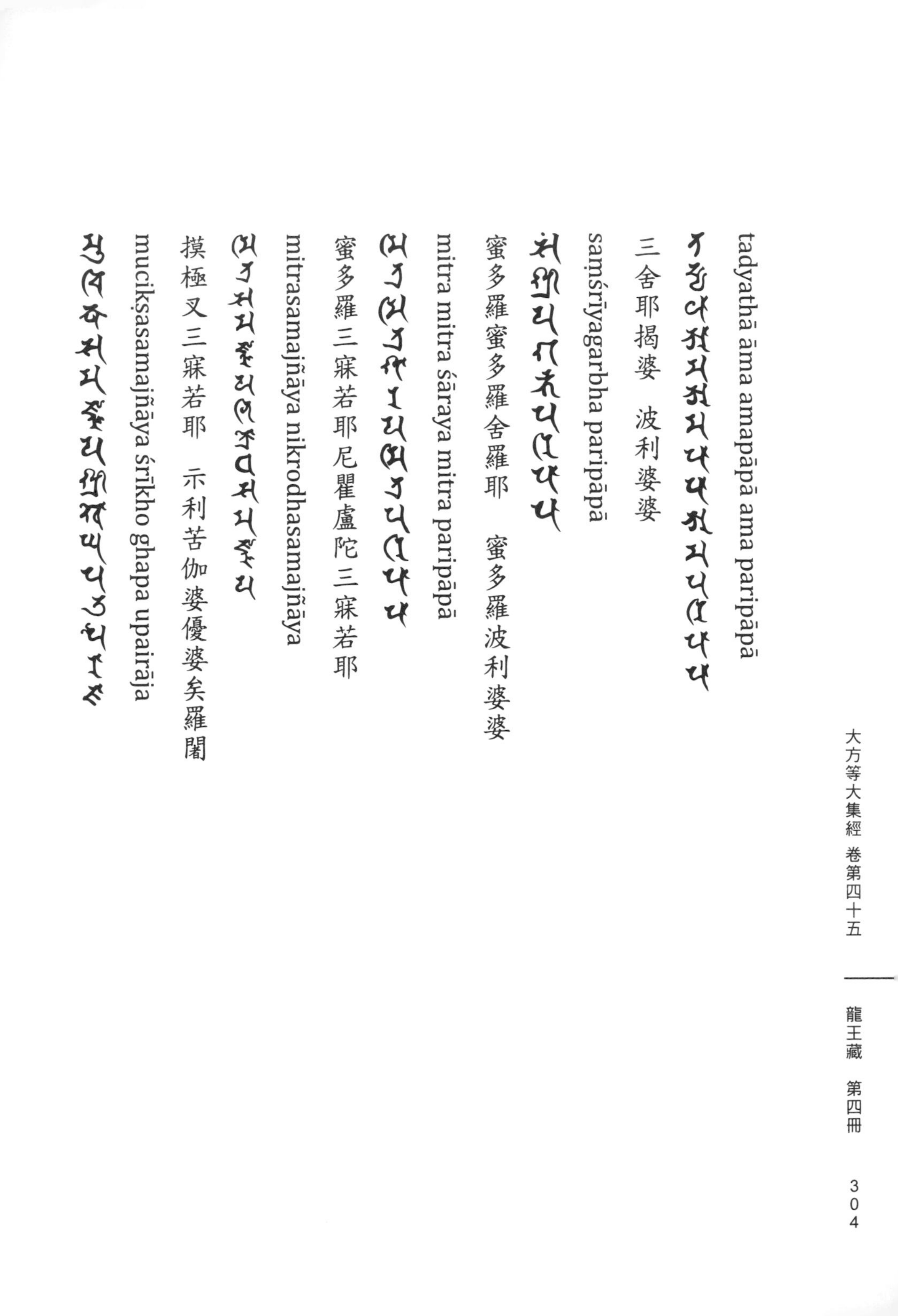

tadyathā āma amapāpā ama paripāpā

三舍耶揭婆　波利婆婆

saṃśrīyagarbha paripāpā

蜜多羅蜜多羅舍羅耶　蜜多羅波利婆婆

mitra mitra śāraya mitra paripāpā

蜜多羅三寐若耶尼瞿盧陀三寐若耶

mitrasamajñāya nikrodhasamajñāya

摸極叉三寐若耶　示利苦伽婆優婆矣羅闍

mucikṣasamajñāya śrīkho ghapa upairāja

毘那舍耶　三摩舍羅耶帝羅阿那　薄迦嵐摩

binaśayā samaśārayatirāna bhagrama

婆婆迦嵐摩示利地毘迦羅婆那三摩若那阿波婆伽

pāpāgrama śrídhivigrapana samajñāna apabaga

那羅夜那跋伽摩　薩婆多

narāyanabargama sarvata

他阿伽多地悉他那跋伽　莎呵

thāgatadhiṣṭhanabārga svāhā

爾時，世尊說是呪已，告大眾言：「此陀羅尼亦名賢面，一切諸佛之所加護，能生禪定三摩提，能盡一切諸惡，乃至能了阿耨多羅三藐三菩提。若今現在及未

來世，大支提處，若有餘眾，或魔或天，或龍、夜叉，或復羅剎，或阿修羅，或迦樓羅，或緊陀羅，或鳩槃茶、人及非人，或以水火種種惡事欲壞支提，汝等應念三世諸佛，念諸佛已於彼眾生起慈悲心，誦持如是大陀羅尼，令諸一切惡心眾生悉皆除滅。若諸魔王及人非人，於如來所心不樂者，悉生歡喜恭敬供養。」

時，佛神力令魔波旬於自宮內即得安住，自然得聞此陀羅尼，聞此呪已，即於佛所生歡喜心得大信心。得信心已，啼泣雨淚，集諸眷屬作如是言：「汝等一切諦聽！諦聽！我今於此大牟尼處，得大忍心不動如山。彼牟尼尊慈悲滿足，放大光明照一切龍、一切天人、一切修羅，我亦在彼於牟尼所興造諸惡，今欲懺悔、受三歸依。汝若曾於佛邊作惡，今可懺悔、受三歸依，我今共汝俱往見佛，禮拜供養至心聽法，斷煩惱魔入清淨道，離於怖畏到涅槃城。」

時，魔波旬，與其眷屬八十億眾，前後圍繞往至佛所。到已，接足頂禮世尊，說如是偈：

佛兩足尊世中勝，自得寂滅亦教他，
忍辱精進愍眾生，我等愚癡興惡意，

不知過去諸業行，惟佛世尊能了知。
芭藏國土內身中，令我心遠種種惑，
三世諸佛大慈悲，受我禮懺一切殃，
法僧二寶亦復然，至心歸依無有異。
願我今日所供養，恭敬尊重世導師，
諸惡永盡不復生，盡壽歸依如來法。

時，魔波旬說是偈已，白佛言：「世尊！如來於我及諸眾生平等無二，心常歡喜慈悲含忍。」

佛言：「如是！」

時，魔波旬生大歡喜，發清淨心，重於佛前，接足頂禮，右繞三匝，恭敬合掌，却住一面，瞻仰世尊心無厭足。

時，彼眾中有一魔子名加羅支，與其眷屬從座而起，到於佛前接足頂禮，長跪白佛，作如是言：「世尊！云何名眼？為眼是色因緣，為色是眼因緣？乃至意法因緣亦復如是。」

佛言：「善男子！非眼是色因緣，非色是眼因緣，乃至非意是法因緣，非法是意因緣。善男子！眼眼性空，眼識識性空。

「善男子！眼因緣眼識生，彼因緣故色可見，乃至意因緣意識生，彼因緣故法可知，非眼識可得。何以故？非餘處來、非餘處去。眼非常住，於三世中一切皆空。如是眼者亦非滿見，亦非滅見，非和合見，非相離見，亦非相觸，亦不依止。譬如日出光照一切，其有窓處，明焰皆入照於壁上，而是壁光不作是念、我暗、我明。此光非但獨在一壁及眾多壁，以因緣故有是光生。此壁及光，非合非離，因壁見光，而此壁光不作是念：日能生我；日亦不念：我生此光。何以故？日滅沒已光亦隨滅，去處、來處一切皆空無一可見，以日因緣故、能照耀見此光色，以光顯赫照耀因緣故得可見，於彼生識亦復如是。是內六入生外六入，亦外六入生內六入，外六入亦非因緣，內六入亦非因緣。何以故？彼此性離，亦非聚集，亦非和合，亦非依止，乃至內入、外入。彼和合識，亦非聚集，亦非和合，亦非依止。何以故？各不相持，境界離故。

「此法及識，智慧知見諸行因緣，行因緣故有識，而此識生則三種行。云何三行？身行、口行及以意行。

「云何身行？身行名為氣息入出，此名身行。彼息出入去來動作，彼此出入各不相識，新識若生舊識不住，體性爾故，非聚集故，亦非異故，於如如中各不相依。虛空平等，風行空中，風亦非空，空亦非風。何以故？彼此不觸，各非境界。彼二皆空亦不可說。何以故？相離相故，無增減故，不依此岸及彼岸故，第一義諦如如住故，此名身行。是故身行非識依止，亦非伴侶，非是和合，非是聚集，常不依止，相離相故，是識亦復非依止身，離和合故，此名身行。

「云何口行？口行二種，名為覺、觀。云何是覺？何者是觀？於出入息生二種心，思惟憶念是名為覺，乃至細心次生，如是漸除得清淨心，亦名為覺。是覺依止出入故生，生已即滅，根塵亦復不覺此彼，境界相相離故，性相無故，乃至不可說其長短此名為覺。何者是觀？若有人觀冷相觸身於是中行，或復熱相一切氣息皆猶於風。彼風因緣觀觸知者，此名為觀。各離境界彼此離相，乃至不可說其長短，是名覺觀。

「云何意行？意行名思。云何名思？知一切法，乃至能知時出入氣息、非時出入氣息，知此出息非彼入息，知彼入息非彼出息，差別悉知。如是思量，知行順相、非行順相，此則名為彼風依止，如是二種不可得說。云何是思？云何心相？乃至知行差別作已，入涅槃道過凡夫地，名出生死，於禪定中心能除却，此則名思。如是風者不去不來，彼思識中如是依止，眼如眼乃至意如意各不相觸，三受盡已，名為聖人。

「如是，善男子！非眼是色因緣，非色是眼因緣，乃至非意是法因緣，非法是意因緣。何以故？此二境界非遠非近，亦非聚集，亦非思量，亦非和合。何以故？不可說故，此岸彼岸中不依止故，依實際故。」

佛說此已，是時，魔子伽羅支二萬眷屬，曾於過去佛法之中，修行福德皆得順忍。復有無量無邊眾生，亦於過去殖眾德本，或得初禪乃至四禪，或有得於須洹果、斯陀含果、阿那含果，或有當來於小乘中為福種子，乃至當來辟支佛中得為種子，或復有發阿耨多羅三藐三菩提心。時彼眾中有六十頻婆羅龍，過去已來未曾值佛，今聞此法，皆發阿耨多羅三藐三菩提心。

時，此一切三千大千佛剎大地，六種震動、大動、遍動，一切十方諸來菩薩摩訶薩各得種種菩薩三昧，得三昧已，各以種種寶、種種衣、種種香、種種花，散於佛上供養如來，作如是言：「如是，世尊！不可思議。我從昔來未曾見聞如是大集說此三昧力陀羅尼，此即釋迦牟尼如來第二利益轉妙法輪，我等今者於此日藏大授記鞞富略修多羅一心奉持，為諸眾生廣分別說。」

是時，眾會魔天、龍王、夜叉、羅剎、阿修羅、迦樓羅、緊陀羅、摩睺羅伽、鳩槃茶、薜荔多、毘舍遮，現在集者悉如是說：「不可思議！釋迦如來能作如是利益眾生。」各大歡喜，以種種音樂、種種寶、種種衣、種種瓔珞、花鬘、燒香、塗香，從空而散供養如來。

是時，娑伽羅龍王白佛言：「世尊！惟願如來暫入海中，往我家內受我微供，憐愍我故。若佛如來至我宮者，我之眷屬一切皆得聞此日藏授記大陀羅尼。」時，娑伽羅龍王復白佛言：「世尊！彼大海中一切男女，若得聞此大乘日藏大授記經，專心聽者得幾許福？」

佛言：「龍王！若善男子，以四天下滿中七寶布施如來，復有眾生，具足聞此大乘日藏大授記經一心聽者，於前福德百倍不及，百千億倍不及，乃至算數所不能及。大王！若有聽是甚深經典，其福難量。」

爾時，娑伽羅龍王復作是言：「若佛世尊不入大海，我當抄此日藏授記大集經典置我宮中，以是因緣，於彼海中幾許諸龍福德增長。」

佛言：「龍王！隨所有處抄此日藏大授記經，如法安置恭敬供養，則能獲得十種利益。何等為十？若有人能如法抄寫此經一心供養，令其家內一切吉祥；若在眾中得大自在，五穀豐饒種種資生錢財寶物悉皆具足。

「復次，龍王！若有宅內，或復眾中抄此日藏大授記經抄已供養，於其處所，則有六十億菩薩摩訶薩，數來禮拜供養此經。以是因緣，種種惡事、鬪諍、疾疫、種種惡病，穀米貴儉、國土饑荒、他方賊盜、非時風雨一切皆滅。」

彼六十億菩薩摩訶薩白佛言：「世尊！我當種種擁護供給，令得稱心。」

「復次，龍王！若有家內或大眾中，抄此日藏大授記經，如法安置，彼帝釋天及諸梵天、四天王天，二十八大夜叉將并其眷屬，乃至大德天并其男女、娑羅娑陀天、牢固地天、善住樂天等，一切眷屬皆至其國，日夜至心常加守護與其安樂。」

時，帝釋天乃至善住樂天等，聞是語已，作如是言：「如是，如來！我及眷屬常當至心往護彼國。」

「復次，龍王！若有居家乃至國土抄寫此經，福德天下；於過去世供養多佛、布施、持戒如是之人，往彼受生。

「復次，龍王！若有居家乃至國土抄寫此經，其中眾生精進勇猛，不樂五欲，常行檀那波羅蜜乃至般若波羅蜜。

「復次，龍王！若有居家乃至國土抄寫此經，福田眾生常樂安住。

「復次，龍王！若有國土抄寫此經，其國常有種種善法如雨而下。

「復次，龍王！若有國土抄寫此經，其中眾生於十善業常行不捨。

「復次，龍王！若有國土抄寫此經，其中眾生常生慈心。

「復次，龍王！若有居家乃至國土抄寫此經，其中眾生常人、天生，不入惡道。大王！如是日藏大授記經，隨何國土如法抄寫，安置供養數數讀誦，具足得此十種利益。何以故？若有讀誦此日藏經，如說行者，彼福德聚於百劫中說不可盡。

「龍王！此日藏大集大授記經，如是甚深能滿大願，能大利益。」

說是經已，十方佛剎諸來菩薩到此三千大千世界娑婆國土大集聚會，并此菩薩摩訶薩眾，乃至魔王、天、龍、夜叉、羅剎、阿修羅、迦樓羅、緊那羅、摩睺羅伽、鳩槃茶、餓鬼、毘舍遮、富單那、人、非人等，隨分悟解滿足於心，皆大歡喜各設供養，僉然而住。

大方等大集經　卷第四十九　摘錄

高齊天竺三藏那連提耶舍譯

月藏分第十四令魔得信樂品第六

爾時，有一帝釋天王名曰火光，與大眾集在於會坐，白憍尸迦帝釋言：「憍尸迦！此魔波旬，為當欲令住於閑林，與第一義相應菩薩摩訶薩等得三昧故，勤作惱亂？為欲退彼三*昧故也？」時，憍尸迦答彼火光天帝釋言：「是魔波旬，於四天下一切處中，令諸眾生退失、留難善朋黨故，勤作惱亂；又令退失、留難檀波羅蜜，乃至般若波羅蜜故，勤作惱亂；復令退失天人種故、三種菩提故、增長三惡道故，勤作惱亂。魔諸眷屬亦復如是，為欲增長一切眾生大苦海故，勤作惱亂。」憍尸迦說是語已，于時一切諸來大眾，皆以慈心瞻視魔王。有諸菩薩摩訶薩等，慈愍勸諫魔王波旬。

是時，火光帝釋復與一萬帝釋天眾，悉共合掌向魔波旬作如是言：「大王！慶喜！慶喜！於三寶中應生信敬。」

是時，娑婆世界主大梵天王與六十億百千梵眾及四天王，慈心眼視魔王波旬，亦作是言：「慶喜！慶喜！汝魔波旬，若於三寶不得信敬，未來長夜有大損失，無所利益，墮諸惡道。」是魔波旬，為彼一切諸來大眾各各皆以慈心眼視，及諸菩薩摩訶薩等，釋天、梵天、護世四王勸諫之時，從座而起，合掌向佛，頭面禮足，而說偈言：

智者一向棄王位，以有煩惱嫉妬慢，
故令失壞勝善道，墜墮諸惡不善趣。
我以富貴狂因緣，於善導師多留難，
遮障眾生諸善業，初不見佛起瞋心。
世尊一向常忍辱，慈悲憐愍諸眾生，
等心一切已慢除，枯竭眾生煩惱海。
惟佛燒盡煩惱薪，能示人天解脫道，

令億眾生度有海，我盲無智入闇冥。
我今啟請諸大眾，願以慈愍助我等，
謝過如來住堅信，更不重起惱亂心。
我今一向護佛法，熾然光顯正法眼，
自捨所有貪妬慢，懺悔無餘諸罪業。
我今發大菩提心，及勸一切眾生等，
自修精進滿六度，置彼眾生於八道。
我為一一眾生故，顯說無量諸法門，
隨所能令入法城，如是勤勸一切眾。
未曾見有如此會，悉能淨信於三寶，
由我惡心被厭賤，故今捨之及眾過。
從今永住淨信心，願後更不被厭賤，
心與聖德常相應，不復造作眾惡業。

爾時，魔王說此偈已，即向佛所。到已禮拜，而說偈言：

我於世尊作留難，願以上忍見容恕，
救孤獨者受我懺，大智慈仁不懷瞋。

爾時，一切諸來大眾咸同一音，而白佛言：「婆伽婆！唯願容恕魔王波旬，魔今深信誠心懺悔，當持佛法熾然法眼，令世尊法久住於世，復使人天長夜當得利益安樂。」

爾時，世尊以偈答曰：

忍為世間最，忍是安樂道，忍為離孤獨，賢聖所欣樂。
忍能顯眾生，忍能作親友，忍增美名譽，忍為世所愛，
忍得富自在，忍能具端正，忍能得威力，忍照於世間，
忍得諸欲樂，忍能成工巧，忍力降伏怨，及以除憂惱。
忍得好容色，忍能具眷屬，忍招諸勝報，忍能*趣善道，
忍得人樂觀，忍能得妙好，忍能息諸苦，忍得壽命長，
忍得大梵王，忍得欲自在，忍得天帝釋，輪王具神通。
忍得人中主，忍力難降伏，忍得龍夜叉，修羅中自在。

忍能息諸怨，不害於眾生，忍能離偷盜，忍能捨婬欲，
忍能止妄語，兩舌綺惡言。忍能除貪瞋，及離邪見意，
忍力成施戒，精進及禪那，般若波羅蜜，能滿此六度。
忍能除諸惑，忍得羅漢樂，亦得辟支佛，及住無生忍。
忍能具十地，速得菩提道，忍於諸眾生，得為無上勝。
忍能降眾魔，及伏諸外道，忍能於世間，轉最無上輪。
忍令多眾生，枯竭三惡道，忍斷煩惱障，及能淨法眼。
忍授眾生記，三乘隨所求，忍能伏剛惡，夜叉羅剎等。
忍與種種人，授記最勝道，忍已降諸怨，亦能滅眾惡。
忍能息一切，非時暴風雨，忍能作大集，此諸所來眾。
我恕汝波旬，於我諸獷戾，但自謝己心，是我第一恕。
今於大眾前，證知勸誡汝，莫壞我所習，一切佛正法。

爾時，一切諸來大眾、天人、阿修羅、乾闥婆等，同聲歎言：「善哉！善哉！婆伽婆！如來常於一切眾生慈悲憐愍，以諸善法饒益安樂。魔王波旬常於

世尊起憎惡心、怨心、害心，與諸眾生為惡知識，於諸善法常作留難，令住不善。」

時，有梵天名曰威德，白不動大梵天王而說偈曰：

如空無邊亦無等，一切眾生所依住，
佛智如是不思議，於一切法到彼岸。
世尊有歎檀行處，憐愍一切眾生故，
以檀得為功德士，速能滿諸波羅蜜。
或有廣說戒忍進，及以禪那般若等，
世尊於此一一中，具足能顯於六度。
如來唯以禪定法，說能趣向菩提道，
是故常應樂住禪，速能證於大菩提。

爾時，復有一切梵王、諸帝釋王、諸餘天王、諸龍王、諸夜叉王、諸阿修羅王、諸伽樓羅王、諸緊那羅王、諸乾闥婆王、諸摩睺羅伽王、諸羅剎王、諸鳩槃茶王、諸餓鬼王、諸毘舍遮王等，從座而起向魔波旬，合掌而禮，作如是言：

「大王敬信敬信牟尼世尊，以此世尊解脫諸過，到於一切功德彼岸。慈悲憐愍諸眾生等，施一切樂覺了諸法，捨諸流轉住於彼岸。」又言：「大王！若有眾生，乃至一念深信如來，敬仰尊重，歎未曾有，以敬信故得作輪王，統四天下七寶具足，乃至得作帝釋天王、欲自在主魔王波旬、娑婆界主大梵天王，何況常能具信三寶！是故，大王！應捨魔見諸惡濁心，具足淨信，於生死流轉富貴自在，受諸果報後成正覺，能施眾生一切安樂，得為世間無上福田。」

爾時，魔王復與諸臣頂禮佛足，專心敬信牟尼世尊，慇懃懺謝。

爾時，世尊以偈告曰：

惡心姦慧汝當起，我常容忍天人證，

至心修行菩提道，汝當作佛無邊慧。

爾時，魔王極生淨信，即持無價摩尼寶鬘，無價咽瓔珞、臂瓔珞、脚瓔珞及以指印，奉獻世尊，合掌而禮，作如是言：「我昔於佛多作留難，為欲破壞正法眼目、斷三寶種、壞滅法炬。何以故？遠離善法迷惑心故。今於三寶深得敬信，本昔所作一切業障，今已懺悔；已發阿耨多羅三藐三菩提心，蒙得授記。唯願世尊，哀受我等摩尼寶鬘瓔珞指印。」爾時，世尊慈悲憐愍魔波旬故，即便受之。

爾時，魔王心生大喜，作如是言：「若佛所有聲聞弟子，比丘、比丘尼、優婆塞、優婆夷，若復餘人，宴坐閑林，與第一義相應住者，現在、未來若魔、魔子、魔婦、魔女，魔諸左右、男夫婦女，及依魔住所有眾生，若天天子、天婦、天女，天諸左右、男夫婦女，若龍龍子、龍婦、龍女，龍諸左右、男夫婦女，乃至迦吒富單那若子、若婦、若女，若諸左右、男夫婦女，嬈亂衰害取其精氣，氣噓其身，散亂其心，若奪衣服、飲食、湯藥，若教他奪、若奪其味，若以鼻嗅、若放臭氣，滿其住處，若復見彼住於閑林比丘、比丘尼、優婆塞、優婆夷及餘眾生修第一義者，若不勤作供給，供養衣服、飲食及以湯藥，我當令彼若魔魔子，乃至迦吒富單那左右男女，得頭病、眼病、耳病、腹病，如是等病之所逼惱，退失神通不復能得飛空遠逝，一切方所皆迷闇冥。」

魔王波旬作是語已，即說呪曰：

菴摩差叉戒反　喝囉摩差　菴摩摩囉差

oṃ mokṣahrīmokṣa oṃ mamarakṣa

𑖄𑖽𑖦𑖎𑖿𑖬𑖎𑖿𑖬𑖰𑖦𑖎𑖿𑖬𑖄𑖽𑖧𑖧𑖨𑖎𑖿𑖬

莫叉鞞闍婆帝　莫叉蘇兜帝

mokṣabijabati mokṣastuti

𑖦𑖺𑖎𑖿𑖬𑖤𑖰𑖕𑖤𑖝𑖰𑖦𑖺𑖎𑖿𑖬𑖭𑖿𑖝𑖲𑖝𑖰

阿婆羯簁　阿婆坻㮚　時那匙(上支反)那摩伽娑婆犀　頞囉棄摩那底㮚

apakṣi apadire jinadinamakaśapahi arakimanatire

𑖀𑖢𑖎𑖿𑖬𑖰𑖀𑖢𑖟𑖰𑖨𑖸𑖕𑖰𑖡𑖟𑖰𑖡𑖦𑖎𑖫𑖢𑖮𑖰𑖀𑖨𑖎𑖰𑖦𑖡𑖝𑖰𑖨𑖸

浮闍跋囉　坻泥阿佉嘍差摩佉跋彌

pūjapra tīni akaluṣa meghabati

𑖢𑖳𑖕𑖢𑖿𑖨𑖝𑖱𑖡𑖰𑖀𑖎𑖩𑖲𑖬𑖦𑖸𑖑𑖤𑖝𑖰

陀羅阿鞞斯囉佉鞞娑　牟達羅佉鞞

dharaabiśrakabesa mudrakabhyaḥ

𑖠𑖨𑖀𑖤𑖰𑖫𑖿𑖨𑖎𑖤𑖸𑖭𑖦𑖲𑖟𑖿𑖨𑖎𑖥𑖿𑖧𑖾

畢㮚剃毘　涅寐帝欝特迦　涅寐帝

pṛthivi nemitiudka nemiti

坻闍涅寐帝婆耶婆涅寐帝

tejanemiti bhayabhanemiti

阿迦奢妹羅　涅寐帝分示那囉夜拏　佉婆涅文支

ākāśamaira nemitipuṇṣṭinārayana kabānirmita

摩醯首婆囉涅文支　阿娑遮婆　涅文支

maheśvaranirmita aṣacavā nirmita

薩兜婆僧棄耶跋柘　涅文支

satvasaṃgheyabacā nirmita

鉢囉摩頞他　涅文支

paramārthanirmita

鉢囉伽拏　鉢囉頞他　涅文支

paragaṇaprārthanirmita

多婆跋囉多　涅目多

tavaprārthanimitta

鉢囉摩頞他　涅文支邏　蘇婆呵

paramārthanimitta svāhā

爾時，一切諸來大眾，於中所有惡行、惡心，於諸眾生無慈悲者，皆悉驚怖。

魔王波旬復作是言：「若有違我此教令者，當得如上眾病等惱。復次，世尊！我今攝護佛子聲聞伏諸惡行，不令現在及未來世作諸衰惱，能使世尊法眼久住，令三寶種不斷於世。」

爾時，世尊復讚魔言：「善哉！善哉！如是波旬！汝於長夜具大功德，無復諸惡一切衰惱。」

爾時，一切諸來大眾，諸天及人、乾闥婆等皆悉讚言：「善哉！善哉！魔王波旬能於三寶深得淨信，如是佛法長夜熾然，天人當得入無畏城，閉塞惡道、常開善趣解脫之門，於四天下所有鬪諍、疫病、飢饉、非時風雨皆得休息。又令四天下常得安隱豐樂可樂，多眾盈滿。」爾時，魔王禮世尊足，右遶三匝退坐一面。

（略）

大方等大集經月藏分第十四一切鬼神集會品第七

爾時，護世四大天王，從座而起，合掌向佛，頭面禮拜，作如是言：「婆伽婆！此閻浮提種種國土、城邑、村落、園林、寺舍、山澤等處，所有諸惡天、龍、夜叉、羅剎、阿修羅、鳩槃茶、餓鬼、毘舍遮、富單那、迦吒富單那、依彼住者，瞋惡*獷戾無慚無愧，於諸眾生無有慈愍，常害他命及作惱亂。彼諸天、龍乃至迦吒富單那等，於閻浮提非時數數起於亢旱、惡風、雹雨、闇*噎、灰塵、嚴寒毒熱，以是災害壞諸苗稼、五穀、花果、蒲萄、甘蔗、劫貝等物，故令眾生多有種種飢饉、疫病、愛別離苦，眾惱逼切，各各迭相怖懼、鬪戰，心常恐畏。

「諸王剎利於己眷屬五欲眾具不生憙樂，於己國土觸惱一切沙門、婆羅門、毘舍、首陀、男夫婦女、童男童女，亦復觸惱象馬、牛羊、師子、虎豹、豺狼、狗犬，一切禽獸皆令觸惱。於諸眾生種種因緣而逼惱之，晝夜殺害燒煮割截，五穀財帛、所欲供具、身心樂事，及諸善行皆悉損減。以是因緣，令人天等善趣減少，又令閻浮提，善事滅故，不可愛樂，我等一切不能遮護。今此世尊大集之處，一切大士菩薩摩訶薩、諸聲聞眾皆悉*雲集，一切天王及與眷屬，一切龍王、阿修羅王，乃至一切毘舍遮王，悉與眷屬皆來集會。

「世尊！彼等於此閻浮提一切國土、城邑、村落、山谷、寺舍、園林之處。

惟願世尊分張付囑，天、龍、夜叉、羅剎、阿修羅、鳩槃茶、餓鬼、毘舍遮等，各令護持。若彼天、龍乃至毘舍遮，於閻浮提作於一切鬪諍觸惱，非時風雨、疫病、飢饉、寒熱等事，各各隨分而遮護之。若於閻浮提所有鬪諍、觸惱、疫病、飢饉、非時風雨、寒熱等事皆悉休息，令閻浮提所有華果、藥草、劫貝、財帛、五穀、甘蔗、蒲萄，及酪蜜等皆得成熟，所有苗稼不令衰壞。於閻浮提諸處人中及麞鹿、鳥獸，隨其所欲皆無乏少。以無乏故，令彼眾生修諸善行、修正法行、修真實行，勤修而住，令彼諸善，增長不退。以是因緣，此閻浮提安隱豐盛，人多盈滿，甚可愛樂。世尊正法則得久住，一切人天所願滿足，眾生悉得趣向善道及涅槃道，離三惡趣，令三寶種得不斷絕。」

爾時，四天王欲重明此義，以偈頌曰：

於此閻浮提，所有諸國土，惡天龍夜叉，羅剎鳩槃茶，
餓鬼毘舍遮，迦吒富單那，瞋惡無恩養，無慈於眾生。
彼等無慚愧，觸惱諸剎利，沙門婆羅門，毘舍及首陀，
師子象虎豹，非時惡風雨，疫病及飢饉，能令眾生苦。

彼等害眾生，毀壞於世間，殘害諸苗稼，及滅正法燈，
我等四天王，不能遮此惡。願佛當分布，國土城邑等，
付囑龍夜叉，羅剎鳩槃茶，令彼各遮護，非時惡風雨，
息諸怖畏惱，令無病飢饉，華果藥苗稼，充足眾美味，
眾生不乏少，所用諸供具。一切善法增，令得可樂事，
佛法得久住，眾生趣善道，三寶種不絕，願佛常哀愍。
大地具眾美，離諸苦辛味，華果皆具足，種種味充滿，
泉池陂河等，淨水常充滿，於諸苗稼等，不能奪精氣。
彼所進飲食，心軟無麁*獷，慈念常相向，流轉淨無垢，
捨家眾事業，住於阿蘭若。勤修菩提行，令多眾生信，
法朋得增益，令魔眾損減，四天下豐樂，諸處人充滿。

爾時，世尊問四天王、釋提桓因、娑婆世界主、大梵等言：「諸天王輩！若見若聞此賢劫初拘留孫佛，及拘那含牟尼佛、迦葉佛等出現世時，云何以此閻浮提中所有天、龍、夜叉、鳩槃茶等分張付囑，為如我今菩提樹下初成正覺，以此一

切閻浮提中天、龍、夜叉、鳩槃茶等分張付囑安置不也？」

如是問已，四大天王、釋提桓因、娑婆世界主、大梵王等白佛言：「大德婆伽婆！我等見聞此賢劫初，拘留孫佛菩提樹下初成正覺，以此閻浮提天、龍、夜叉、鳩槃茶等分張付囑；如今世尊菩提樹下初成正覺，以此閻浮提天、龍夜叉鳩槃茶等分張付囑，等無有異。彼拘留孫佛出現世時，眾生壽命四萬歲，彼時大地精氣、眾生精氣、法精氣等，力得增上，味增上、威增上、德增上、慈增上、勝增上、智增上，如是等事皆得增上。爾時，依地果味眾華藥等，眾生食者皆得軟心、慈心、悲心、喜心、捨心、施心、戒心、忍心、精進心、禪定心、智慧心、離殺生心，乃至離邪見心，少欲知足，少煩惱垢，多福長壽，離欲閑居，愛樂正法，厭患流轉，熾三寶種。以是因緣，得離惡道趣向善道。

「爾時，諸天乃至迦吒富單那，一切禽獸悉得具足如是等事。次後眾生名壽損減，名壽損減故，福德損減；福德損減故，地味精氣損減；地味精氣損減故，眾生精氣損減；眾生精氣損減故，眾生心法作善、慚愧損減；眾生心法作善、慚愧損減故，正法甘露精氣損減；彼諸眾生名壽損減，乃至正法甘露精氣損減故，廣作殺生乃至邪見，乃至禽獸亦復如是。如是眾生遠離善道及涅槃道，趣向惡道，彼命終已生惡道中。若彼眾生生於夜叉，乃至迦吒富單那中者，瞋惡無慈不視後世可怖畏事，廣作殺生，乃至邪見。彼等眾生於閻浮提，未得入於付囑護持分中。

「如是拘那含牟尼佛、迦葉佛，於菩提樹下初成正覺，以此閻浮提天、龍、夜叉、鳩槃茶等分張付囑，如今世尊於道樹下初成正覺，以此閻浮提天、龍、夜叉、鳩槃茶等分張付囑等無有異。

「如是白法漸滅黑法增長，從是已來，無量那由他百千惡龍、夜叉乃至迦吒富單那生長番息，常瞋*獷惡不懷慚愧，於諸眾生無有慈心，不觀後世可怖畏事，殘害他命食其血肉。彼等不入分布分中無定住處，此惡龍等不守護人乃至畜生，常欲奪人精氣斷他命根，滅壞國土、城邑、村落、寺舍等處，能令諸王瞋惱，乃至能令畜生等惱。又復，能令非時風雨、嚴寒毒熱，壞滅一切華實苗稼，如是惡龍乃至迦吒富單那等不受我教，我於彼等不得自在，是故於今五濁極惡白法損滅。

「如來出世，一切眾生於慈導師得生敬信、尊重、愛樂。佛所發言稱機利益，具足功德智慧之聚得成大悲，六波羅蜜相應究竟，所願得滿，獲六神通於法自在，覆護攝受一切眾生，能與眾生一切善道及涅槃樂。今者於此本未曾有、昔來未聞如是大集，一切天王及與眷屬皆來集會，一切龍王乃至日王、夜叉王、羅剎王、阿修羅王、乾闥婆王、緊那羅王、伽樓羅王、摩睺羅伽王、鳩槃茶王、餓鬼王、毘舍遮王，悉與眷屬皆來集此。所未來者，今願世尊，以神通力盡皆攝之。若有諸惡鬼神無所繫屬、不受他教，瞋惡麁獷無有慈愍，不觀後世可怖畏事，殘害他命飲血食肉。

「所不來者，惟願世尊當復慈愍，以神通力命彼鬼神及其眷屬皆來至此，使得分布入他分中，不令數數惱亂眾生；以此方便，令四天下大地餘味而不速滅，精氣安住不復損減。以地精氣不損減故，眾生精氣住不損減；眾生精氣不損減故，正法甘露精氣住不損減；正法甘露精氣不損減故，眾生心法作善平等增長。以是因緣，令三寶種得不斷絕。如是如是，法眼久住，閉三惡道，開於善趣及涅槃門。如是如是，白法增長黑法損減。如是如是，天人增長，無量天人悉得充足涅槃快樂。」四天王等說是語時，世尊觀察默然不言。

爾時，娑婆世界主大梵天王、憍尸迦及諸釋天、四大天王，皆共合掌告諸大眾：「我等咸白一切菩薩摩訶薩、一切聲聞、一切天、龍、夜叉、羅剎、乾闥婆、阿修羅、緊那羅、伽樓羅、摩睺羅伽、餓鬼、毘舍遮、富單那等一切大眾，願悉勸請如來法尊，當使世尊令諸天眾悉集於此，一切龍眾乃至一切迦吒富單那等亦悉來集。彼等於閻浮提所有國土、城邑、村落、寺舍、園林、山谷、曠野、河井、泉池，如是等處遊止住者分張付囑，令彼一切諸善天、龍乃至一切迦吒富單那分取安置，各自當分平等守護，不令縱捨不令生惱，各各教彼同行其法，常作善念折伏惡心，復令各各護持自分，而不縱捨不惱於他。彼若各各當分平等作護持者，名稱流布得大勇猛，獲大福報。」

爾時，一切菩薩摩訶薩、一切聲聞，一切天、龍、夜叉、羅剎、阿修羅、伽樓羅、緊那羅、乾闥婆、摩睺羅伽、鳩槃茶、餓鬼、毘舍遮、富單那、迦吒富單那，乃至一切諸來大眾，歡喜踊躍從座而起，合掌向佛，一時同聲作如是言：「我等勸請如來、應供、正遍知，愍我等故，利眾生故，得大悲心一切諸天乃至迦吒富單那悉令集此。彼等於此閻浮提中城邑村落，乃至依止泉池住者，分張付囑，令彼天、龍乃至迦吒富單那分取安置。若彼諸天乃至迦吒富單那等，各捨己分猶作惱害、不遮惱他，應當治罰而折伏之。願佛發勇作大佛事，一切盡皆分張安置。」

爾時，世尊說偈答曰：

於此佛法中，無有惱他義，度於苦彼岸，諸處心平等。
諸法無有二，導師捨憎愛，一道如虛空，此是佛境界。
若有有為心，思惟去來事，彼以法非法，能攝鬼神來。

爾時，復有一大梵天名曰正辯，住第十地聖無上聖，以諸菩薩功德莊嚴在會而坐。此正辯天白諸天王、一切龍王、一切阿修羅王乃至一切迦吒富單那王，作如是言：「汝等如是，今從如來得聞是義，如佛世尊若行、若住、若坐、若臥不惱眾生。汝等今悉一時同聲發願悕求，應當說言：『所有非人、一切天、龍、鬼神所攝，常食精氣，惱害於他食肉飲血者，彼等一切願護世四王力勢折伏；所有化生、濕生、胎生、卵生，如是隨其所有諸龍、夜叉、羅剎、阿修羅、伽樓羅、乾闥婆、緊那羅、摩睺羅伽、鳩槃茶、餓鬼、毘舍遮、富單那、迦吒富單那一切等類四生所依。彼等悉為四大天王力所攝伏，願四大王攝彼一切所不來者悉至於此。』」

爾時，一切天王乃至迦吒富單那王，作是願言：「除三十三天已下，所有四天王天及諸龍眾，乃至迦吒富單那四生所依一切無餘，悉願依於四大天王。彼等四王力所攝伏，若有諸天乃至迦吒富單那等，於四天王如有違反一一王力不受教勅，即當為彼熾然鐵輪截其耳鼻。若截耳鼻猶故違者，復令鐵輪截彼手足。若截手足猶故違者，復斬其首。若有乃至違四天王教勅之者，必令如是。」

爾時，毘沙門天王即以熾然焰赫鐵輪，向於北方而遙擲之，即說呪曰：

多地夜他　窮窮尼邏窮其鳳反

tadyathā kṣyuṃ kṣyuṃ nirakṣyuṃ

叉婆窮　伽佉伽伽　尼迦佉闍羅㕑　蘇婆呵

kṣapakṣyuṃ kakṣakaha nekakṣacarakṣa svāhā

[illegible]

爾時，毘樓博叉天王，亦以熾然焰赫鐵輪，向於西方而遙擲之。復說呪曰：

多地夜他　尸梨器　尸羅器

tadyathā śirṣe śilaṣe

𑖝𑖟𑖿𑖧𑖞𑖯 𑖫𑖰𑖨𑖿𑖬𑖸 𑖫𑖰𑖩𑖬𑖸

伽伽那　尸梨器　叉尸羅器底　闍梨　蘇婆呵

gaganaśirṣe kāsarakṣitijvare svāhā

𑖐𑖐𑖡𑖫𑖰𑖨𑖿𑖬𑖸 𑖎𑖯𑖭𑖨𑖎𑖿𑖬𑖰𑖝𑖰𑖕𑖿𑖪𑖨𑖸 𑖭𑖿𑖪𑖯𑖮𑖯

爾時，毘樓勒叉天王亦以熾然焰赫鐵輪向於南方而遙擲之。即說呪曰：

多地夜他　闍邏鼻唎師　闍囉鼻唎師

tadyathā calabrṣṭi calabrṣṭi

𑖝𑖟𑖿𑖧𑖞𑖯 𑖓𑖩𑖤𑖿𑖨𑖲𑖬𑖿𑖘𑖰 𑖓𑖩𑖤𑖿𑖨𑖲𑖬𑖿𑖘𑖰

悉多婆　闍囉鼻唎師　達羅尸　闍邏闍囉　鼻唎師　蘇婆呵

sītava jrabrṣṭi dharaṇi calacala brṣṭi svāhā

[illegible] 𑖭𑖿𑖪𑖯𑖮𑖯

爾時，提頭賴吒天王亦以熾然焰赫鐵輪向於東方而遙擲之。即說呪曰：

多地夜他　阿那易*弋利反 阿那阿那耶

tadyathā anani anaanaya

𑖝𑖟𑖿𑖧𑖞𑖯𑖀𑖡𑖰𑖀𑖡𑖀𑖡𑖧

阿那浮毘　阿迦奢浮毘　摩系下帝反 都易　蘇婆呵

anupuṣpe akāśapuṣpe maheduḥkhe svāhā

𑖀𑖡𑖲𑖢𑖲𑖬𑖿𑖢𑖸𑖀𑖎𑖯𑖫𑖢𑖲𑖬𑖿𑖢𑖸𑖦𑖮𑖸𑖟𑖲𑖾𑖏𑖸𑖭𑖿𑖪𑖯𑖮𑖯

爾時，四方諸天，乃至迦吒富單那，及諸大小樹林、藥草神等，遙見鐵輪熾然焰赫，悉大驚懼愁憂不樂，恐命不存。觀十方已，各作念言：「誰當有能救於我等，為歸為趣施我等命？」即便觀見大悲世尊如實利益諸眾生者，佉羅帝山牟尼諸仙所依住處，大眾悉集圍繞而坐。「唯彼當能救我等命。」即往佛所，疾如電光到佛前住。如是十方所有諸天，乃至迦吒富單那等皆往佛所，到已而住。

爾時，世尊欲重明此義而說偈言：

時我兩足尊，問釋梵四王，為見為聞彼，過去諸導師，
分布四天下，為令天等護，可不如我今，道樹下分布。
天王答我言，如是昔諸佛，坐於道樹下，分與夜叉等，
後因過及時，轉生諸雜惡。鳩槃龍夜叉，羅刹鬼單那，
非時作風雨，及以寒熱等，飢饉病鬪諍，滅壞大地味，
*獷惡無慈愍，常食他肉血，彼惱於諸國，及惱四姓人，
無慈於一切，惱害多眾生。莫能遮護者，不伏於我等，
是以地精氣，眾生精氣沒，正法妙精氣，難得者日損。
時過因緣故，天人等損減，增長諸惡世，法朋難可得，
法不久住世，滅壞正法燈，斷絕三寶種，世間當盲冥。
今佛大勇猛，於白法盡時，出現閻浮提，大悲眾生藥，
中言具六通，究了諸法岸，利益眾生故，作此大集會。
一切天龍王，護世等來集，諸鬼惡無慈，恒食他肉血，
龍鬼富單那，彼等不來此，無所受教令，不依屬他分。

一切受佛語，令彼皆來集，願分於彼等，各令有所囑，
不令更惱害，奪他精氣等，三種精氣住，令人修法行。
白法得增長，黑法得消滅，以是惡道息，天人得增益，
解脫門得開，三寶種熾然，福流諸眾生，速能得解脫。
于時我嘿然，不隨於彼等，梵王諸帝釋，四大護世王，
俱白一切眾，所來在會者，勸請天人師，攝諸鬼來此，
分張付囑彼，城邑諸村落，晝夜常護持，各令住自分。
菩薩等大眾，從座起合掌，勸請大導師，攝諸鬼來此，
一切分作分，護持閻浮提，勿惱於眾生，發勇人中上。
我不惱亂他，遠離去來事，了知法無二，離諸眾生想。
正辯大梵王，告諸天王言，導師不惱他，佛法無此事，
悉共發願言，令鬼不為害，分布各依止，彼四天王等。
諸王作是言，我今依汝語，誓勅於彼等，悉令得作分。
若彼不依教，速為輪所燒，于時四天王，使輪向四方，

乃至一時頃，盡皆到佛所，頂禮世尊足，合掌於彼住。

大方等大集月藏經　卷第五

高齊天竺三藏那連提耶舍譯

諸惡鬼神得敬信品第八上

爾時，護世四大天王，見於無量阿僧祇眾天、龍、夜叉乃至迦吒富單那等，種種色、種種形、種種欲、種種行、種種性。彼等眾生性無慈愍，於諸眾生常起瞋恚、惱害之心，不觀後世可怖畏事，無所繫屬，無所護持，是等恒常觸惱剎利乃至畜生，奪其精氣食其血肉。是四天王見諸鬼神俱來集已，歡喜踊躍，各自問其所領大將。

毘沙門天王問於散脂夜叉大將言：「此四天下，一切所有夜叉、羅剎，若卵生、胎生、濕生、化生，或依城邑、聚落、舍宅、塔寺、園林、山谷、河井、泉池、陂濼、塚間、樹下、曠野、田中、閑林、空舍，及大海內眾妙寶洲；彼諸鬼神，若在地行、水行、空行一切無餘，今悉來集世尊所不？」

散脂大將言：「大王！如王所言，此四天下，所有夜叉，乃至大海寶洲，若地行、水行、空行，一切無餘，今悉來集在世尊所。」

提頭賴吒天王問於樂欲乾闥婆大將言：「此四天下一切所有乾闥婆眾，餘如上說。」

毘樓勒叉天王問於檀帝鳩槃茶大將言：「此四天下一切所有鳩槃茶眾，餘如上說。」

毘樓博叉天王問於善現龍王言：「此四天下所有龍眾、摩睺羅伽、迦樓羅、諸餓鬼等，若卵生、胎生、濕生、化生，或依城邑、聚落、舍宅，乃至海內眾妙寶洲，若在地上水中空中所遊行者，一切無餘，今悉來集世尊所不？」

善現龍王言：「大王！如王所言，此四天下所有諸龍乃至餓鬼，一切無餘，今悉來集在世尊所。」

爾時，四大天王、釋提桓因、大梵天王、正辯梵天，合掌向佛，而作是言：「大德世尊！此四天下所有天、龍、乾闥婆、緊那羅、夜叉、羅剎、鳩槃茶、毘舍遮、摩睺羅伽、迦樓羅、諸餓鬼等，若卵生、胎生、濕生、化生，所有地行、水行、空行，一切無餘，今悉來集在世尊所。我等大眾皆同勸請，唯願如來哀愍我等，慈悲一切諸眾生故，令惡眾生得敬信故，令正法眼得久住故，紹三寶種不斷絕故；彼地精氣、眾生精氣、正法勝味甘露精氣，令得久住利益增長故，又令善道及涅槃道常不滅壞利益增長故。

「大德世尊！此閻浮提一切城邑、聚落、舍宅，乃至寶洲，一切無餘，天、龍、夜叉，乃至迦吒富單那等，今悉來集；天王、龍王乃至毘舍遮王，悉將眷屬亦皆來集。唯願世尊付囑此王，同行其法憶念攝受，令彼天、龍、夜叉、羅剎，乃至迦吒富單那等，各有所屬，隨於己分養育護持，恒常不捨莫令惱他，見惱他者令其遮護，常不捨離使得安隱。若彼各各於其己分，勸發勇力平等護持，彼等則得喜樂名聞，多受福報。」

爾時，世尊受其勸請，慈悲憐愍彼一切故，遍觀大眾。觀大眾已，舉其右臂，而作是言：「汝等賢首一切大眾，各各諦聽！我當解說。佛出世難如優曇華，離八難難如順時香樹，聞正法難如雨閻浮檀金，遇戒定僧得供養難如入大海詣妙寶洲，信敬三寶難如求如意珠，布施三寶難如求功德天賢瓶，受持戒難如牛頭栴檀國難可得到。於眾生所起慈悲難，如值勇健怨賊執金剛杵難得脫免；謹慎知足難，如善作馬祀（梵語阿濕婆迷陀耶若，此云馬寶柱祀，為此祀者唯閻浮王之所能也。）

「諸仁者！有十種平等，若諸眾生具十平等，於生死中恒受勝報，速能得入無畏大城。何等為十？一者、眾生平等，二者、法平等，三者、清淨平等，四者、布施平等，五者、戒平等，六者、忍平等，七者、精進平等，八者、禪平等，九者、智平等，十者、一切法清淨平等。

「諸仁者！於彼何者是眾生平等？若有眾生，為求身命受樂離苦，應作是見：若受者作業，若身、口、意，若善不善，自作教他，彼受現報及後世報。是故，汝等！若欲離苦、求二世樂，應當造作身、口、意善，莫起諸惡。若求二世自益益他，自樂樂他，自好好他，勿作諸惡。此是眾生平等。

「諸仁者！於彼何者是法平等？若有眾生，求樂離苦、欣生畏死、恩愛不離、怨憎不會，如此之人心海所溺。何以故？若有眾生計著我者，生死流轉，不見清淨解脫道故，是故於法平等思惟觀察：眾生不離法，法不離眾生，若眾生體性即是我體性，若我體性即是一切法體性，若一切法體性即是佛法體性。若如是觀諸法平等，是人得無所有，不見眾生，亦無眾生去來、合散，亦不見有眾生可得，非法非非法，是人如是得住無相，此是法平等。

「諸仁者！於彼何者是清淨平等？謂得人身具滿十德。何等為十？一者、離下賤家，二者、不鈍，三者、不瘂，四者、諸根不缺，五者、得男子身，六者、顏容端正得好眷屬，七者、不貧，八者、不為他欺，九者、發言有中，十者、多人樂見。何以故言得於人身清淨平等？如得人身，得三律儀，離三惡道，能求三乘，以此則得三種菩提，不以餘法。

「云何清淨平等能到菩提？是人令心不依諸法，令心不依內外境界，不依如如見，一切法無和合相，不取內心，不取外心，於二境界極得寂定。如是清淨正見理時，不見有我、內有眾生、外有命者、壽者、生者、人者、眾數、養育、作者、使作者、起者、使起者、受者、使受者、知者、見者，此十六名皆出妄想。

「是人如是，於諸眾生得見無我清淨平等，以是義故，離欲清淨不起邊見；如是得入眾生清淨平等，及諸法空無行智印、無相、無願；如是得入眾生清淨平等，復以彼法成熟眾生，而不自壞亦不壞財。若知眾生體性平等，則知一切法體性平等。若一切法體性平等，即是佛法體性平等，是故一切諸法名為佛法，此是清淨平等。

「諸仁者！於彼何者是布施清淨平等？謂四種心清淨布施。以布施故，眾生於流轉時恒受勝報，速能得入無畏大城。何等為四？一者、於一切眾生起憐愍心，二者、平等心，三者、大慈心，四者、大悲心。憐愍心清淨平等者，若有眾生求樂離苦，恩愛不離、怨憎不會，長壽利益名譽流轉、富貴五欲悉稱心者，應如是學：如我喜樂愛欲自己身命，以一切方便無上護持，無有價量。如是於一切眾生，一一眾生乃至蟲蟻，亦皆喜樂愛欲自己身命，一切方便無上護持，無有價量。我若惱害眾生，若復奪他活命之具及斷命根，我於億百千世生死流轉，還被惱害，失活命具及斷命根，受無量苦。

「我從今日於諸眾生，起父母想及男女想，乃至蟲蟻亦作父母及男女想，是故更不惱害眾生，亦不奪彼活命之具及斷命根，亦不教他奪人精氣及斷命根。如是我當億那由他百千萬劫，生死流轉無能惱害，亦不被奪活命之具，及斷命根。何以故？一切眾生，無一眾生非我父母、兄弟、男女，如是我於一切眾生，無一眾生非是父母兄弟男女。以是義故，我曾與彼一切眾生無非是親，一切眾生亦曾與我無非是親，若於父母乃至男女作惱害者，是義不然。

「諸仁者！於彼何者是不觸惱？若諸眾生求樂離苦，應如是學：我若於剎利觸惱其心，令彼剎利於己境界國土人民，本所欲者不生喜樂，及婆羅門乃至畜生觸惱其心，本所欲者不生喜樂。以是因緣遞相征伐，鬪亂諍訟，胆侫妄語，互相支解及斷命根。以是因緣，我從今日於諸眾生休息惱害及斷命根，以此清淨平等布施業因緣故，我當久遠生死流轉，無能觸惱共我鬪亂、諍訟及斷命根。以是義故，名不觸惱。

「諸仁者！於彼何者是不害命？若諸眾生求命不害，應如是學：一切眾生無非我親，我若暴雨或非時雨，若雨灰塵令多闇曀，或久亢旱枯涸流泉，令諸華果藥草五穀眾味損減，以是因緣，令我親知飢饉困苦，動其四大發種種病，乃至命終。若加此害，是義不然。以是義故，我於眾生遠離害命，以不令彼地味精氣有損減故，使我親知無飢饉苦，不動四大種種病生及不橫死。以是清淨平等布施，乃至久遠生死流轉，不受飢饉病死等苦，以是義故，名不害命。

「諸仁者！於彼何者非是奪他活命之具？若諸眾生求身命者，應如是學：一切眾生無非我親，我若奪其花果、藥草、五穀精氣活命之具，彼諸眾生，若以食彼無好精氣花果、藥草、五穀味故，其身損瘦無有勢力，失念惡性輕躁麁獷，萎黃少色生種種病。若加此苦，是義不然。是故我應受彼先聖諸天教勅，於彼眾味，唯應得取第六十四一分精氣以活身命，六十三分地味精氣留活眾生，令受安樂。我以知足業因緣故，乃至久遠生死流轉，不復更噉無好滋味、無精氣食。以其食故，具威德力能強記念，心性柔軟顏容端正，無諸病苦。是名不奪活命之具。

「諸仁者！於彼何者是命不別離？若求命者應如是學：一切眾生無非我親，若惡心眼視，及以氣噓令其失心，於身支節奪其精氣，使我親知身心受苦，是義不然。以是因緣，我當久遠生死流轉，無有非人氣噓眼視，散亂其心奪其精氣，以是故名命不別離。

「諸仁者！於彼何者是不壞命？若諸眾生，愛己身命求樂離苦，名聞富貴乃至解脫，應如是學：一切眾生無非我親，我若為飲食故奪親精氣，若節節支解，若山頂、樹上、高閣、深河推令墮落，及與毒藥，若遣起屍惡鬼相害，若作厭蠱，若斷飲食，若以刀劍斬其身首，隨其方便斷彼命根。若加此苦，是義不然。以是因緣，我於久遠生死流轉，不被眾生奪其精氣，無能支解及斷命根，以是義故名不壞命，此是布施清淨平等。

「復次，布施清淨平等者，憐愍一切諸眾生故，為之積集功德智慧，除諸幻見精進堅固，求一切善如說能行，不為活命而起惡心；於諸眾生不起害意，所持禁戒與眾生同，見眾生樂深生歡喜；於己樂緣自能知足，所愛之事皆悉能捨；於諸勝法無悋惜心，常怖三界忍力自在，信無常相如說修行；於己失機能自觀察，見他失機則生悲愍，修善無厭有罪勤懺，無邊迴向樂求正理，常於眾生作福田想，勤為眾生令息惡道；於一切法心無所住，此是世諦布施清淨平等。我今當說第一義諦布施清淨平等。」

爾時，世尊而說呪曰：

多地也他　夜咩夜咩　鉢囉佉夜咩　憂鉢囉佉夜咩

tadyathā yame yame parāgayame uparāgayame

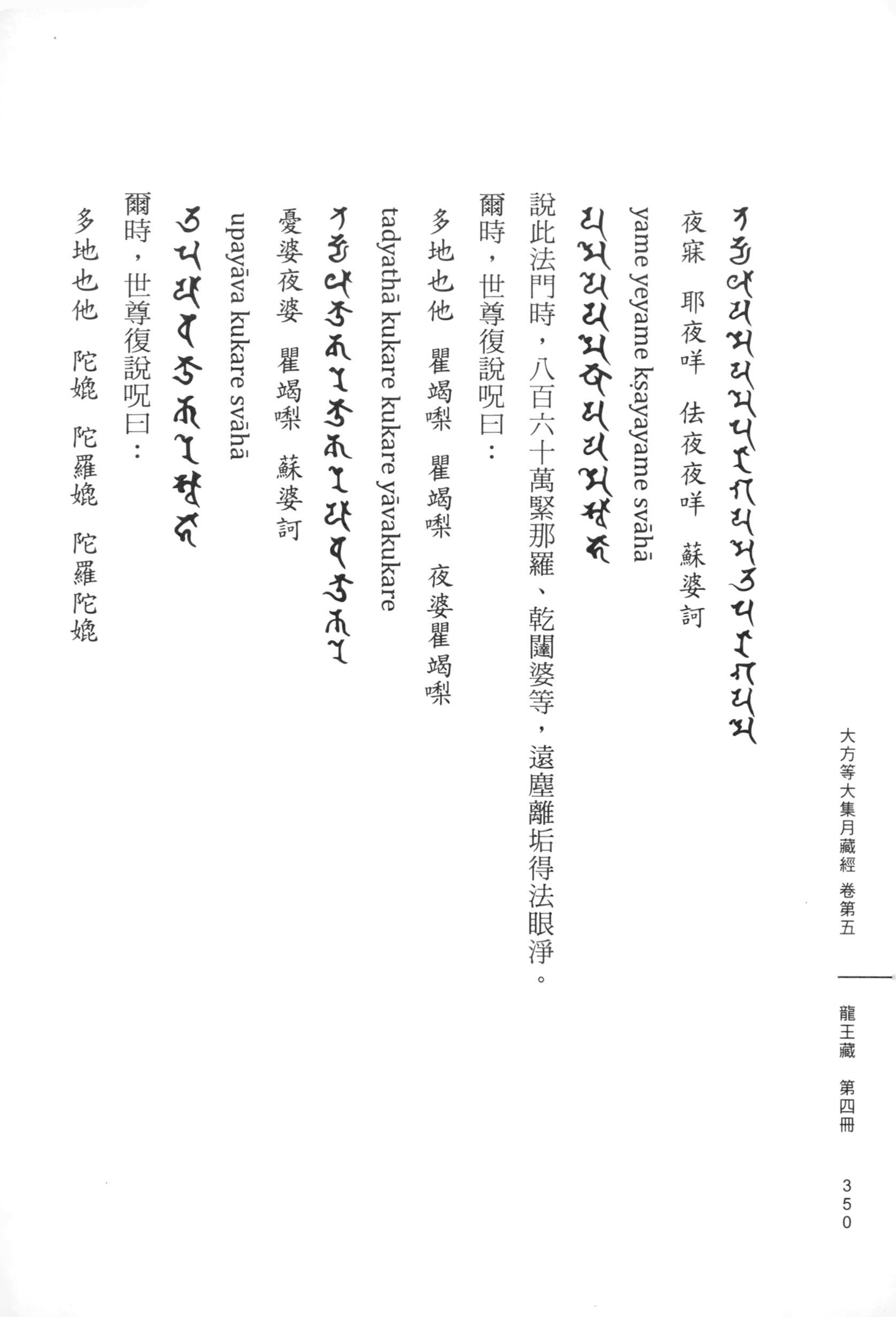

夜寐　耶夜咩　佉夜夜咩　蘇婆訶

yame yeyame kṣayayame svāhā

說此法門時，八百六十萬緊那羅、乾闥婆等，遠塵離垢得法眼淨。

爾時，世尊復說呪曰：

多地也他　瞿竭喋　瞿竭喋　夜婆瞿竭喋

tadyathā kukare kukare yāvakukare

憂婆夜婆　瞿竭喋　蘇婆訶

upayāva kukare svāhā

爾時，世尊復說呪曰：

多地也他　陀嬔　陀羅嬔　陀羅陀嬔

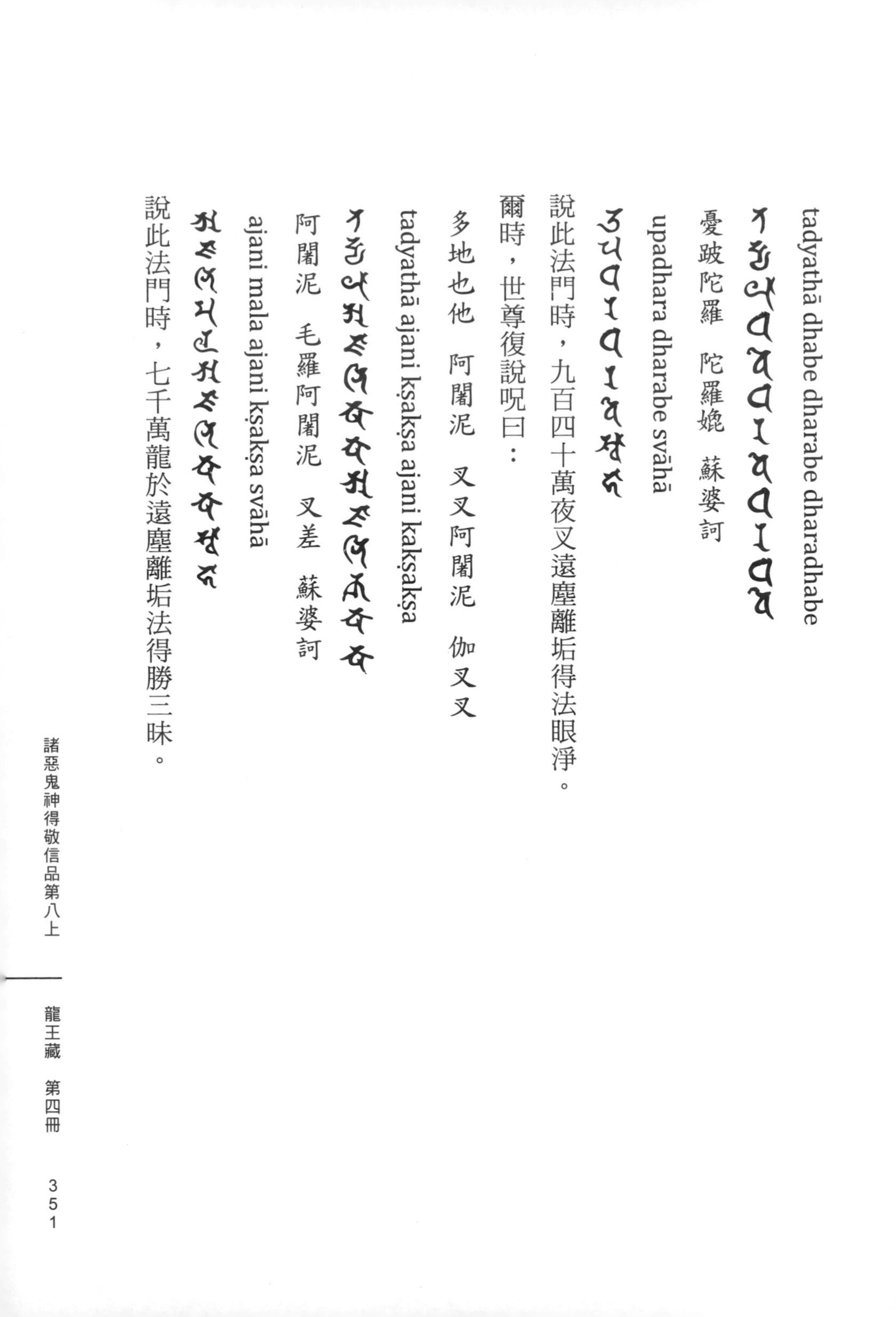

tadyathā dhabe dharabe dharadhabe

憂跛陀羅　陀羅婏　蘇婆訶

upadhara dharabe svāhā

說此法門時，九百四十萬夜叉遠塵離垢得法眼淨。

爾時，世尊復說呪曰：

多地也他　阿闍泥　叉叉阿闍泥　伽叉叉

tadyathā ajani kṣakṣa ajani kakṣakṣa

阿闍泥　毛羅阿闍泥　叉差　蘇婆訶

ajani mala ajani kṣakṣa svāhā

說此法門時，七千萬龍於遠塵離垢法得勝三昧。

爾時，世尊復說呪曰：

多地也他　訶訶訶訶訶訶　系打婆

tadyathā hahaha hahaha hetāva

𑖝 𑖟𑖿𑖧 𑖞𑖯 𑖮 𑖮 𑖮 𑖮 𑖮 𑖮 𑖮𑖸 𑖝𑖯 𑖪

訶訶訶　若若若　訶訶訶　蘇婆訶

hahaha jajaja hahaha svāhā

𑖮 𑖮 𑖮 𑖕 𑖕 𑖕 𑖮 𑖮 𑖮 𑖭𑖿𑖪𑖯 𑖮𑖯

說此法門時，三十那由他百千阿脩羅得不忘菩提心三昧。

爾時，世尊復說呪曰：

多地也他　阿奴那　阿奴那　阿婆那奴那

tadyathā anuna anuna avanānuna

𑖝 𑖟𑖿𑖧 𑖞𑖯 𑖀 𑖡𑖲 𑖡 𑖀 𑖡𑖲 𑖡 𑖀 𑖪 𑖡𑖯 𑖡𑖲 𑖡

阿婆夜唎　阿婆那奴那　蘇婆訶

avayari avanānuna svāhā

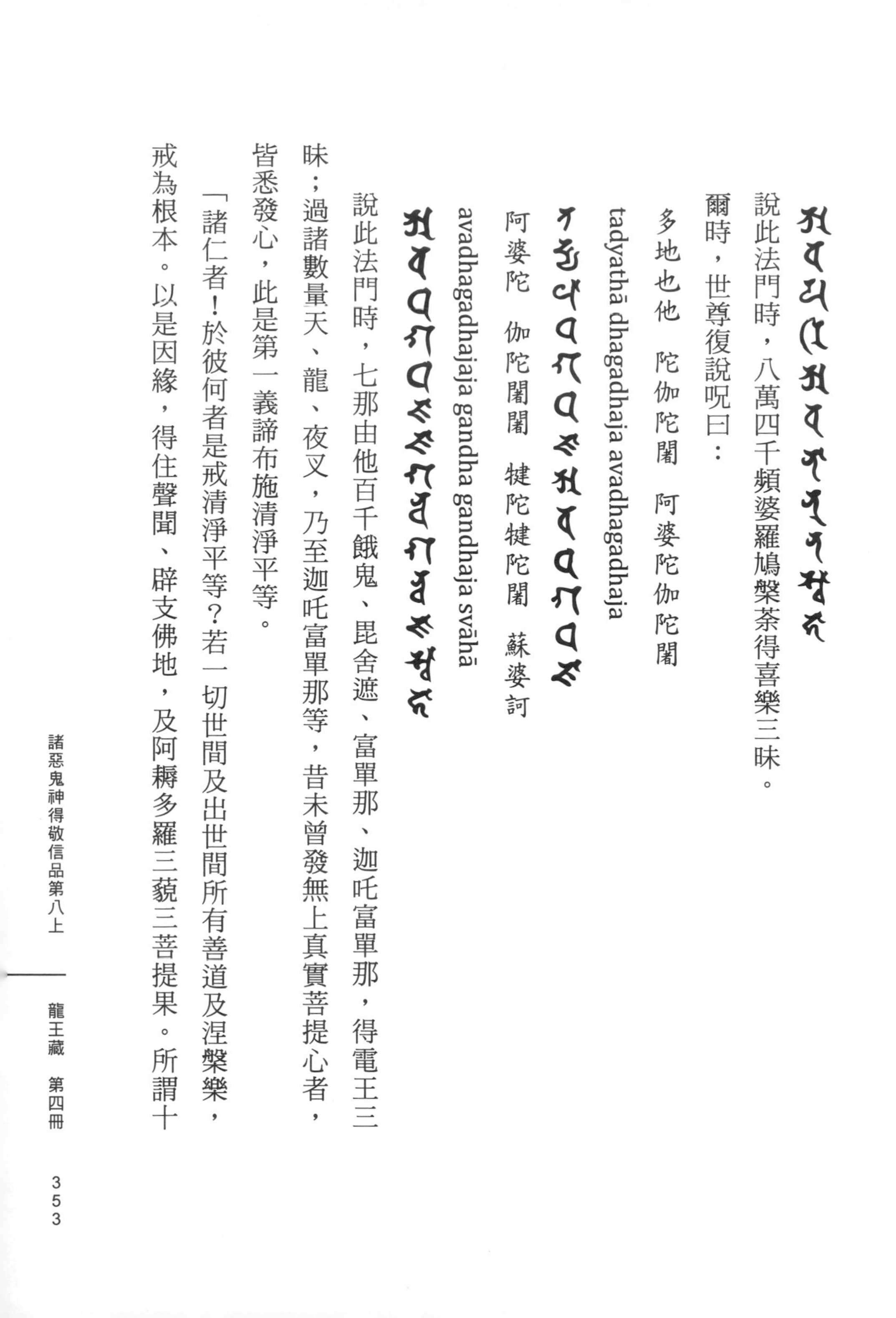

說此法門時，八萬四千頻婆羅鳩槃荼得喜樂三昧。

爾時，世尊復說呪曰：

多地也他　陀伽陀闍　阿婆陀伽陀闍

tadyathā dhagadhaja avadhagadhaja

阿婆陀　伽陀闍闍　揵陀揵陀闍　蘇婆訶

avadhagadhaja gandha gandhaja svāhā

說此法門時，七那由他百千餓鬼、毘舍遮、富單那、迦吒富單那，得電王三昧；過諸數量天、龍、夜叉，乃至迦吒富單那等，昔未曾發無上真實菩提心者，皆悉發心，此是第一義諦布施清淨平等。

「諸仁者！於彼何者是戒清淨平等？若一切世間及出世間所有善道及涅槃樂，戒為根本。以是因緣，得住聲聞、辟支佛地，及阿耨多羅三藐三菩提果。所謂十善業道，遠離殺生、偷盜、邪婬、妄語、兩舌、惡口、綺語、貪、瞋、邪見。

「諸仁者！於彼遠離殺生因緣，獲十種功德。何等為十？一者、於一切眾生得大無畏，二者、於諸眾生得大慈心，三者、得斷習氣，四者、無諸病惱，五者、得壽命長，六者、非人護持，七者、寤寐安隱無諸惡夢，八者、無有怨家，九者、不畏惡道，十者、得生善道。以是遠離殺生善根，迴向阿耨多羅三藐三菩提，是人不久證無上智。得菩提已，於彼佛土離諸害殺，長壽眾生來生其國。

「諸仁者！於彼遠離偷盜因緣，獲十種功德。何等為十？一者、具大財報，二者、不共他有，三者、不共五家，四者、眾人愛敬常不厭捨，五者、遠遊十方無有疑慮，六者、行處無畏，七者、常樂布施，八者、不求財寶自然速得，九者、得財即施，十者、得生善道。以是遠離偷盜善根，迴向阿耨多羅三藐三菩提，得菩提已，彼佛國土具足種種花果、樹林，衣服、瓔珞、莊嚴之具，珍奇寶物無不充滿。

「諸仁者！於彼遠離邪婬因緣，獲十種功德。何等為十？一者、得攝諸根律儀，二者、得住離欲清淨，三者、不惱於他，四者、眾人稱譽，五者、眾人樂觀，六者、能發精進，七者、見生死過，八者、常樂捨施，九者、常樂求法，十者、得生善道。以是遠離邪婬善根，迴向阿耨多羅三藐三菩提，得菩提已，彼佛國土無有腥臭，亦無女人，不行婬欲，皆悉化生。

「諸仁者！於彼遠離妄語因緣，獲十種功德。何等為十？一者、眾人信語；二者、於一切處乃至諸天，發言得中；三者、口出香氣，如優鉢羅花；四者、於人、天眾獨作證明；五者、眾人愛敬，離諸疑惑；六者、常出實語；七者、心意清淨；八者、常無諂語，言不失機；九者、常多歡喜；十者、得生善道。以是遠離妄語善根，迴向阿耨多羅三藐三菩提，得菩提已，彼佛國土無有腥臭，種種妙香芬馨遍滿。

「諸仁者！於彼遠離兩舌因緣，獲十種功德。何等為十？一者、得身不壞，二者、得眷屬不壞，三者、得交友不壞，四者、得信不壞，五者、得法不壞，六者、得律儀不壞，七者、得奢摩他不壞，八者、得三昧不壞，九者、得忍不壞，十者、得生善道。以是遠離兩舌善根，迴向阿耨多羅三藐三菩提，得菩提已，彼佛國土眾生眷屬不為諸魔他人所壞。

「諸仁者！於彼遠離惡口因緣，獲十種功德。何等為十？一者、言音柔軟，二者、語辭流利，三者、言音潤澤，四者、得和合語，五者、言必得中；六者、得質直語，七者、得無畏語，八者、得不諂語，九者、得如法語，十者、得生善道。以是遠離惡口善根，迴向阿耨多羅三藐三菩提，得菩提已，彼佛國土法音充滿，遠離一切鄙惡言辭。

「諸仁者！於彼遠離綺語因緣，獲十種功德。何等為十？一者、天人愛敬，二者、天人隨喜讚歎，三者、常樂實語，四者、常與明人共住不離，五者、聞言悉領，六者、得智慧人愛敬尊重，七者、常得愛樂阿蘭若處，八者、愛樂賢聖默然，九者、遠離惡人親近賢聖，十者、得生善道。以是遠離綺語善根，迴向阿耨多羅三藐三菩提，得菩提已，於彼佛土，顏容端正強記不忘樂遠離者來生其國。

「諸仁者！於彼遠離貪欲因緣，獲十種功德。何等為十？一者、身根不缺，二者、口業清淨，三者、心不散亂，四者、得勝果報，五者、得大富貴，六者、眾人樂觀，七者、得不壞眷屬及不壞財，八者、常與明人相會，九者、不離法聲，十者、得生善道。以是遠離貪欲善根，迴向阿耨多羅三藐三菩提，得菩提已，彼佛國土離彼魔怨及諸外道。

「諸仁者！於彼遠離瞋恚因緣，獲十種功德。何等為十？一者、得離瞋恚，二者、不樂積財，三者、隨順賢聖，四者、常與賢聖相會，五者、得利益事，六者、面部端嚴，七者、見眾生樂則生歡喜，八者、常得三昧，九者、三業調柔，十者、得生善道。以是遠離瞋恚善根，迴向阿耨多羅三藐三菩提，得菩提已，彼佛國土所有眾生，悉得三昧心極清淨。

「諸仁者！於彼遠離邪見因緣，獲十種功德。何等為十？一者、心性柔善，伴侶賢良；二者、信有業報，乃至奪命不起諸惡；三者、歸敬三寶，不信天神；四者、得於正見，不擇歲次、日月吉凶；五者、常生人天，離諸惡道；六者、得賢善心，明人讚譽；七者、棄於世俗，常求聖道；八者、離斷常見，信因緣法；九者、常與正信、正行、正發心人，共相會遇；十者、得生善道。以是遠離邪見善根，迴向阿耨多羅三藐三菩提，是人速滿六波羅蜜，於善淨佛土而成正覺。得菩提已，於彼佛土，功德智慧、一切善根莊嚴眾生來生其國，不信天神，離惡道畏，於彼命終還生善道。

「諸仁者！於彼布施清淨平等行時，於戒遠離殺生平等行。以是因緣，具大果報離諸怖畏。

「諸仁者！於彼布施清淨平等行時，於戒遠離偷盜平等行。以是因緣，具大果報不共他有，修一切善無有留難。

「諸仁者！於彼布施清淨平等行時，於戒遠離邪婬平等行。以是因緣，具大果報修習善根，無有留難，無邪婬念觀自他婦。

「諸仁者！於彼布施清淨平等行時，於戒遠離妄語平等行。以是因緣，具大果報，若被毀謗人不信受，如說修行發意所為莫不堅固，於天人眾獨作證明，口出香氣如優鉢羅花。

「諸仁者！於彼布施清淨平等行時，於戒遠離兩舌平等行。以是因緣，具大果報，得不壞眷屬、丈夫眷屬、敬信眷屬。

「諸仁者！於彼布施清淨平等行時，於戒遠離惡口平等行。以是因緣具大果報，離麁獷語得微妙音，具足清淨離弊惡聲。

「諸仁者！於彼布施清淨平等行時，於戒遠離綺語平等行。以是因緣具大果報，發言得中、斷大眾疑，眾人樂見。

「諸仁者！於彼布施清淨平等行時，於戒遠離貪欲平等行。以是因緣具大果報，正受其報還能捨施，具受勝報備大威力。

「諸仁者！於彼布施清淨平等行時，於戒遠離瞋恚平等行。以是因緣具大果報，端正豐美眾人愛敬，一切無礙諸根不缺。

「諸仁者！於彼布施清淨平等行時，於戒遠離邪見平等行。以是因緣具大果報，正見國土正見家生，常值諸佛及諸菩薩聲聞緣覺，見佛聞法供養眾僧，修菩薩行常不捨離清淨平等。

「諸仁者！此是戒行清淨平等，以是戒行自莊嚴者，是人不久具足相好，成佛功德音聲清淨，降伏魔怨，禪念慧行清淨，大智大慈大悲，乃至能成一切佛法清淨平等，此是世間起發戒行清淨平等。

「諸仁者！於彼何者是出世間起發戒行清淨平等？若戒清淨及三摩提起信解行者，不依色事而持禁戒，不依受、想、行、識事而持禁戒。不依眼事而持禁戒，不依色、眼識、眼觸、眼觸因緣生受、愛、取、有、生事而持禁戒；乃至不依意事而持禁戒，不依法、意識、意觸、意觸因緣生受，愛、取、有、生事而持禁戒。不依地界、水、火、風界事而持禁戒；不依無邊虛空處、無邊識處、無所有處、非想非非想處事而持禁戒；不依欲界、色、無色界事而持禁戒；不依現在及未來事而持禁戒；不依聲聞及辟支佛、無上大乘一切智事而持禁戒；不依聞事、禪事、智事而持禁戒；不依聞力、三昧力、陀羅尼力、忍辱力事而持禁戒；不依有漏無漏力、有為無為事、善不善力、明闇力事而持禁戒。此是出世間起發戒行清淨平等，梵路聖道入無畏城。彼諸賢聖所依戒行清淨平等，第一義諦入清淨智。

「諸仁者！所言戒者，是何句義？譬如金剛鐵圍山間熱惱之風，以山障故，不令得去至四天下；如是聖戒清淨平等修四念處力，能障彼愛熱之風，不令得起，以是義故名之為戒。譬如鐵圍山間臭穢之風，以山障故，不令得去至四天下；如是聖戒清淨平等修四無畏力，能障彼邪臭之氣，不令得起，以是義故名之為戒。譬如鐵圍山間甚大黑闇，以山障故，不令得噎此四天下；如是聖戒清淨平等修七覺分力，能障彼無明有為有漏之相，不令得起，以是義故名之為戒。

「諸仁者！離欲義是戒義，解脫義是戒義，休息義是戒義，盡義是戒義，滅義是戒義，此諸句義名為戒義。諸仁者！此是有為無為戒行清淨平等。若有沙門及婆羅門，修此有為及無為戒平等住者，彼人應受世間供養。若世間人於彼沙門及婆羅門，敬信尊重護持養育，衣服飲食床褥臥具，病患因緣施其湯藥活命之具，彼人流轉於生死中，恒受勝報，速能得入無畏大城。

「諸仁者！於彼何者是忍清淨平等？忍有二種：一者、捨忍，二者、息怒忍。捨忍清淨平等者，若欲得一切樂捨一切苦，是名捨忍清淨平等。若有眾生求樂離苦，觀彼三界，一切苦道及煩惱火之所逼熱，唯除聖人，是人為已生大怖畏。作是見時，三界眾生皆為煩惱熾然逼熱，一一眾生種種苦害，驅馳流轉不能自救。『如是我共一切眾生，為苦所惱，以何方便而能自救？』即作是念：『不以餘事，唯應修忍脫一切苦，具一切樂。』便能喜樂修平等忍，能捨種種資身之具，所謂飲食、騎乘、衣服、臥具、屋宅、床榻，隨其所須皆悉給與，以忍布施為滅諸苦。

「是人數數修忍住時，能行捨施，於正發心人正修行人，應到其所而修供養。

數供養故，從彼人聞生死過患涅槃功德。是人如是，若聲聞乘及緣覺乘、無上大乘發心求證，為彼樂故，重復樂忍養育眾生，此是捨忍清淨平等。乃至若捨身外資財，能自忍苦令他得樂，亦名捨忍清淨平等。

「若彼種種形色、種種威儀、種種音聲、種種瞋怒、罵辱、欺凌、麁獷、非實、不喜之言，乞士來求諸如是等，是人心未柔軟，瞋恚未淨，不得住忍。是人生念：『誰能勝我？』是故被辱未能行忍。復作是念：『彼食血肉夜叉、羅剎、鳩槃茶、餓鬼、毘舍遮、富單那、迦吒富單那等，何故未聞生死大苦、涅槃至樂？不觀後世可怖畏事，眾苦所惱未能解脫，應知彼等離善知識及不聞法，是故生死為苦所溺。我已近善知識，數數得聞生死苦惱、涅槃安樂，觀後世畏，常勤修習斷一切苦，當得度彼生死沈淪，何故起瞋而不行忍？是故我應作是分別，罵辱音聲及諸違事皆悉如風，我當棄捨不應起瞋，如是應捨諸眾生想。』

「作是念時，罵辱音聲及諸違事悉如風過，離眾生想，修行忍辱清淨平等。是人若數於彼眾生捨種種想、罵辱聲音及諸違事，離分別想，修行忍辱清淨平等，是人住忍心喜得淨，如是則能修無礙智，謂法無礙及義無礙。如是則能悉捨內財，所謂皮肉筋骨、眼耳鼻舌、手足及頭、所愛之命。如是菩薩摩訶薩修無分別、非無分別忍清淨平等，是名捨忍清淨平等。

「諸仁者！於彼何者是息怒忍清淨平等？若菩薩摩訶薩能於一切言語、音聲文字捨分別想，及於一切色身形想、舉動威儀、去來戲笑捨分別想，亦捨愛取不求果報，離於苦樂無分別想，乃至於己身命無分別想，得住第一義忍清淨平等。譬如虛空遇闇不瞋、得明不喜，不作如是分別之心，如是菩薩摩訶薩住第一義忍清淨平等，於彼一切有為諸法、語言形色及苦樂受，離於分別不作分別，不瞋不喜，於諸眾生離分別想，得住第一義忍清淨平等。

「譬如虛空不動不止遍動，不震不止遍震，如是菩薩摩訶薩於一切業有為諸行，身心不動不止遍動，亦復不震不止遍震。譬如虛空清淨離垢，如是菩薩摩訶薩住第一義忍清淨平等，於彼一切有為身心善得清淨。譬如虛空長養眾生，如是菩薩摩訶薩住第一義忍清淨平等，養育眾生。譬如虛空非劫盡火所能燒壞，非劫盡水及劫盡風所能毀壞，如是菩薩摩訶薩住第一義忍清淨平等，乃至未到無上菩提，不為貪欲、瞋恚、愚癡三毒熾火燒壞其心。

「譬如清淨虛空，十五日夜極圓滿月，普放冷光，熱惱眾生身心涼樂，如是菩薩摩訶薩住第一義忍清淨平等，皆息己身威儀憂惱，亦息眾生諸煩惱熱。譬如清淨虛空，十五日夜極圓滿月，眾星圍繞，照四天下，如是菩薩摩訶薩住第一義忍清淨平等，隨所住處，為諸天、龍乃至迦吒富單那等之所圍繞，暉顯照曜。譬如清淨虛空，十五日夜極圓滿月，照海島上月愛摩尼，從彼珠中流出大水能滿大海，如是菩薩摩訶薩住第一義忍清淨平等，以第一義忍清淨平等，放勝光明照曜一切諸天及龍、夜叉、羅剎，乃至迦吒富單那等，令彼悉得善心清淨，於諸眾生起大慈悲心，深利益心，休息苦惱心，令住一切樂心，觀後世畏心，離一切惡心，於一切善起勤進心。彼諸鬼神以得如是諸勝善心，次第漸離一切不善，一切善水悉皆充足，故能流滿涅槃大海。

「諸仁者！應當觀此菩薩善根，雖未能至究竟處所，以住第一義忍清淨平等故，已得超過一切聲聞及辟支佛，能以善法成熟眾生。如我昔作忍辱仙人，常在林中食諸甘果。時有國王名曰迦利，支解我身而為八段。我於彼時以能善修第一義忍故，從所割處流出白乳，以是忍辱苦行因緣，成熟無量億那由他百千天、龍、夜叉、羅剎、乾闥婆、阿脩羅、緊那羅、摩睺羅伽、迦樓羅、餓鬼、毘舍遮、富單那、迦吒富單那等。彼時無量億那由他百千天、龍乃至人、非人等，悉發阿耨多羅三藐三菩提心。

「諸仁者！我昔人身生非難處，作此苦行不足為難。如我往昔生於難處受彼兔身，為使仙人得肉食故，即自踊身投大火聚，以能善修第一義忍清淨平等，令大火聚變作蓮池。時彼兔身臥花臺上，以苦行因緣，令此三千大千世界六種震動。彼時帝釋、護世四王、天、龍、夜叉，乃至迦吒富單那等，及諸仙人人非人等種種供養，而語我言：『汝若得成阿耨多羅三藐三菩提，當於彼時，我等必於阿耨多羅三藐三菩提而得授記。』

「諸仁者！我昔兔身以能善修第一義忍清淨平等故，已得不共聲聞緣覺所有供養。是故，彼時梵、釋天王、護世四王、天龍、夜叉，乃至人非人等，悉以種種勝上香花、塗香、末香、音樂、眾寶、幢旛等事，讚歎尊重希有供養，今阿羅漢之所無也。

「諸仁者！菩薩如是善能修住第一義忍清淨平等。此四句義今當解釋：第一義者，能到彼岸，以是義故名第一義；忍者，見三界陰為究竟空，及見界入為究竟空，以是義故名之為忍；清淨者，謂以聖慧除淨三界諸煩惱道、業道、苦道，以是義故名為清淨；平等者，謂以聖慧於三界行一切法理真如實際，得如實知，無煩惱道業道苦道，以是義故名為平等。此是菩薩摩訶薩第一義忍清淨平等。

「諸仁者！於彼何者是精進清淨平等？以此精進，能與布施清淨平等作因，乃至能與般若波羅蜜清淨平等作因，以是則能捨一切見。以此精進，能與四念處清淨平等作因，超過一切聲聞緣覺。以此精進能與四正勤、四如意足作因，以是則能捨諸煩惱。以此精進，能與四攝事、四無礙辯、四梵住、四無色定，五根、五力、七覺支，八聖道分、九次第定，斷十二有支，得如來十力、十八不共法、大慈大悲、般若波羅蜜清淨平等而作因緣。以此精進，能與成熟眾生清淨平等作因。以此精進，為得無量佛勝法故集諸善根。以此精進，能習無量巧方便智，無量願智轉轉殊勝，修習無量大功德聚。

「以此精進，隨願受生教化利益。以精進故，居兜率天宮，觀其時節捨彼宮殿，正知了了而入母胎。以精進故，於藍毘尼林從母右脅安隱而出。以精進故，行七步已，震動大地及諸山海。以精進故，受彼難陀及婆難陀龍王兄弟淋水洗浴。以精進故，童子遊戲示現一切工巧奇能。以精進故，處在宮中五欲不染。以精進故，夜半踰城向閑林下。以精進故，詣優陀迦迦、羅荼迦羅摩諸仙人所而修供養。以精進故，六年修彼難行苦行。以精進故，得阿耨多羅三藐三菩提。以精進故，轉大法輪無量人天得證聖道。是名精進清淨平等。

「諸仁者！我以是精進，今於佉羅帝山牟尼諸仙所依住處作此大集，十方所有菩薩摩訶薩有如佛土微塵數眾悉令集此，有如佛土微塵等數諸天，及龍、夜叉、羅剎、乾闥婆、阿脩羅、摩睺羅伽、迦樓羅、緊那羅、鳩槃茶、餓鬼、毘舍遮、富單那迦吒富單那等悉來大集，為聞法故，是名精進清淨平等。

「諸仁者！以四大海水分為滴數，如彼滴數具修精進清淨平等，能令菩薩摩訶薩等滿足毘離耶波羅蜜，是名精進清淨平等。」

大方等大集月藏經卷第五

註：此卷大正藏第十三冊（T13, No.397）收錄兩版本，皆為高齊那連提耶舍譯，一為《大方等大集經》卷第五十〈月藏分第十四諸惡鬼神得敬信品第八之一〉，一為《大方等大集月藏經》卷第五〈諸惡鬼神得敬信品第八上〉，後者校勘：「此卷前卷之明本也，今以宋元對校之。」今此收錄後者。

大方等大集經　卷第五十二

摘錄

高齊天竺三藏那連提耶舍譯

大集經月藏分第十二毘樓博叉天王品第十三

爾時，佛告栴檀華毘樓博叉天王言：「妙丈夫！此四天下閻浮提界西方第四分，汝應護持。何以故？此閻浮提諸佛興處，是故汝應最上護持。過去諸佛已曾教汝護持養育，未來諸佛亦復如是，并及汝子大臣眷屬亦令護持。汝有九十一子，樂種種行如上所說。

「復有諸龍、大臣、兵眾有大勢力：一名、師子，二名、師子髮，三名、自在，四名、黃頭，五名、黃鼬，六名、赤目，七名、瞿眈摩，八名、山水。乃至復有四剎多羅：一名、鴦瞿，二名、崩瞿，三名、儚(亡曾反)伽叉，四名、闍叉附。

「乃至復有諸龍軍將，有大勢力常將兵眾，初名難陀、次名憂波難陀、次名善現、次名阿那婆達多、次名和修吉、次名善建立、次名天齒、次名得叉迦、次名婆樓那、次名婆娑婆、次名阿樓那、次名侯樓茶、次名氷伽羅、次名生伽羅、次名功德、次名妙德、次名功德滿、次名虛妄行、次名波賒、次名摩訶波賒、次名禪那、次名宅施、次名海施、次名閻浮施、次名睒婆羅、次名善臂、次名蘇摩那、次名日光、次名月光、次名月眼、次名栴檀、次名妙賢、次名妙耳、次名質多羅、次名施色、次名頞支、次名牟真隣陀、次名藍淨羅、次名迦那迦、次名象耳、次名般籌迦、次名聲佉、次名伊羅鉢、次名阿波羅邏、次名那羅達、次名憂波那羅、次名尸利迦、次名菴羅提他、次名婆稚子、次名提到羅吒、次名瞻波、次名瞿曇摩、次名般遮梨、次名項力、次名黚(九嚴反)婆利、次名毘摩、次名山臂、次名恒伽、次名辛頭、次名博叉、次名私陀斯，如是等六十一龍，皆是汝之大力軍將。

「乃至西方十六天神，亦有兵眾有大勢力，初名薩沙婆帝、次名西賒婆帝、次名耶輸陀羅、次名耶賒跋帝、次名欝伽摩、次名第一善、次名善覺、次名善起、次名闡陀、次名毘闡陀、次名離垢、次名毘樓茶、次名牛仙、次名瞻婆迦、次名優樓闍、次名迦迦吒誓。

「乃至西方有塔名曰極雨，乃至有山名曰香風，乃至有山名眾色重閣，乃至西方復有三曜七宿、三天童女，皆令正行共護閻浮提西方第四分。西方所有諸天、龍鬼乃至迦吒富單那等，住汝西方無所屬者，我當於後分布安置，隨其國土亦令汝等護持養育。」

爾時，栴檀華毘樓博叉天王，作如是言：「大德婆伽婆！過去諸佛已曾如是教我，安置、護持、養育此閻浮提西方第四分，如今世尊教我安置等無有異。我今佛前深受教勑，護持西方諸佛正法，乃至善道皆令盈滿。」

爾時，毘樓博叉復於佛前而說偈言：

毘樓博叉王，共諸龍臣言：過去佛天仙，勑我護西方，

并諸龍軍眾，遮障惡眾生，鬪亂諸病疫，汝應令休息，

增長三精氣，及護我法眼。住法諸比丘，少欲無積聚，

護持增壽命，及色力樂瞻。如是天人師，今悉向我說，

深信佛所勑，我今頂戴受，護持三寶種，熾然正法眼，

住法諸聲聞，我等當護持。共諸龍軍眾，除諸不善法，
遮障惡眾生，令彼悉休息。華果藥豐饒，膏澤眾味具，
令諸剎利王，敬信佛正法。毘舍及首陀，龍神夜叉眾，
我令彼得信，深敬佛所說。護持在閑林，少欲無積聚，
正行諸宿曜，星辰歲四時，令竭三惡趣，善道皆盈滿。

大方等大集經　卷第五十三　摘錄

高齊天竺三藏那連提耶舍譯

月藏分第十二呪輪護持品第十五

爾時，世尊復告毘沙門天王言：「我今與汝北方大力雄猛不可害輪大明呪句，汝以持此大力雄猛不可害輪大明呪故，於己眷屬及他眷屬，天、龍、夜叉、羅剎、阿修羅、乾闥婆、鳩槃茶、餓鬼、毘舍遮、富單那、迦吒富單那尚不敢近，何能觸嬈？汝於一切惡鬼神所，當得大力雄猛不可害輪。」爾時，世尊作是語已，即說呪曰：

哆經夜他一　勿檀泥二　鉢羅勿檀泥三

tadyathā udhaṇi para udhaṇi

勿達那跋帝四 渠唎乾陀利五 朱唎六 旃荼唎七

udhanapati ṣrigandari curi candhare

頞唎毘闍耶末提八 驅驅勿檀泥九

arebijayamadhi kukūdhaṇi

跋羅十 吠羅十一 勿檀泥十二 蘇婆呵十三

paravaira udhaṇi svāhā

「汝以此呪北方，當得大力雄猛不可害輪，於己眷屬及他眷屬尚不敢近，何能觸嬈？」

爾時，世尊復告提頭賴吒天王言：「我今與汝東方大力雄猛大明呪句，乃至當得不可害輪。」爾時，世尊作是語已，即說呪曰：

哆經夜他一 丘嘍闍帝二 勿嘍闍帝三

tadyathā kṣurucati urucati

鉢羅帝瓰薑四　摩訶薩嚟五

pratiṣṭhai mahāsari

崎囉跋帝六　欝那婆帝七　伽樓婆帝八

herapati yonapati karupati

求嘍鞞九　勿嘍鞞十　求嘍勿嘍鞞十一

kṣurubi urubi kṣuru urubi

求嘍求嘍十二　勿嘍乾提十三　勿嘍闍帝十四

kṣurukṣuru urugande urucati

阿羅娑婆帝十五　摩羅娑婆帝十六　黟泥迷泥十七

arasvapati malasvapati daṇimiṇi

多豆婆南十八　多豆婆南十九　蘇婆呵二十

dadubhanaṃ dadubhanaṃ svāhā

「汝以此呪東方，當得大力雄猛不可害輪，於己眷屬及他眷屬尚不敢近，何能觸嬈？」

爾時，世尊復告毘樓勒叉天王言：「我今與汝南方大力雄猛大明呪句，乃至當得不可害輪。」爾時，世尊作是語已，即說呪曰：

哆經夜他一　者唎者唎二　者盧那跋帝三

tadyathā śiriśiri śirunapati

吟泥四　呵膩泥五　阿泥那跋帝六

hini haniṇi aṇinapati

群籌群籌七　蘇婆呵八

khyuṃṣthu khyuṃṣthu svāhā

「汝以此呪南方，當得大力雄猛不可害輪，於己眷屬及他眷屬尚不敢近，何能觸嬈？」

爾時，世尊復告毘樓博叉天王言：「我當與汝西方大力雄猛不可害輪大明呪句，汝以持此大力雄猛不可害輪大明呪故，於己眷屬及他眷屬，諸龍、夜叉、羅剎、阿修羅、乾闥婆、鳩槃茶、餓鬼、毘舍遮、富單那、迦吒富單那等尚不敢近，何能觸嬈？」爾時，世尊作是語已，即說呪曰：

哆經夜他一　阿毘婆嘍泥二　婆嘍拏跛帝三

tadyathā apibharuṇi parunapati

勿囉竭囉跛帝四　婆嘍泥五　婆嘍拏耶世六

urakarapati bāruṇi bāruṇayaśa

憂受婆羅七　鉢囉受娑嚟八　膩受婆隸九

usupara prasusari nisupari

摩呵受婆隸十　受婆邏十一　摩身達囉舍十二

mahāsupari supra masaṃdaraśa

娑闍鞞十三　薩婆哆囉毘唎帝十四

sajabi sarvadarabriti

訖利多耶世失蠆丑芥反十五　蘇婆呵十六

hriḥtayaśiṣṭhai svāhā

「汝以此呪西方，當得大力雄猛不可害輪，於己眷屬及他眷屬尚不敢近，何能觸嬈？」爾時，世尊復告四大天王，而說偈言：

諸山有稱譽，自在者化作，極雨鷄羅娑，香仙佉羅擔，
風火及雪山，日月所居處，北方常護持，世尊真妙法。
般支般遮羅，訖尼伽羅度，彼等常護持，四維佛正法。
地神大地神，黑色大黑色，羅睺毘摩質，須質波羅陀，
婆稚睒婆利，及牟真隣陀，共護於下方，世尊真妙法。

大集經月藏分第十二忍辱品第十六之一

爾時，牟真隣陀阿修羅王，與無量百千阿修羅等俱從座起，合掌向佛，一心敬禮，作如是言：「大德婆伽婆！我等亦為護持養育世尊所說正法眼故，乃至增長三種精氣故，復為護持、攝受、養育世尊所有聲聞弟子故，說大陀羅尼名伏諸

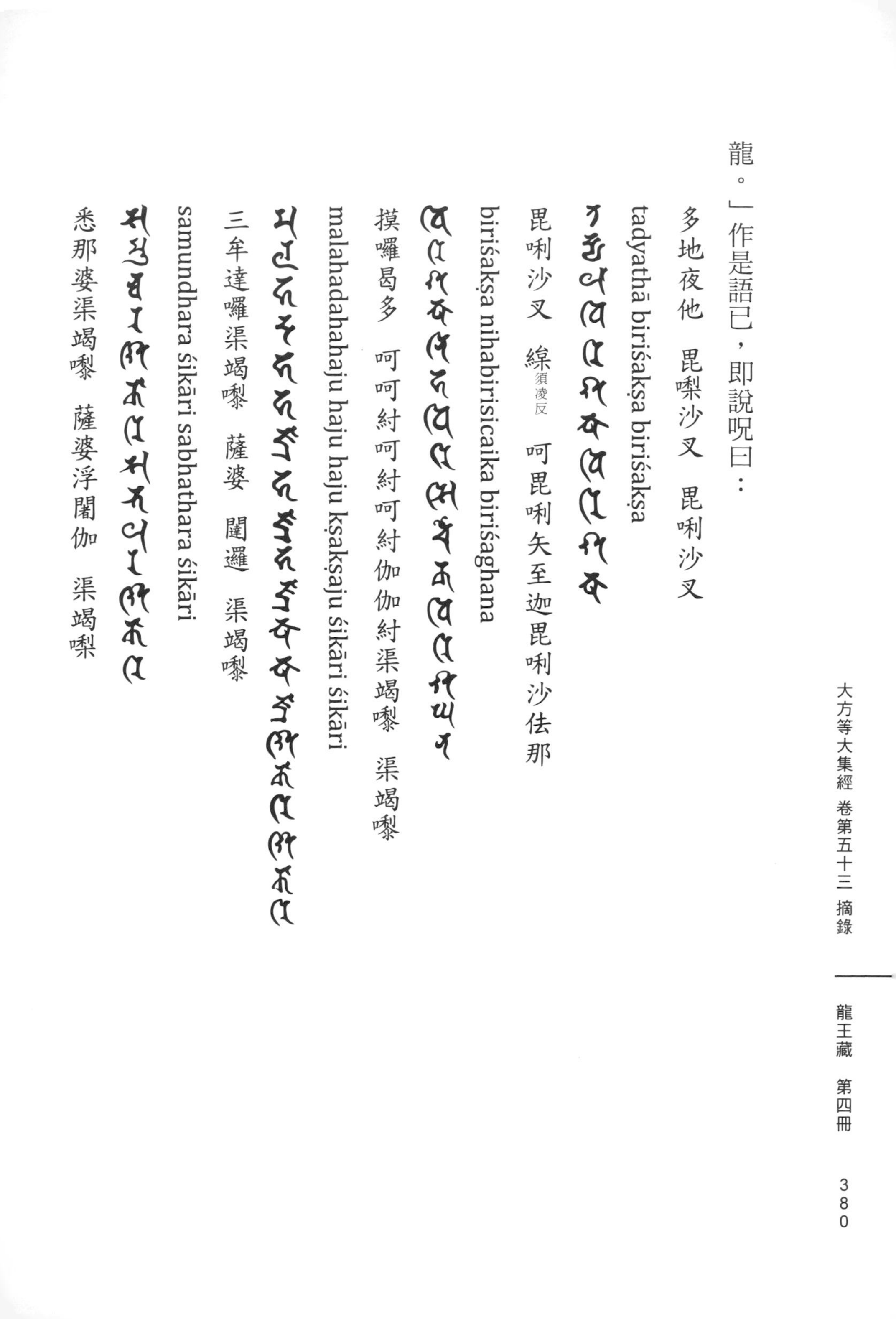

龍。」作是語已，即說呪曰：

多地夜他　毘嚟沙叉　毘唎沙叉

tadyathā biriśakṣa biriśakṣa

毘唎沙叉　綝(須凌反)　呵毘唎矢至迦毘唎沙佉那

biriśakṣa nihabirisicaika biriśaghana

摸囉曷多　呵呵紂呵紂呵紂伽伽紂渠竭嚟　渠竭嚟

malahadahahaju haju haju kṣakṣaju śikāri śikāri

三年達囉渠竭嚟　薩婆　闉邏　渠竭嚟

samundhara śikāri sabhathara śikāri

悉那婆渠竭嚟　薩婆浮闍伽　渠竭嚟

sinaba śikāri sarvapūjaga śikāri

呵呵渠竭嚟　悉多婆閦多　渠竭嚟　娑緊栢那

hahaśikāri sidapakṣota śikāri svaginjana

渠竭嚟　阿婆多阿膩夜　*娑斫閦毘夜

śikāri abhatohanyasvaca kṣobhya

阿膩夜　軍他閦婆　遮羅鬪牟邏　阿佉闍

anya cundhakṣobhya caradhumola agaccha

呵膩夜鬪　婆羅鬪　毘彌奢

hanyādu pradu bimiśa

阿膩夜鬪　阿衫浮　呵膩夜　蘇婆呵

anyādhu aśabhu hanyā svāhā

「大德婆伽婆！此伏諸龍大陀羅尼，悉能休息一切疾病，亦能捲縮、打縛一切惡鬼，不令為害，能止非時惡風暴雨，諸惡毒氣，亦能降伏眼視殺人眾惡龍等，斷諸欲著，於諸龍身能作熱惱，及能熱惱其所住處、熱惱其心、熱惱其業、熱惱所有資生之具。大德婆伽婆！若有比丘乃至清信善女人等與禪相應，乃至露地受持，讀誦，流布如是降伏諸龍大陀羅尼；若有龍、若龍婦、若龍父、若龍母、若龍兒女、若龍左右男夫婦女、若龍給使，欲來惱害伺其使者，乃至不能得彼少分，令其反得熱惱之病，頭破七分如阿梨樹枝。」

爾時，四天下所有諸龍來在會者皆悉瞋怒，怖彼所來阿修羅城，諸阿修羅令使驚怖不能自安。

爾時，復有娑伽羅龍王從座而起，向諸大龍合掌作禮，而說偈言：

若有見大聖，是人則除瞋，
離瞋即為聖，應當止恚惱。

忍辱世第一，忍得世間樂，忍辱離諸怨，忍趣安隱城。
無量阿修羅，恒與我等怨，但當自容忍，佛常如是說。
由瞋趣惡道，瞋還增長瞋，以瞋捨朋友，瞋不得解脫。
我等畜生道，惡戒瞋恚故，若能除瞋慢，得生於人中。
既得人身已，歸佛而出家，修習解脫行，當為大導師。

爾時，娑伽羅龍王如是說已，一切諸龍皆得忍辱，面色熙怡各坐本處。

爾時，跋持毘盧遮那阿修羅王，復與無量百千阿修羅等俱從座起，合掌向佛一心敬禮，作如是言：「大德婆伽婆！我等亦為護持養育世尊正法，令三寶種不斷絕故，勤降伏他一切惡事，及諸惡人皆悉休息，令三精氣而得增長故，復為救護，攝受、養育世尊一切聲聞弟子故，說大陀羅尼名休息眾病。」作是語已，即說呪曰：

多地夜他　摸楞伽摩　摩朋伽摩

tadyathā moluṃ karma maphaṃ karma

𑖝𑖟𑖿𑖧𑖞𑖯 𑖦𑖺𑖩𑖲𑖽 𑖎𑖨𑖿𑖦 𑖦𑖣𑖽 𑖎𑖨𑖿𑖦

阿毘朋伽摩　闍邏朋伽摩　悉多婆毘嶼(呵朋反)伽摩

abhiphaṃ karma tharaphaṃ karma sidhapabhihiṃ karma

跋尸夜毘嶼伽摩　*餘尼毘嶼伽摩　阿舍尼毘嶼伽摩

vāśyabhihiṃ karma yūṇibhihiṃ karma aśaṇibhihiṃ karma

婆呵毘嶼伽摩　差(叉梨反)囉毘囉婆梨珊底囉毘恒伽摩

pahabhihiṃ karma ccharabhirapāri sandharabihiṃ karma

娑伽囉闍邏丘肘闍邏丘肘毘鞞舍丘肘薩婆盧伽

sakaracarakṣucu jarakṣucu bhipiśakṣucu sarvaloka

因地利耶丘肘　悉蜜唎底　毘朋楞舍丘肘　蘇婆呵

indhiriyakṣucu simriti bhiphiṃluṃśakṣucu svāhā

「大德婆伽婆！此休息眾病大陀羅尼，能除所有一切病苦，息諸毒害、一切惡雹，亦能降伏一切惡龍，令與世尊、聲聞弟子奉給所須猶如奴僕。」

爾時，諸來一切龍眾、諸大龍王皆悉瞋忿，於虛空中即起大雲在阿修羅上，欲聲大鼓，欲降大石，雨鐵羂索、穳鉾、刀杖、刀面、鐵口、利齒口、竹口、瓶口如是等形，為欲害諸阿修羅而不能得。

大方等大集經　卷第五十四

高齊天竺三藏那連提耶舍譯

月藏分第十二忍辱品第十六之二

爾時，世尊告諸龍眾、阿修羅言：「汝等莫鬪，應修忍辱。仁者！若能離於瞋怒，成就忍辱，速得十處。何等為十？一者、得作王王四天下自在輪王，二者、毘樓博叉天王，三者、毘樓勒叉天王，四者、提頭賴吒天王，五者、毘沙門天王，六者、釋天王，七者、須夜摩天王，八者、兜率陀天王，九者、化樂天王，十者、他化自在天王。諸仁者！若具足忍，是人速得如是十處忍辱近果。

「復次，諸仁者！若能深忍轉增具足，當知是人復得五處。何等為五？一者、梵眾，二者、大梵天王，三者、聲聞道果，四者、緣覺，五者、如來應正遍知。諸仁者！若能深忍轉增具足，是人速得如是五處。又若具足修行忍者，自然近得一切世間勝妙五欲，資生所須皆悉具足，是人若復至到修行忍功德者，得聖安樂。若有非聖凡下之人，獷戾自高，性常瞋怒，於多人所現大瞋恚，當知是人身壞命終，墮於地獄。若復儻得出彼地獄，生於下劣畜生道中，作下劣龍身、阿修羅身。若得生人極下卑賤，諸根殘缺，或長諸根、或復無根、或復二根、或復大根，形容醜陋，跛躃背僂，身體臭穢，生旃陀羅妓作邪媚，如是等餘下賤之家，若生邊地少衣乏食、下賤家生，及無福田、喜作種種不善之處。以是因緣，是人展轉復趣地獄、畜生、餓鬼。

「諸仁者！我今略說如是不忍瞋怒果報。諸仁者！以瞋恚故，於生死中增長無量惡不善法。以是因緣，是人轉復墮於地獄、畜生、餓鬼。諸仁者！是故我今如是告汝一切諸龍、阿修羅等，汝已長夜各各迭相違反而住，汝等一切今悉於我及與諸來大眾之前，各各迭相應生至到忍辱之心，當息久積心心瞋怒。若不能忍，必令汝得所不喜果，是故汝等各相容忍。若能不瞋鬪諍、譏調、言訟、嫉妬，自守而住，汝等如是必定當得勝妙之事無諸過惡。」

爾時，諸來一切大眾咸皆歎言：「善哉！善哉！汝能如是受佛教誡，各各如是迭相忍辱，便得於此四天下中常得勝報無諸惡事。」

爾時，月藏菩薩摩訶薩復告娑伽羅龍王、羅睺羅阿修羅王、阿那婆沓多龍王、毘摩質多羅阿修羅王、婆樓那龍王、牟真隣陀阿修羅王、善住龍王、跋持毘盧遮那阿修羅王，以偈教言：

汝等得授記，最勝非餘乘，何故於導師，而無羞慚恥？
執持栰而溺，多眾隨駛流，如是棄最勝，一切所厭賤。
凡龍阿修羅，瞋故被厭賤，汝等妙丈夫，悉應捨恚怒。
慈能趣善道，具受諸欲樂，慈能離諸難，及作善知友，
慈能得大智，及依大明師，慈能離諸惡，亦令人樂觀。
慈得具大富，常能施一切，慈能樂戒定，復得最勝慧，
慈能得工巧，善學一切事，慈於最勝處，端坐化眾生。
慈得勝妙身，備相端正容，慈能具妙音，眾人悉樂聞，
慈得善眷屬，梵行無嫉妬，樂法具慚愧，明人常隨喜。
慈能得官位，坐於勝座處，能息眾生惡，安置菩提道。

慈能得十地，及忍陀羅尼，慈能成就悲，捨離於諸著。
慈能得神足，值遇明導師，慈能得淨土，清淨離煩惱。
慈能降眾魔，到大菩提岸，慈於天人中，能轉正法輪。
慈能化眾生，置於三乘處，慈能善說法，降伏諸外道。
慈以八聖道，度脫天人等，安置不死處，汝等皆能入。
我今與汝等，慈心陀羅尼，我於億佛所，專心得聽聞，
汝以己眷屬，安置慈忍處，相於起慈心，長夜得安樂。

爾時，月藏菩薩摩訶薩說此偈已，即說呪曰：

多地夜他　迷帝唎　摩訶迷帝　唎迷哆囉㝹跋帝

tadyathā maitri mahāmaitri maitra anuvati

迷哆囉囉𧺆　迷哆囉憩　迷哆羅侯系

maitrarasthi maitrarahi maitrahuhi

迷哆囉隸　迷帝唎　迷帝唎

maitra ṛ maitri maitri

迷嘍娑鞞訖唎帝　娑呵囉匙　閉邏風伽蓰

maidusabhighiriti svāhā rakṣa pilaphūnkaśi

藪囉耶呵泥　婆邏浮常者　初羅叉鞞

śvarayahaṇi svarabhujaṇṣi kṣurakṣabī

那耶那嘍系　俱嚧他車掣　阿摸伽囉泥

nayanalosi korudhakṣaṣti amukaraṇi

囉闍頞寄　吉隸奢藪囉　三摩囉泥　浮闍伽

rajā acchi kiliśaśvara smaraṇi pūjaga

鞞唎系　奴膩多鞞唎系　阿囉尼企　剎哆囉豆嘍咩

pṛśi nunitapṛśi aranikhi cchadharadhurumi

阿求隸者　唎哆囉匙阿囉悉那鞞

akṣunihridharaṣṭi arasinabhi

阿俱卑易鴦鳩匙摸叉毘鉢囉易　俱嚧他叉易(以世反)蘇婆呵

agubhiye amguṣṭi makṣabhipraye guradhakṣaye svāhā

「諸仁者！此大慈心陀羅尼，我曾往昔於億佛所從彼得聞，汝等應當於己眷屬及他眷屬，息怒惡心而教授之。」月藏菩薩摩訶薩說是慈心陀羅尼時，如來歎言：「善哉！善哉！」一切所有諸來大眾、諸天、乾闥婆、阿修羅、人、非人等，亦皆歎言：「善哉！善哉！」

爾時，諸天各得住於慈心、忍心、無怨心、無言訟心，迭相謝過。天向諸龍，龍向諸天，慈心、忍心、無怨心、無鬪諍心、無言訟心，迭相謝過。諸天向阿修羅、阿修羅向諸天，乃至謝過。諸龍向阿修羅、阿修羅向諸龍，乃至謝過。諸天向夜叉、夜叉向諸天，乃至謝過悉如上說。如是如是，天向羅剎、乾闥婆、緊那羅、伽樓羅、摩睺羅伽、鳩槃茶、餓鬼、毘舍遮、富單那、迦吒富單那，住於慈心、忍心、無怨心、無鬪諍心、無言訟心。乃至迦吒富單那向彼諸天，住於慈心乃至謝過亦如上說。龍向夜叉乃至迦吒富單那住於慈心，乃至謝過。夜叉乃至迦吒富單那向於諸龍，乃至謝過亦皆如是。乃至迦吒富單那向迦吒富單那，住於慈心，乃至謝過亦復如是。

彼等皆以大慈心陀羅尼力因緣故，一切天、龍、阿修羅、夜叉、羅剎、乾闥婆、緊那羅、伽樓羅、摩睺羅伽、鳩槃茶、餓鬼、毘舍遮、富單那、迦吒富單那等，迭相住於慈心、忍心、無怨心、無言訟心、無鬪諍心、離瞋怒心、離嫉妬心。是大慈心陀羅尼力因緣故，一切人類迭相住於慈心、忍心、憐愍心、無怨心、無言訟心、無鬪諍心；一切畜生若禽、若獸乃至極下微小諸蟲，迭相住於慈心、忍心、憐愍心、無怨心、無鬪諍心、無違反心。

爾時，諸天乃至一切迦吒富單那、人、非人等所來大眾，合掌向佛恭敬禮拜，同時一音，作如是言：「我等皆已承佛威神，迭相謝過，迭相住於慈心、忍心、憐愍心、無怨心、無諍訟心，我等一切今當亦復謝過如來、應、正遍知。我等昔來於世尊所，若身、口、意所作罪過；及於法、僧，若身、口、意所作罪過；乃至世尊一聲聞弟子所，若身、口、意所作罪過；乃至若有為佛剃髮、著袈裟片、作違反行、非法器者，若身、口、意所作罪過，是等諸罪，悉於佛前誠心懺悔，修戒威儀。願佛容恕，受我等懺，當令我得住戒威儀。又復，我等從今以往，乃至剃髮、著袈裟片、作違反行者，及佛聲聞弟子所，悉當發心作導師想，護持養育、具足供給一切所須，不令乏少。」

佛言：「善哉！善哉！諸妙丈夫成就忍辱，乃至汝等於我佛所，若身、口、意所作罪過，若於法、僧所作罪過，乃至於我一聲聞弟子若身、口、意所作罪過，乃至為我剃除鬚髮、著袈裟片者，若身、口、意所作罪過，各自深觀如是罪業，誠心懺悔，皆得除滅，不受惡報。如是，汝等皆當護持養育我法，乃至為我出家剃髮不持禁戒著袈裟片者，汝等皆應護持養育。若能護持養育此者，深可讚歎。

「若我所有聲聞弟子持戒具足、多聞捨慧、解脫知見悉具足者，汝等皆應護持養育。彼等自以過去善根福德因緣，善得供養。若有眾生於未來世無智慧福德，為我剃髮、著袈裟片，不受禁戒或受毀犯，於諸善法不得相應，若復護持養育此者得無量福，我與彼等作善導師憐愍利益。何以故？當來之世有惡眾生，於三寶中少作善業。若行布施，若復持戒、修諸禪定，以其如是少許善根作諸國王，愚癡無智，無羞慚愧，憍慢熾盛，無有慈愍，不觀後世可怖畏事。彼等惱亂我諸所有聲聞弟子，打縛罵辱，或復驅使令其供給，奪其飲食、衣鉢、湯藥、所須之物、寺舍、園田，繫閉牢獄，擯徙謫罰，乃至剃髮、著袈裟片者，亦復如是。及以群臣諸斷事者，愚癡無智，離諸羞慚，無有慈愍，不觀後世可怖畏事，彼等惱亂我諸聲聞，乃至繫獄，擯徙謫罰，乃至為我剃除鬚髮、著袈裟片者，亦復如是。我今以此諸出家者悉付於汝，勿令彼等飢渴、孤獨致於命終。」

爾時，上座阿若憍陳如，從座而起作如是言：「大德婆伽婆！彼等剎利，若婆羅門、毘舍、首陀，如是等人惱亂世尊聲聞弟子得幾許罪？且置持戒，若復為佛剃除鬚髮、著袈裟片，不受禁戒、受而毀犯，惱亂此者得幾許罪？」

佛言：「止止！憍陳如！莫問此事。」爾時，娑婆世界主大梵天王，即從座起，而白佛言：「大德婆伽婆！唯願說之。大德修伽陀！唯願說之。若有為佛剃除鬚髮、被服袈裟，不受禁戒，受已毀犯，其剎利王與作惱亂罵辱打縛者，得幾許罪？」佛言：「大梵！我今為汝且略說之。若有人於萬億佛所出其身血，於意云何？是人得罪寧為多不？」大梵王言：「若人但出一佛身血得無間罪，尚多無量不可算數墮於阿鼻大地獄中，何況具出萬億諸佛身血者也！終無有能廣說彼人罪業果報，唯除如來。」

佛言：「大梵！若有惱亂、罵辱、打縛為我剃髮、著袈裟片，不受禁戒、受而犯者，得罪多彼。何以故？如是為我出家剃髮、著袈裟片，*雖不受戒，或受毀犯，是人猶能為諸天人示涅槃道，是人便已於三寶中心得敬信，勝於一切九十五道。其人必速能入涅槃，勝於一切在家俗人，唯除在家得忍辱者。是故天人應當供養，何況具能受持禁戒三業相應！

「諸仁者！其有一切剎利國王，及以群臣諸斷事者，如其見有於我法中而出家者，作大罪業、大殺生、大偷盜、大非梵行、大妄語及餘不善，如是等類但當如法擯出國土、城邑、村落，不聽在寺，亦復不得同僧事業，利養之物悉不共同，不得鞭打，若鞭打者理所不應。又亦不應口業罵辱，一切不應加其身罪。若故違法而謫罰者，是人便於解脫退落受於下類，遠離一切人天善道，必定歸趣阿鼻地獄，何況鞭打為佛出家具持戒者！」

爾時，復有一切諸天、一切諸龍，乃至一切迦吒富單那、諸來大眾，於三寶中得增上信尊重敬仰及希有心，復作是言：「我等一切從今以往，護持養育世尊正法，及與比丘、比丘尼、優婆塞、優婆夷，乃至毀犯佛禁戒者，我等亦當攝受護持，乃至為佛剃除鬚髮、著袈裟片，不受禁戒無所積聚，我亦於彼作導師想，護持養育供給所須，皆令具足。若諸國王見有如是為佛出家受持禁戒，乃至為佛剃除鬚髮、著袈裟片，不受禁戒，受而毀犯，無所積聚，如其事緣，治其身罪鞭打之者，我等不復護持養育。如是國王捨離彼國，以捨離故，令其國土而有種種諂詐、鬪諍、疫病、飢饉、刀兵俱起，非時風雨、亢旱、毒熱、傷害、苗稼。又若我等捨離彼國，當勤方便令其國土所有世尊聲聞弟子悉向他國，使其國土空無福田。若有世尊聲聞弟子，乃至但著袈裟片者，若有宰官鞭打彼等，其剎利王不遮護者，我等亦當出其國土。」復作是言：「我等今者一切相與隨所堪能，勤作種種供養世尊。」

爾時，諸天及與諸龍，乃至一切迦吒富單那等，俱時發心因緣力故，即時於此四天下中，所有諸山皆悉變成七寶之山，為欲供養世尊故耳。所有樹林枝葉花果，一切亦皆變成七寶，於其花果復出種種勝妙供具，及五音作樂而為供養。四天下中所有依地眾藥草苗，一切亦皆變成七寶而為供養，此四天下所有地界，一切變成青琉璃地而為供養。

彼諸天、龍，乃至迦吒富單那，四天下中上盡欲界一切所有，各隨力能而作供養。有雨種種寶、種種花、種種衣服、種種瓔珞、種種天妙花蓋、幢幡而為供養。有持種種天妙幢幡、寶蓋、金縷、真珠、瓔珞、摩尼、寶器而為供養。有以種種琴瑟、箜篌、簫笛齊鼓𥪡鼓、雷鼓，以為音樂供養世尊。有以種種歌樂音聲而為供養，有雨種種音樂之器而為供養，復以種種莊嚴國土而為供養。諸四天下所依住者，人、非人等，乃至一切大小諸蟲皆悉見聞，彼等一切苦受休息皆生樂受，隨有種種身觸覺知，得樂充足，及得希奇未曾有心，於三寶中深得敬信。

爾時，世尊大悲憐愍一切眾生，為成熟故：「彼等一切音聲語言，皆是賢聖之所加被。如是一切人、非人等所有語言，及從寶中所出音聲，枝葉、花果、琴瑟、箜篌、簫笛、齊鼓、鼗鼓、雷鼓所出音聲，一切皆是聖力所加。彼等一切皆得希奇未曾有聲建立所加，所謂色色空、受受空、想想空、行行空、識識空。如是眼入眼入空、耳鼻舌身入耳鼻舌身入空、意入意入空。如是色入色入空、聲香味觸入聲香味觸入空、法入法入空。如是眼界眼界空，乃至意識界意識界空。如是知身離欲淨，知一切法離欲淨，知一切法界離欲相，知一切法如如。如是知者，是人則為於空不動，是人堪能拔濟一切眾生想，於一切行令得解脫。於眾生想、色想、受想、行識想，眼入想乃至意識界想，是人如是堪能安置一切眾生於三乘無為界。

「行者云何能開示簡擇彼等諸法？所謂修內空、外空、內外空、空空、大空、第一義空、有為空、無為空、畢竟空、無始空、散空、性空、自相空、一切法空、不可得空、無法空、有法空、無法有法空。復有法法相空、無法無法相空、自法自法相空、他法他法相空。若能如是修習簡擇此諸法空，彼人堪能乃至安置一切眾生於三乘無為界。

「彼等行者以何法門得知內空，乃至無法有法空？所謂還以空解脫門，能修簡擇內外等法。何者名為內外法？內法者，所謂眼耳鼻舌身意。行者如實知眼眼空，非積聚不可壞不可取。何以故？此諸法性爾。乃至知意意空，非積聚不可壞不可取。何以故？諸法性爾。是名內空。如是行者應如實知外法者，所謂色聲香味觸法。行者如實知色色空，乃至法法空，非積聚不可壞不可取。何以故？諸法性爾。是名外空。如是行者應如實知，何者名為內外空？內外法者，謂內六入外六入。行者如實知內外入空，非積聚不可壞不可取。何以故？諸法性爾。是名內外空。

「如是行者應如實知，何者名為空空？空者，一切諸法空。以彼空故空，非積聚不可壞不可取。何以故？諸法性爾。是名空空。如是行者應如實知，何者名為大空？東方東方空，乃至四維空，非積聚不可壞不可取。何以故？諸法性爾。是名大空。如是行者應如實知，何者名為第一義空？第一義者所謂涅槃，如是涅槃以涅槃故空，非積聚不可壞不可取。何以故？諸法性爾。是名第一義空。。

「如是行者應如實知，何者名為有為空？有為法名欲界色界無色界，欲界色界無色界空，非積聚不可壞不可取。何以故？諸法性爾。是名有為空。如是行者應如實知，何者名為無為空？無生無滅不住不異是名無為，無為以無為故空，非積聚不可壞不可取。何以故？諸法性爾。是名無為空。如是行者應如實知，何者名為畢竟空？畢竟名諸法至竟不可得，非積聚不可壞不可取。何以故？諸法性爾。是名畢竟空。

「如是行者應如實知，何者名為無始空？來去不可得，非積聚不可壞不可取。何以故？諸法性爾。是名無始空。如是行者應如實知，何者名為散空？無所取捨，非積聚不可壞不可取。何以故？諸法性爾。是名散空。如是行者應如實知，何者名為性空？一切有為無為法性，非聲聞作非緣覺作非如來作，此法性空，非積聚不可壞不可取。何以故？諸法性爾。是名性空。如是行者應如實知，何者名為自相空？惱壞是色相，能受是受相，取相是想相，造作是行相，了知是識相，如是等有為、無為一切法自相自相空，非積聚不可壞不可取。何以故？諸法性爾。是名自相空。

「如是行者應如實知，何者名為一切法空？一切法者，所謂色受想行識，眼乃至意，色乃至法，眼色因緣生識乃至意法因緣生識，此有為無為諸法是名一切法，彼諸法空，非積聚不可壞不可取。何以故？諸法性爾。是名一切法空。如是行者應如實知，何者名為不可得空？一切法不可得，非積聚不可壞不可取。何以故？諸法性爾。是名不可得空。如是行者應如實知，何者名為無法空？一切無物不可得，非積聚不可壞不可取。何以故？諸法性爾。是名無法空。

「如是行者應如實知，何者名為有法空？於和合中無物，非積聚不可壞不可取。何以故？諸法性爾。是名有法空。如是行者應如實知，何者名為無法有法空？無物無物空、有物有*物空，非積聚不可壞不可取。何以故？諸法性爾。是名無法有法空。如是行者應如實知，何者名為法法相空？法名五陰，五陰空，非積聚不可壞不可取。何以故？諸法性爾。是名法法相空。

「如是行者應如實知，何者名為無法無法相空？無法名無為法，是無為法空，非積聚不可壞不可取。何以故？諸法性爾。是名無法無法相空。如是行者應如實知，何者名為自法自法相空？諸法自法空，是空非智作非見作，非積聚不可壞不可取。何以故？諸法性爾。是名自法自法相空。

「如是行者應如實知，何者名為他法他法相空？若佛出世若不出世，法住、法相、法位、法界、如、實際，性相常住無有變異過，此諸法空，非積聚不可壞不可取。何以故？諸法性爾。是名他法他法相空。如是行者應如實知，知已能令眾生離眾生想，離一切行想受想色想識想，離眼想乃至意想，離色想乃至法想，然後安置一切眾生於三乘無為界。

「若有行者，於此諸法如實現前知，得名善修。彼諸眾生昔於此法已修習者，如是第一甚深法聲入於耳根。或有眾生不種善根，如是法聲亦入於耳。或有見佛專心瞻仰，彼人一切無盡善根皆來現前，乃至逮得不退轉地，十力無畏成大法器。

「或有眾生有無常聲入於耳根，或有苦聲、空聲、無我聲、三律儀聲、四念處聲、四正勤聲、四如意足聲、五根聲、五力聲、七覺分聲、八道分聲、實論聲、因緣法聲、梵住聲、四攝聲、無礙辯聲、禪聲、解脫聲、無色定聲、六波羅蜜聲、巧方便聲、三昧陀羅尼忍聲、聲聞乘聲、緣覺乘聲、大乘聲、不退轉地聲、業障盡聲、煩惱障盡聲、眾生障盡聲、法*障盡聲、有為國土功德莊嚴聲、無為心清淨聲、大慈聲、大悲聲、三不護聲、四無畏聲、十力聲、十八不共法聲、一生補處聲、十地聲、最後身聲、降魔聲、無上智聲、轉法輪聲、隨應度者現神變聲、棄諸命行聲，於諸眾生示現無上大涅槃聲。如是諸聲各各差別入於耳根，是諸眾生乃至畜生、餓鬼趣等，如是無量百千法門入於耳根。

「彼諸眾生得第一希有歡喜踊躍，於三寶中極得信敬。彼諸眾生煩惱障、業障、眾生障、法障，於三分中二分已盡。彼諸眾生聞是聲已，無量阿僧祇眾生昔有惡心者，彼等悉得柔軟之心、憐愍心、善業心，得觀後世可怖畏事，得種具足天人善根，以彼諸聲令於無量阿僧祇眾生歸依三寶。所有受持禁戒淨者，彼等有得須陀洹果，乃至有得阿羅漢果。復有無量阿僧祇眾生，於緣覺乘種諸善根。復有無量阿僧祇眾生，發阿耨多羅三藐三菩提心，即得住於不退轉地。復有無量阿僧祇眾生，得無生法忍。」

爾時，世尊欲重明此義而說偈言：

火味阿修羅，指示羅睺羅，是我最勝師，福慧莊嚴具。
佛告於彼等：當息妬瞋怒，付囑是法眼，護持故當受。
彼諸修羅喜，敬答尊導師：我當護法眼，乃至法久住。
我等說最勝，不隱法神呪，令彼一切龍，皆失憍慢力。
爾時諸龍輩，各各皆瞋怒，欲以憍慢力，共諸修羅鬪。
佛告諸龍王，及以修羅主：汝等於長夜，各各常獷戾，
若不除瞋怒，於諸樂非器。常為苦所觸，下劣臭穢身，
身分支不具，恒乏於資生。聞說此諸苦，皆以瞋為本，
惡罰諸枷鎖，牢獄飢渴等，地獄鬼畜生，由瞋受此苦，
一切應忍辱，能忍者則無，丈夫得最勝，富貴具諸欲。
汝等二朋眾，諸龍阿修羅，各自修忍辱，忍故無諸惡。
大眾皆喜悅，一切咸讚歎，汝今聞是語，皆悉得於忍。
天龍阿修羅，夜叉及諸鬼，一切皆得忍，慈心共相視。
人與畜生等，得忍皆和順，禽獸及小蟲，慈悲相憐愍。

大眾皆合掌，瞻仰導師言：我等迭相蔭，皆得慈心住。
又我諸大眾，於佛尊導師，所作諸罪業，若身口意犯，
於法眾僧所，一人邊有過，人中堅固士，唯願見容恕。
我於世尊法，一切所作惡，今悉至到懺，願佛慈納受。
于時兩足尊，告彼大眾言：汝懺惡業盡，終無有苦報。
剃髮不受戒，被服袈裟片，而作導師想，於彼人中上。
惡王障法眼，貪癡打比丘，如出導師血，當墮阿鼻獄。
大眾作是言：我等護比丘，若有諸惡王，惱諸聲聞眾，
我等於諸事，皆捨於彼國，其土有沙門，令向於餘處，
毀壞彼諸國，飢饉兵疫起。沙門所詣國，我等亦詣彼，
悉令得勝樂，具足衣飲食。於彼熾法眼，供養人中上，
無餘四天下，悉變成七寶，復雨諸香華，珍寶及衣服，
歌舞妓樂等，供養於導師。眾生所見聞，皆得充足樂，
聖加令諸音，盡變作佛聲。說諸有為苦，無常空無我，

三世一切法，悉空無所有。集散二俱空，眼識二亦然，
乃至心法界，陰身等法空，如是知諸法，則能救眾生。
若知三界空，能解眾生縛，諸有十二支，一切皆性空。
若昔於此法，如是修習者，彼等聞諸聲，悉皆得於忍，
智力無所畏，得住菩提道。薄福諸眾生，得聞有為聲，
無量眾精勤，得入菩提行，檀戒忍精進，禪定及智慧，
佛土福莊嚴，精進故令淨。汝等當作佛，到彼諸法岸，
降魔及軍眾，而降正法雨。無量眾生界，能與正法眼，
汝等一切眾，速入安隱城。無量眾聞聲，得趣大菩提，
及得二乘道，有得人天樂，有得至於果，羅漢三摩提。
如是惡眾生，得於柔軟意，怖畏諸惡業，安住慈善心。

大集經卷第五十四

大方等大集經　卷第五十五

高齊天竺三藏那連提耶舍譯

月藏分第十二分布閻浮提品第十七

爾時，世尊既知一切諸來大眾於三寶所皆生深信、尊重、敬仰，得未曾有，更不信事諸餘天已，告他化自在天王、化樂天王、兜率陀天王、須夜摩天王、帝釋天王、四大天王及諸眷屬、娑伽羅龍王、阿那婆達多龍王、羅睺羅阿修羅王、毘摩質多羅阿修羅王、睒婆利阿修羅王、跋持毘盧遮那阿修羅王、大樹緊那羅王、樂欲乾闥婆軍將、檀提鳩槃茶軍將、因陀羅夜叉軍將、寒葉餓鬼王、垂脣毘舍遮王、阿那竭囉富單那王、巷路嗅聲迦吒富單那王等，作如是言：「諸仁者！汝等一切如是勸我，分布安置此閻浮提一切國土、城邑、宮殿、王都、聚落、山巖、寺舍、園池、曠野、諸樹林間，付囑護持勿令有惡。又令大地精氣、眾生精氣、正法精氣增長熾然；佛正法眼久住於世，紹三寶種使不斷絕，損減惡趣增益善道，令此閻浮提一切安隱豐樂可樂。以是因緣，我今分布此四天下，囑汝一切諸大天王、一切龍王，乃至一切迦吒富單那王，汝等各應發心捨離眷屬，分布安置護持養育，并汝諸天一切眷屬，乃至迦吒富單那王、一切眷屬，亦令於此閻浮提中一切國土乃至樹林，分布安置護持養育。是故汝等諸大天王及諸眷屬，乃至迦吒富單那王及諸眷屬，於閻浮提皆應誠心隨喜讚歎，莫瞋莫恨亦莫生怒。」

爾時，所有一切菩薩摩訶薩、色界諸天、欲界天人、一切龍眾、一切乾闥婆，乃至一切迦吒富單那等諸來大眾，皆悉合掌各作是言：「我等一切誠心隨喜敬受佛教，如佛世尊分布安置此閻浮提。我等發心受佛教勅護持養育，佛正法眼令得熾然。」

佛言：「善哉！善哉！妙丈夫！汝等應當如是誠心說欲隨喜。」

爾時，世尊告彼法食喜食禪食諸天言：「此四天下大海水中，八萬洲渚一切國土，汝等法食喜食禪食諸天，應*當護持養育我法，住法比丘如法順法，發心修行三業相應，剃除鬚髮身著袈裟，汝等應當護持養育。」

時，彼法食喜食禪食諸天各作是言：「我當護持大海水中，八萬洲渚一切國土諸佛正法。若佛弟子，乃至不畜婦女、畜生、田宅、資產，我等皆當護持養育。」

爾時，世尊讚彼天言：「善哉！善哉！」一切大眾亦復讚言：「善哉！善哉！」

爾時，世尊告月藏菩薩摩訶薩言：「了知清淨士！若我住世諸聲聞眾，戒具足、捨具足、聞具足、定具足、慧具足、解脫具足、解脫知見具足，我之正法熾然在世，乃至一切諸天人等，亦能顯現平等正法。於我滅後五百年中，諸比丘等猶於我法解脫堅固；次五百年，我之正法禪定三昧得住堅固；次五百年，讀誦多聞得住堅固；次五百年，於我法中多造塔寺得住堅固；次五百年，於我法中鬪諍言*訟，白法隱沒，損減堅固。

「了知清淨士！從是以後於我法中，雖復剃除鬚髮、身著袈裟，毀破禁戒，行不如法，假名比丘。如是破戒名字比丘，若有檀越捨施供養護持養育，我說是人猶得無量阿僧祇大福德聚。何以故？猶能饒益多眾生故，何況我今現在於世？譬如真金為無價寶，若無真金銀為無價，若無銀者鍮石無價，若無鍮石偽寶無價，若無偽寶赤白銅鐵、白鑞、鉛、錫為無價寶。如是一切諸世間中佛寶無上，若無佛寶緣覺無上，若無緣覺羅漢無上，若無羅漢諸餘聖眾以為無上，若無聖眾得定凡夫以為無上，若無得定淨持戒者以為無上，若無淨戒污戒比丘以為無上，若無污戒剃除鬚髮身著袈裟名字比丘為無上寶，比餘九十五種異道最尊第一，應受世供為物福田。何以故？能示眾生可怖畏故。若有護持養育安置是人，不久得住忍地。」

爾時，世尊告六欲諸天言：「汝等，應如過去佛時所分得分當勤護持，復於此四天下時時之中勤加思惟佛正法義，為令我法得久住故，紹三寶種不斷絕故。」時，彼諸天各作是言：「唯然受教。」

爾時，世尊讚言：「善哉！善哉！」一切大眾亦復讚言：「善哉！善哉！」

爾時，世尊告四天王言：「汝等及諸眷屬，應如過去佛時所分得分，還作護持安置養育我之正法。」時，四天王各作是言：「唯然受教。」

佛及大眾咸皆讚言：「善哉！善哉！」

爾時，世尊告乾闥婆等言：「諸仁者！汝等及諸天仙，於優曇林、菴羅林、閻浮林、呵黎勒林、阿摩羅林、蒲萄林，如是等林於中而住，復共四天王宮諸天子等，為我佛法得久住故，應當思惟佛正法義。」時，乾闥婆等咸言：「如是。大德婆伽婆！唯然受教。」

佛及大眾咸皆讚言：「善哉！善哉！」

爾時，世尊告娑伽羅龍王、難陀龍王、婆難陀龍王、善現龍王、婆樓那龍王、婆修吉龍王、得叉迦龍王、阿難陀龍王、阿樓那龍王、歲星龍王言：「汝等各在大海之中住本宮殿，護持養育我之正法。」時，龍王等各作是言：「唯然受教。」

佛及大眾咸皆讚言：「善哉！善哉！」

爾時，世尊告阿那婆達多龍王、善住龍王、清脇龍王、摩利尼龍王、優婆羅龍王、乾闥婆龍王、雲池龍王、主雹龍王、摩奚曼多龍王、美音龍王言：「汝等各住本宮護持養育我之正法。」時，龍王等各作是言：「唯然受教。」

佛及大眾咸皆讚言：「善哉！善哉！」

爾時，世尊告鳩槃茶檀提大將、優婆檀提大將、迦羅迦大將、摩訶鉢賒大將、摩呼陀遮利大將、堀求尼大將、婆朱賒尼大將、鶩堀盧大將、韗羅差大將、一眉大將言：「汝等各住本宮，護持養育我之正法。」一時，鳩槃茶大將等，各作是言：「唯然受教。」

佛及大眾咸皆讚言：「善哉！善哉！」

爾時，世尊告因陀夜叉大將、蘇摩大將、婆樓那大將、波闍鉢帝大將、跋羅頭婆闍大將、伊奢那大將、旃檀那大將、月眼大將、婆多竭梨大將、奚摩跋多大將言：「汝等各住本宮，護持養育我之正法。」

時，夜叉大將等各作是言：「唯然受教。大德婆伽婆！我等護持養育安置世尊正法，及住法比丘供給所須，乃至剃髮不持戒者，亦復供給一切所須。為令佛法得久住故，紹三寶種不斷絕故，三種精氣得增長故，休息一切鬪諍、言訟、怨讎、疫病、飢饉短乏、非時亢旱、曜宿失度為斷除故，乃至世尊聲聞弟子三業相應不積聚者，當勤養育。」

爾時，世尊讚言：「善哉！善哉！善男子！汝等如是為利益安樂一切三界眾生故。」及一切大眾，亦復讚言：「善哉！善哉！」

爾時，世尊告一切畢利多依曠野住者、一切毘舍遮依空舍住者、一切富單那依野田住者、一切迦吒富單那依於塚間及廁邊住者言：「汝等各於住處，護持養育我之正法。」一時，畢利多等各作是言：「唯然受教。」

佛及大眾咸皆讚言：「善哉！善哉！」

爾時，世尊復作是言：「諸仁者！所有諸天、乾闥婆、緊那羅、夜叉、羅剎、龍王、阿修羅、鳩槃荼，如昔世尊所分得分國土、城邑、聚落、舍宅，隨所得處為作護持安置養育，我當隨喜，一切大眾亦復隨喜。若復有諸天、龍、夜叉乃至迦吒富單那等，如昔世尊所分得分國土城邑，不正護持安置養育者，我當轉付諸餘天龍，令其安置護持養育，各隨國土善作護持。我今以波羅奈國付囑善髮乾闥婆千眷屬，阿尼羅夜叉仙五百眷屬，須質多羅阿修羅無量眷屬，德叉迦龍王百眷屬，大黑天女五百眷屬，汝等護持養育波羅奈國，為令我法得久住故，紹三寶種不斷絕故，遮障一切惡眾生故。」

時，善髮乾闥婆、阿尼羅夜叉仙、須質多羅阿修羅、德叉迦龍王、大黑天女等，各與眷屬咸作是言：「大德婆伽婆！我等護持養育安置波羅奈國周遍土境，遮障不饒益、養育饒益者，乃至遮障一切不善諸惡眾生。」

爾時，世尊讚言：「善哉！善哉！」諸來大眾亦復讚言：「善哉！善哉！」

爾時，世尊以迦毘羅婆國，付囑火護緊那羅仙千眷屬、拘翅羅聲乾闥婆萬眷屬、婆闥跋帝夜叉大將千眷屬、奢摩那遲阿修羅二萬眷屬、跋那牟支龍王一萬眷屬、摩訶鉢奢鳩槃茶大將五百眷屬、栴遲、栴茶梨二大天女各一萬眷屬：「汝等共護迦毘羅婆國，乃至遮障諸惡眾生。」彼等一切皆作是言：「我等及諸眷屬，護持養育迦毘羅婆國周遍土境，乃至遮障諸惡眾生。」

佛及大眾咸皆讚言：「善哉！善哉！」

爾時，世尊以摩伽陀國，付囑善住炎光天子千眷屬、優波羅乾闥婆千眷屬、樂聲阿修羅千眷屬、善臂龍王善意龍王各萬眷屬、孔雀味阿修羅五百眷屬、拘那羅大夜叉三千眷屬、軍毘羅夜叉百千眷屬、十象鳩槃茶大將百千眷屬、悏惡天女、奪意天女各十千眷屬：「汝等共護摩伽陀國，乃至遮障諸惡眾生。」

佛及大眾咸皆讚言：「善哉！善哉！」

爾時，世尊以拘薩羅國，付囑迷提羯那天子千眷屬、樂勝乾闥婆大將十千眷屬、烏麻緊那羅千眷屬、具德龍王千眷屬、弗沙鉢帝阿修羅五百眷屬、婆樓那夜叉大將、婆樓那王夜叉大將各五萬眷屬、那荼迦鳩槃荼五百眷屬、摩尼毘梨天女千眷屬：「汝等共護拘薩羅國。」乃至佛及大眾咸皆讚言：「善哉！善哉！」

爾時，世尊以鴦伽國，付囑月音天子萬眷屬、樂欲乾闥婆大將、霑浮樓乾闥婆大將各十千眷屬、阿摩羅軍緊那羅五百眷屬、師子藏阿修羅五百眷屬、旃檀大夜叉、力幢大夜叉各五千眷屬、奴羅車鳩槃荼二千五百眷屬、摩訶迦梨天女二千五百眷屬：「汝等共護鴦伽國土。」乃至佛及大眾咸皆讚言：「善哉！善哉！」

爾時，世尊以般遮羅國，付囑羅拏時天子五百眷屬、樂歌乾闥婆七百眷屬、摩葉緊那羅千眷屬、般支迦夜叉將五千眷屬、安闍瞿波阿修羅千眷屬、樂法鳩槃荼五百眷屬、左黑天女王鬘天女各二千五百眷屬：「汝等共護般遮羅國。」乃至佛及大眾咸皆讚言：「善哉！善哉！」

爾時，世尊以蘇摩國，付囑寶髻天子五千眷屬、摩頭曼多乾闥婆千眷屬、勝縷緊那羅千眷屬、優波般遮迦夜叉將二千眷屬、黑龍王千眷屬、知欲阿修羅千眷屬、鳩羅婆鳩槃茶六百眷屬、斯多天女、博叉天女各五百眷屬：「汝等共護蘇摩國土。」乃至佛及大眾咸皆讚言：「善哉！善哉！」

爾時，世尊以阿濕婆國，付囑盧醯奴天子千二百眷屬、流水乾闥婆千眷屬、摩尼拓羅夜叉軍將五千眷屬、阿周羅阿修羅六百眷屬、日光龍王無量眷屬、摩尼拓利鳩槃茶五百眷屬、不可取天女、馬勝天女各二千五百眷屬：「汝等共護阿濕婆國。」乃至佛及大眾咸皆讚言：「善哉！善哉！」

爾時，世尊以摩偷羅國，付囑善擇天子十千眷屬、靜明乾闥婆千眷屬、遊梯迦緊那羅二百眷屬、勝欲夜叉乘人大夜叉各千五百眷屬、無垢龍王千眷屬、伽楞拓利阿修羅千眷屬、墨色鳩槃茶千眷屬、奪意天女二千眷屬：「汝等共護摩偷羅國。」乃至佛及大眾咸皆讚言：「善哉！善哉！」

爾時，世尊以支提耶國，付囑善賢天子五百眷屬、阿吒迦乾闥婆五百眷屬、無垢緊那羅千眷屬、除結夜叉、無結夜叉各五百眷屬、妙賢龍千眷屬、普竹阿修羅五百眷屬、牛王鳩槃茶三百眷屬、勝優波羅天女千眷屬：「汝等共護支提耶國。」乃至佛及大眾咸皆讚言：「善哉！善哉！」

爾時，世尊以婆蹉國，付囑月光天子十千眷屬、蓮華香乾闥婆千眷屬、摩陀那果緊那羅五千眷屬、大果夜叉五千眷屬、阿樓那龍千眷屬、惡樹阿修羅百眷屬、葉眼鳩槃茶五百眷屬、阿那迦華天女千眷屬：「汝等共護婆蹉國土。」乃至佛及大眾咸皆讚言：「善哉！善哉！」

爾時，世尊以賒耶國，付囑摩醯首羅天仙五千眷屬、不酒乾闥婆千眷屬、離垢緊那羅千眷屬、因陀羅夜叉、蘇摩夜叉各二千五百眷屬、善現龍千眷屬、牟真隣陀阿修羅王五百眷屬、優波檀提鳩槃茶、訖利迦賒鳩槃茶各二千五百眷屬、鬼子母天女、善護天女各萬眷屬：「汝等共護賒耶國土。」乃至佛及大眾咸皆讚言：「善哉！善哉！」

爾時，世尊以優禪尼國，付囑月雲天子五百眷屬、門牟乾闥婆千眷屬、摩尼耳乾闥婆五百眷屬、五惡夜叉千眷屬、山臂龍王五百眷屬、木手阿修羅三百眷屬、善現鳩槃茶五百眷屬、毛齒天女千眷屬：「汝等共護優禪尼國。」乃至佛及大眾咸皆讚言：「善哉！善哉！」

爾時，世尊以修羅吒國，付囑法華天子百千眷屬、具欲乾闥婆將萬眷屬、山怖緊那羅仙一百眷屬、難陀龍王十千眷屬、驢眼阿修羅五百眷屬、善燈大夜叉千眷屬、大肚鳩槃茶將千眷屬、安隱天女千眷屬：「汝等共護修羅吒國。」乃至佛及大眾咸皆讚言：「善哉！善哉！」

爾時，世尊以摩訶羅侘丑加反國，付囑孔雀髮天子五百眷屬、樂欲乾闥婆、虎就乾闥婆各五百眷屬、乳味緊那羅百眷屬、主水龍王千眷屬、樂寶阿修羅五百眷屬、羖羝脚大夜叉、軍那羅大夜叉各千眷屬、鉢頭摩迦鳩槃茶大將五百眷屬、婆樓尼大天女五千眷屬：「汝等共護摩訶羅侘國。」乃至佛及大眾咸皆讚言：「善哉！善哉！」

爾時，世尊以輸盧那國，付囑千金天子千眷屬、善脇乾闥婆千眷屬、白色緊那羅五百眷屬、世辯夜叉千眷屬、大富鳩槃茶五百眷屬、極惡天女、摩尼果天女各五百眷屬：「汝等共護輸盧那國。」乃至佛及大眾咸皆讚言：「善哉！善哉！」

爾時，世尊以摩尼謌鞞國，付囑華音天子五百眷屬、那羅延乾闥婆二百眷屬、摩醯首羅華緊那羅三百眷屬、團眼夜叉五百眷屬、波羅奈子阿修羅百眷屬、赤目鳩槃茶百眷屬、霫王天女百眷屬：「汝等共護摩尼讇(市瞻反)鞞國。」乃至佛及大眾咸皆讚言：「善哉！善哉！」

爾時，世尊以波吒羅弗國，付囑娑羅流支天子千眷屬、人華乾闥婆五百眷屬、摩尼瞿沙緊那羅三百眷屬、聲佉流支夜叉五百眷屬、娑羅地阿修羅五百眷屬、尸利瞿沙龍八百眷屬、浮流尼鳩槃茶百眷屬、毘樓池天女五百眷屬：「汝等共護波吒羅弗國。」乃至佛及大眾咸皆讚言：「善哉！善哉！」(次鴦伽國下)

爾時，世尊以乾陀羅國，付囑火布天子三千眷屬、喜歌乾闥婆千眷屬、大勝緊那羅五百眷屬、師子髮夜叉五百眷屬、伊羅鉢龍王千眷屬、賢力龍王千眷屬、精氣主阿修羅五百眷屬、猨猴聲鳩槃茶百眷屬、摩尼天女頻頭天女各千眷屬：「汝等共護乾陀羅國。」乃至佛及大眾咸皆讚言：「善哉！善哉！」

爾時，世尊以阿槃提國，付囑師子愛天子五千眷屬、摩羅曼多乾闥婆二千眷屬、勝目緊那羅百眷屬、蘇摩夜叉地行夜叉各千眷屬、氷加羅阿修羅三千眷屬、婆私陀茶龍千眷屬、軍那羅叉鳩槃茶百眷屬、憂波羅天女流泉天女各二千眷屬：「汝等共護阿槃提國。」乃至佛及大眾咸皆讚言：「善哉！善哉！」

爾時，世尊以婆樓犁跋帝國，付囑雞娑利天子千眷屬、眾綵乾闥婆五百眷屬、博叉流支緊那羅二百眷屬、迦茶龍王、憂波迦茶龍王各二千眷屬、毘摩阿修羅百眷屬、月焱鳩槃茶三百眷屬、自護天女、摩尼頻頭天女各千眷屬：「汝等共護婆樓犁跋帝國。」乃至佛及大眾咸皆讚言：「善哉！善哉！」

爾時，世尊以帝跋尼國，付囑師子齒天子五千眷屬、薩陀曼多乾闥婆五百眷屬、牟尼薩羅緊那羅百眷屬、摩尼賢夜叉滿賢夜叉各二千五百眷屬、鐵耳阿修羅五百眷屬、阿槃多鳩槃茶百眷屬、薩市尼天女、般支天女各千眷屬：「汝等共護帝跋尼國。」乃至佛及大眾咸皆讚言：「善哉！善哉！」

爾時，世尊以瞻波國，付囑香雲天子并諸天仙一千眷屬、德鬘乾闥婆二百眷屬、求籌遮緊那羅百眷屬、堅毛夜叉五千眷屬、迦那迦阿修羅百眷屬、善現鳩槃茶、近現鳩槃茶各五萬眷屬、什目天女五百眷屬：「汝等共護瞻波國。」乃至佛及大眾咸皆讚言：「善哉！善哉！」

爾時，世尊以悉都那國，付囑赤雲天子千眷屬、霑浮樓乾闥婆五百眷屬、摩尼遮婆緊那羅百眷屬、難勝夜叉千眷屬、泥茶鳩支阿修羅五百眷屬、鞞毚迦鳩槃茶百眷屬、靜默天女、善目天女各一千五百眷屬：「汝等共護悉都那國。」乃至佛及大眾咸皆讚言：「善哉！善哉！」

爾時，世尊以西地國，付囑山眼天子二百眷屬、法喜乾闥婆百眷屬、藪支羅婆緊那羅百眷屬、大身夜叉千眷屬、執刀阿修羅百眷屬、止流鳩槃茶三百眷屬、金光天女、黑光天女各二千五百眷屬：「汝等共護西地國土。」乃至佛及大眾咸皆讚言：「善哉！善哉！」

爾時，世尊以富樓沙富羅國，付囑阿羅脯斯天子千眷屬、難提乾闥婆百眷屬、淨眾緊那羅百眷屬、摩尼華夜叉千眷屬、迦荼龍王、阿婆羅羅龍王各二千五百眷屬、大怖伽樓羅百眷屬、訖多孫地阿修羅五百眷屬、燒竹鳩槃茶五百眷屬、多盧斯天女、三目天女各五百眷屬：「汝等共護富樓沙富羅國。」乃至佛及大眾咸皆讚言：「善哉！善哉！」

爾時，世尊以烏場國土，付囑習音天子五百眷屬、華光乾闥婆三百眷屬、善怖緊那羅百眷屬、迦羅婆提夜叉五百眷屬、郎浮羅龍三百眷屬、遮曼池阿修羅百眷屬、曼陀果鳩槃茶百眷屬、呵梨帝天女、染賢天女各五百眷屬：「汝等共護烏場國土。」乃至佛及大眾咸皆讚言：「善哉！善哉！」

爾時，世尊以寄薩離國，付囑黑色天子千眷屬、金色乾闥婆百眷屬、跋那牟至緊那羅八十眷屬、散髮夜叉五百眷屬、力天龍王百眷屬、那佉遮利阿修羅百眷屬、無垢聲鳩槃茶八十眷屬、勝鍼天女、蠍天女各五百眷屬：「汝等共護寄薩離國。」乃至佛及大眾咸皆讚言：「善哉！善哉！」

爾時，世尊以金性國，付囑禪那離沙婆天子五百眷屬、摩那婆乾闥婆百眷屬、善稱緊那羅百眷屬、禪那離沙婆夜叉五百眷屬、寶冠阿修羅百眷屬、香意鳩槃茶八十眷屬：「汝等共護金性國土。」乃至佛及大眾咸皆讚言：「善哉！善哉！」

爾時，世尊以摩都羅國，付囑歌讚天子百眷屬、五髻乾闥婆五百眷屬、威德緊那羅八十眷屬、堅鉾夜叉五百眷屬、氷伽羅阿修羅五百眷屬、賢目鳩槃茶百眷屬、霑浮樓天女五百眷屬：「汝等共護摩都羅國。」乃至佛及大眾咸皆讚言：「善哉！善哉！」

爾時，世尊以藪離迦國，付囑財目天子千眷屬、善頂乾闥婆百眷屬、睒摩鳩斯緊那羅五百眷屬、堅固夜叉五百眷屬、耶婆那夜叉千眷屬、無畏緊那羅百眷屬、跋羅頭婆闍夜叉五百眷屬、嚪婆何利阿修羅八百眷屬、瞿伽叉鳩槃茶三百眷屬、嚪婆何利羅剎五百眷屬、釋迦羅剎五百眷屬：「汝等共護藪離迦國。」乃至佛及大眾咸皆讚言：「善哉！善哉！」

爾時，世尊以般遮囊伽羅國，付囑婆婆叉天子千眷屬、月光乾闥婆百眷屬、圍目夜叉千眷屬、大雲阿修羅五百眷屬、訶奴闍鳩槃茶百眷屬、摩尼枳薩梨天女五百眷屬、多摩羅婆利天女千眷屬：「汝等共護般遮囊伽羅國。」乃至佛及大眾咸皆讚言：「善哉！善哉！」

爾時，世尊以波斯國，付囑檀毟師天子五千眷屬、拘毘羅乾闥婆三千眷屬、梨鞞摩師緊那羅千眷屬、住勇夜叉五百眷屬、那摩羅王夜叉五百眷屬、菴羅提他乾闥婆千眷屬、伊沙那時緊那羅千眷屬、竭娑拘支鳩槃茶四千眷屬、那羅斯羅剎五千眷屬、呵梨達羅剎二千眷屬：「汝等共護波斯國土。」乃至佛及大眾咸皆讚言：「善哉！善哉！」

爾時，世尊以勅勤國土，付囑佉樓那天子千眷屬、妙好乾闥婆五百眷屬、帝利迦緊那羅五百眷屬、三鉢夜叉二萬眷屬、怖畏夜叉十千眷屬、休流歆龍千眷屬、金耳阿修羅千眷屬、善林樹鳩槃茶千眷屬、金枳(金支反)薩羅羅剎五千眷屬：「汝等共護勅勤國土。」乃至佛及大眾咸皆讚言：「善哉！善哉！」

爾時，世尊以叵耶那國，付囑海怖天子千眷屬、那茶浮乾闥婆百眷屬、馬目緊那羅百眷屬、華齒夜叉二千眷屬、大齒夜叉千眷屬、憂波羅耳龍五百眷屬、動手阿修羅百眷屬、解脫鳩槃茶百眷屬、質摩只薩梨羅剎女五百眷屬、黑闇羅剎護門羅剎各二千五百眷屬、月光羅剎千眷屬：「汝等共護叵耶那國。」乃至佛及大眾咸皆讚言：「善哉！善哉！」

爾時，世尊以尸利耶摩國，付囑黑髮天子百眷屬、金臂乾闥婆八十眷屬、風響緊那羅百眷屬、阿樓那夜叉千眷屬、八髮夜叉千眷屬、上踊龍王百眷屬、快作阿修羅百眷屬、香筒鳩槃茶五百眷屬、黑澤天女五百眷屬：「汝等共護尸利耶摩國。」乃至佛及大眾咸皆讚言：「善哉！善哉！」

爾時，世尊以跋離迦國，付囑赤銅色天子八百眷屬、媚眼乾闥婆百眷屬、鍼黑緊那羅百眷屬、牟耳夜叉五千眷屬、黟羅羯那龍百眷屬、息牛阿修羅百眷屬、阿毘羅薩利鳩槃茶五百眷屬、長苗天女妙勝天女各五百眷屬：「汝等共護跋離迦國。」乃至佛及大眾咸皆讚言：「善哉！善哉！」

爾時，世尊以罽賓那國，付囑怖黑天子五十眷屬、五音乾闥婆千眷屬、水性緊那羅五百眷屬、廣執夜叉三萬眷屬、長生夜叉、流雲解脫夜叉各二千五百眷屬、睺羅荼龍十千眷屬、欝金阿修羅千眷屬、陀樓跋尼鳩槃茶五百眷屬、正辯天女千眷屬、園林羅剎女十千眷屬：「汝等共護罽賓那國。」乃至佛及大眾咸皆讚言：「善哉！善哉！」

爾時，世尊以憂羅賒國，付囑那羅摩乾闥婆百眷屬、五怖夜叉二千眷屬、尸利沙夜叉千眷屬：「汝等共護憂羅賒國。」乃至佛及大眾咸皆讚言：「善哉！善哉！」

爾時，世尊以佉羅婆羅國，付囑時蘭那乾闥婆百眷屬、華寶夜叉千眷屬、善樂目龍千眷屬、怖人鳩槃茶五百眷屬、順欲天女百眷屬：「汝等共護佉羅婆羅國。」乃至佛及大眾咸皆讚言：「善哉！善哉！」

爾時，世尊以阿踈居迦國，付囑牟尼佉利夜叉二千眷屬、好施羅剎千眷屬、婆稚龍五百眷屬、止雲鳩槃荼百眷屬、呵梨帝羅剎女千眷屬：「汝等共護阿踈居迦國。」乃至佛及大眾咸皆讚言：「善哉！善哉！」

爾時，世尊以達羅陀國，付囑鞞婆達利乾闥婆百眷屬、道路夜叉、黃頭夜叉、勇健夜叉各千眷屬、跋陀龍王二千眷屬、孔雀毛龍王百眷屬、生解天女毛羅闍利天女各二百五十眷屬：「汝等共護達羅陀國。」乃至佛及大眾咸皆讚言：「善哉！善哉！」

爾時，世尊以弗梨沙國，付囑奪意夜叉、戒賢夜叉各五百眷屬、雲腹龍王三百眷屬、離惡鳩槃茶八十眷屬、搔跋質羅天女百眷屬：「汝等共護弗梨沙國。」乃至佛及大眾咸皆讚言：「善哉！善哉！」

爾時，世尊以伽賒國，付囑持華乾闥婆、摩睺羅伽乾闥婆各千眷屬、金枳(金支反)持夜叉、毘持夜叉各二百五十眷屬、光掌龍王、勝奪龍王各五百眷屬、阿樓尼天女、華目天女各二百五十眷屬：「汝等共護伽賒國土。」乃至佛及大眾咸皆讚言：「善哉！善哉！」

爾時，世尊以遮居迦國，付囑劍婆羅龍王五百眷屬、極惡鳩槃茶百眷屬、那朱波毘舍遮百眷屬、星目羅剎女五百眷屬、天鎧餓鬼將二百眷屬、歇惡夜叉三百眷屬：「汝等共護遮居迦國。」乃至佛及大眾咸皆讚言：「善哉！善哉！」

爾時，世尊以筅堤國，付囑具足龍王、善道龍王各百眷屬、堅目鳩槃茶百眷屬、八毘那耶迦天女一百眷屬、道神天女、尸利天女各二百五十眷屬、珂貝天女、安住天女各五十眷屬：「汝等共護筅堤國土。」乃至佛及大眾咸皆讚言：「善哉！善哉！」

爾時，世尊以沙勒國，付囑髮色天子百眷屬、護國乾闥婆百眷屬、佛護夜叉、助雹夜叉各五百眷屬、孔雀項龍王百眷屬、山目龍女五百眷屬、訖利波賒鳩槃茶五百眷屬、持德天女、龍護天女各二百五十眷屬：「汝等共護沙勒國土。」乃至佛及大眾咸皆讚言：「善哉！善哉！」

爾時，世尊以于填國土，付囑難勝天子千眷屬、散脂夜叉大將十千眷屬、羖羊脚大夜叉八千眷屬、金華鬘夜叉五百眷屬、熱舍龍王千眷屬、阿那緊首天女十千眷屬、他難闍梨天女五千眷屬：「毘沙門王神力所加，共汝護持于填國土。」乃至佛及大眾咸皆讚言：「善哉！善哉！」

爾時，世尊以龜茲國土，付囑牟鎧天子千眷屬、黃頭大夜叉千眷屬、厭財羅剎女千眷屬、睺護大夜叉千眷屬、踈齒鳩槃茶千眷屬、尸利遮吒羅剎、鹿齒羅剎各五百眷屬：「汝等共護龜茲國土。」乃至佛及大眾咸皆讚言：「善哉！善哉。」

爾時，世尊以婆樓迦國，付囑騫茶夜叉千眷屬、阿婆迦利鳩槃茶百眷屬、垂乳羅剎千眷屬：「汝等共護婆樓迦國。」乃至佛及大眾咸皆讚言：「善哉！善哉！」

爾時，世尊以奚周迦國，付囑王活乾闥婆五百眷屬、奚卑羅龍百眷屬：「汝等共護奚周迦國。」乃至佛及大眾咸皆讚言：「善哉！善哉！」

爾時，世尊以億尼國，付囑勇健執蠡大夜叉將千眷屬、象耳龍王三千眷屬、吉迦知羅剎女、雪池羅剎女各二千五百眷屬：「汝等共護億尼國土。」乃至佛及大眾咸皆讚言：「善哉！善哉！」

爾時，世尊以鄯善國，付囑阿羅知天子百眷屬、阿沙迦夜叉五千眷屬、無著羅剎女十千眷屬：「汝等共護鄯善國土。」乃至佛及大眾咸皆讚言：「善哉！善哉！」

爾時，世尊以緊那羅國，付囑赤目大夜叉十千眷屬、不動鳩槃荼千眷屬：「汝等共護緊那羅國。」乃至佛及大眾咸皆讚言：「善哉！善哉！」

爾時，世尊以震旦國，付囑毘首羯磨天子五千眷屬、迦毘羅夜叉大將五千眷屬、法護夜叉大將五千眷屬、堅目夜叉大將五千眷屬、大目夜叉大將五千眷屬、勇健軍夜叉大將五千眷屬、摩尼跋陀夜叉大將五千眷屬、賢滿夜叉大將五千眷屬、持威德夜叉大將五千眷屬、阿荼薄拘夜叉大將五千眷屬、般支迦夜叉大將五千眷屬、婆修吉龍王五千眷屬、須摩那果龍王五千眷屬、弗沙毘摩龍王五千眷屬、呵梨帝鬼子母天五千眷屬、伊羅婆雌大天女五千眷屬、雙瞳目大天女五千眷屬：「汝等賢首！皆共護持震旦國土。於彼所有一切觸惱、鬪諍、怨讐、忿競、言訟、兩陣交戰、飢饉、疫病、非時風雨、氷寒毒熱悉令休息，遮障不善諸惡眾生，瞋恚麁獷，苦辛澁觸無味等物悉令休息，令我法眼得久住故，紹三寶種不斷絕故，三種精氣得增長故，利益安樂諸天人故，勤加護持。以是因緣，汝等今世及以後世常得安樂。」

毘首羯磨天子及與眷屬、迦毘羅大夜叉、法護夜叉、堅目夜叉、大目夜叉、勇健夜叉、摩尼跋陀夜叉、賢滿夜叉、持威德夜叉、阿荼薄拘夜叉、般支迦夜叉，及與眷屬，婆修吉龍王、須摩那果龍王、弗沙毘摩龍王及與眷屬，呵梨帝鬼子母天、伊羅婆雌天女、雙瞳目天女及與眷屬，各作是言：「大德婆伽婆！我等共護震旦國土，休息一切鬪諍乃至增長三種精氣。我等勤加護持養育，乃至世尊聲聞弟子，三業相應不積聚者，倍復安置護持養育。」

爾時，世尊讚言：「善哉！善哉！善男子！汝應如是護持我法。」諸來大眾亦復隨喜讚言：「善哉！善哉！」

「諸仁者！我以閻浮提一切國土，付囑諸天、乾闥婆、緊那羅、夜叉、龍王、阿修羅、鳩槃茶、諸天女等，各令安置護持養育一切眾生。是故汝等諸大龍王不得分者，應當容忍莫恨。所謂娑伽羅龍王、阿那婆沓多龍王、伊羅跋龍王、婆樓那龍王、善住龍王、德叉迦龍王、恒河龍王、辛頭龍王、博叉龍王、私陀龍王、提首尼龍王、摩醯謨遮利龍王、金脇龍王、跋致蘇多龍王、弗婆鉢賒龍王、眾色雲龍王、拘那跋帝龍王、阿斯多龍王、遮彌羅龍王、香山龍王、那羅延面龍王、婆婆牟支龍王、那陀叉龍王，如是等一百八十萬諸大龍王，住閻浮提不得分者，應當容忍莫恨。汝等各住本宮護持養育我之正法，當作利益一切眾生行。以是因緣，汝等今世及以後世自利利他。何以故？彼諸天、龍、乾闥婆、緊那羅、夜叉、阿修羅、鳩槃茶、天女、羅剎女等，隨其國土昔所住處，彼諸天龍乃至天女，為護彼彼諸國土故，安置養育一切眾生。

「是故汝等大夜叉王不得分者，應當容忍莫恨。所謂箭毛夜叉、賒羅毘夜叉、迦吒首利夜叉、婆羅目企夜叉、婆羅稚夜叉、婆摩羅夜叉、其梨迦吒夜叉、由梯迦夜叉、其梨呵夜叉、滿面夜叉、迦賒毘提夜叉、護國夜叉、樓迦夜叉、箭爪夜叉、波那流支夜叉、狼爪夜叉、師子怖夜叉、阿樓尼夜叉、修羅闍毘夜叉、阿茶闍梨夜叉、得叉梨師夜叉、灰手夜叉、蘇摩那虎夜叉、羅摩那時夜叉、惡叉尼棄羅夜叉、質多羅夜叉、佛護夜叉，如是等八頻婆羅諸夜叉大將，依閻浮提種種寺舍、園林、泉池、山巖、林藪、樹下安住不得分者，應當容忍莫恨，隨所住處乃至山林、樹下各住本處，護持養育我之正法，利益安樂一切眾生行。以是因緣，汝等今世及以後世自利利他。何以故？彼諸天、龍、乾闥婆、緊那羅、夜叉、阿修羅、鳩槃茶、天女、羅剎女等，隨其國土昔所住處，彼諸天龍乃至天女為護彼彼諸國土故，安置養育一切眾生。

「是故汝等諸阿修羅王不得分者，應當容忍莫恨。所謂羅睺羅阿修羅王、毘摩質多羅阿修羅王、波羅陀阿修羅王、睒婆利阿修羅王、牟真隣陀阿修羅王、須質多羅阿修羅王、跋稚毘盧遮那阿修羅王、悉利羅耆阿修羅王、夥羅跋支阿修羅王、瞿摩闍毘阿修羅王、毘茶叉阿修羅王、那耶遮利阿修羅王、伽闍彌羅阿修羅王、初羅檀茶阿修羅王、阿斯末羅阿修羅王、迦摩跌知阿修羅王、婆羅乾茶阿修羅王、畢他摩尼阿修羅王、波羅那佉阿修羅王、薩婆鳶伽叉阿修羅王、訖賒婆睺阿修羅王，如是等六萬那由他阿修羅王住閻浮提不得分者，應當容忍莫恨，各住本宮護持養育我之正法，當作利益一切眾生行。以是因緣，汝等今世及以後世自利利他。何以故？彼諸天、龍、乾闥婆、緊那羅、夜叉、阿修羅、鳩槃茶、天女、羅刹女等，隨其國土昔所住處，彼諸天龍乃至天女為護彼、彼諸國土故，安置養育一切眾生。

「是故汝等諸大天女應當容忍莫恨。所謂歇大天女、造光天女、地解天女、增護天女、解脫天女、增水天女、少熱天女、淨目天女、饒財天女、寶藏天女、摩尼爪天女、黑繩天女、隨時天女、王頂天女、天水天女、眼目天女、蓮華天女、憂曇婆羅天女、賒尸天女、明炬目天女、善意天女、難勝天女、勝目天女，如是等六十二百千諸大天女，依閻浮提種種塔寺、城邑、聚落、園林、泉池、河邊、山谷、大海邊住不得分者，汝等隨所住處各各於彼護持養育我之正法，汝等於彼所有怖畏、鬪諍、怨讎、飢饉、疫病、他方怨敵、非時風雨、氷寒毒熱悉令休息，遮障不善諸惡眾生，瞋恚、麁獷、苦辛、澁觸無味等物悉令休息，令我法眼久住世間，紹三寶種不令斷絕，三種精氣增長熾然，利益安樂諸天人故勤加護持。以是因緣，汝等今世及以後世常得利益安樂眾生。」

時彼六十二百千天女白佛言：「大德婆伽婆！我等護持養育佛法，休息鬪諍，增長一切三種精氣，乃至世尊聲聞弟子三業相應無所積聚者，我等勤加護持養育。」

佛言：「善哉！善哉！善女人輩！汝等應當如是護持。」諸來大眾皆亦隨喜讚言：「善哉！善哉！」

爾時，世尊復告一切諸天、乾闥婆乃至諸大天女言：「我今與汝息諸諍訟大陀羅尼心，汝等以此陀羅尼心故，各於己國若曜宿失度，攝諸眾生令得敬信，一切鬪諍悉得休息。」

作是語已，即說呪曰：

哆地夜他　摩陀那　摩陀那　瞿摩陀那阿婆摩多

𑖝𑖟𑖿𑖧𑖞𑖯 𑖦𑖠𑖡 𑖦𑖠𑖡 𑖐𑖲𑖦𑖠𑖡 𑖀𑖢𑖦𑖠

tadyathā madhana madhana gumadhana apamadha

阿兮摩多　摩陀那佉　阿差摩坻波羅　賖摩帝

𑖀𑖮𑖰𑖦𑖠 𑖦𑖠𑖡𑖏 𑖀𑖎𑖿𑖬𑖦𑖝𑖰 𑖢𑖨𑖫𑖦𑖝𑖰

ahimadha madhanakha akṣamati paraśamati

阿唎婆三摩摩帝尼佉摩帝　波賖摩帝

𑖀𑖨𑖰𑖢𑖭𑖦𑖦𑖝𑖰𑖜𑖰𑖏𑖦𑖝𑖰 𑖢𑖫𑖦𑖝𑖰

aripasamamatiṇikhamati paśamati

蘇遮囉拏摩帝阿毘婆摩帝　阿囉毘婆摩帝

sucaranamati abhibhamati arabhipamati

悉陀頞他摩帝　叉婆摩帝　蘇婆呵

siddha adhamati kṣapamati svāhā

爾時，娑婆世界主大梵天王，從坐而起向佛合掌，頭面作禮而作是言：「大德婆伽婆！我今復以大陀羅尼，降諸惡龍及惡鬼神，護持國土，遮障一切諸惡眾生。」

作是語已，即說呪曰：

哆地夜他　曇無囉牟嘍囉牟嘍　那伽牟嘍

tadyathā dhamoramolo ramolo nāgamolo

那伽牟嘍　阿藪囉牟嘍　藥叉牟嘍鳩槃茶牟嘍

nāga molo asuramolo yakṣamolokumbhāṇḍamolo

浮單那牟嘍　迦吒富單那牟嘍　阿耶婆牟嘍侯呵侯呵牟嘍

bhūtanamolo kaṭabhūtanamolo ayapamolo huha huhamolo

呵呵呵呵　牟厨帝藥叉牟嘍囉婆呵囉婆呵　囉婆呵

hahahaha mokṣotiyakṣamolo rapaha rapaha rapaha

薩婆烏闍囉婆呵　蘇婆呵

sarva uścarapaha svāhā

爾時，所有諸天、龍王、鳩槃茶、餓鬼、毘舍遮、富單那、迦吒富單那飲血食肉者，皆悉驚怖憂愁恐懼，向佛合掌頭面禮足，而作是言：「唯願世尊，大悲覆護，我等云何復得存活？」

佛言：「汝等且莫憂愁，大地所有華果、五穀、藥草眾味，清淨未食墮落地者，如是華果眾味精氣，汝等食之足得活命。若復有人作食，清淨遺落在地，汝等亦當食其精氣而自充濟。復有我諸聲聞弟子修禪定者，以己善根呪願，汝等亦得色力精氣豐盛，眷屬、朋黨具足勢力。若有施主，施我弟子寺舍、園林、田地、舍宅稱名呪願，汝當於彼與欲隨喜護持養育，以是事故汝等宮殿當得增長。若有施主施我弟子，飲食、衣服、臥具、湯藥，受取之時稱名呪願，汝亦隨喜，以彼呪願汝隨喜故，汝等便得壽命增長、*顏容增長、安樂增長、朋黨增長、勢力增長，汝等晝夜應當精勤護持養育，如是施主及以受者。」

爾時，世尊欲重明此義而說偈言：

兩足大法王，觀眾作是言：帝釋汝問我，各隨與其分。
天龍鳩槃茶，夜叉修羅剎，閻浮諸國土，城邑眾聚落，
曠野諸樹林，山巖井泉池，法眼得久住，諸惡令休息。
豐饒悉可樂，為於閻浮提，四天中鬼神，付囑勤護持，
汝等捨眷屬，我復更分布。莫瞋怒嫉妬，與欲當隨喜，
法喜禪味食。如是諸天眾，一切皆悉起，咸作如是言：
我等為正法，護持閻浮提，聲聞具持戒，不為積聚者，

剃頭不持戒，欲令法眼增，我等皆至心，勤加護養育。
導師告彼言：正法我滅後，具滿五百年，堅固住解脫。
五百年禪誦，五百造塔寺，至後五百年，堅住於鬪諍。
後時有剃頭，破戒無羞恥，供養如是輩，亦得無量福。
譬如金無價，除金至銀寶，鍮石偽銅鐵，白鑞及鉛錫，
世間若無寶，錫鑞為最上。佛寶亦如是，最尊獨第一，
次寶辟支佛，羅漢餘證果，得定淨持戒，破戒名字僧，
深信求解脫，若能供養彼，不久住忍地，必速證菩提。
六欲諸天子，寶國諸鬼神，住林乾闥婆，海中十大龍，
十大鳩槃茶，夜叉十神通，各住本宮殿，護持我正法。
餓鬼住曠野，毘舍遮空室，富單依野田，迦吒塜間住，
如是各隨喜，依分皆護持。依分不正護，復勤惱於他，
我以如是等，更轉付餘天。諸龍夜叉眾，乾闥緊那羅，
天女修羅等，羅剎鳩槃茶，普遍諸國土，安置護養育。

迦毘波羅奈，摩伽拘薩羅，般遮鴦伽國，蘇摩阿濕婆，
摩偷支提國，婆蹉及賒耶，羅吒憂禪尼，羅任輸盧那，
摩尼謿鞞國，乾陀波吒羅，般提婆樓帝，跋尼悉都那，
瞻波鉢浮尼，富樓沙富羅，烏場寄薩梨，金性摩都羅，
波斯勑勤土，般遮囊伽羅，尸利耶摩國，叵耶藪利迦，
罽賓跋利國，佉羅憂羅賒，伽賒遮居國，達羅弗離沙，
箯提沙勒國，婆樓兮周迦，于填及鄯善，龜茲緊那羅，
震旦等國土，護持令安置。於此一切國，諸龍無分者，
一百八十萬，夜叉等無分，及八頻婆羅，修羅不得分，
六萬那由他，天女等無分，六十二百千。我今悉謝汝，
各住本宮殿，護持我正法。當與汝神呪，遮障惡眾生，
休息諸惱害，一切鬪諍訟，亢旱及水潦，病儉諸賊寇，
增長三精氣，諸惡令休息，護持我正法，熾然三寶種。
聲聞諸比丘，三業常相應，剃頭不持戒，一切皆護持。

為諸聲聞故，具捨諸田宅，飲食及湯藥，一切有所須，
如是諸施主，汝等護養育。

大方等大集經卷第五十五

大方等大集經　卷第五十六　摘錄

高齊天竺三藏那連提耶舍譯

月藏分第十二星宿攝受品第十八

爾時，佛告娑婆世界主大梵天王、釋提桓因、四天王言：「過去天仙云何布置諸宿曜辰，攝護國土養育眾生？」

娑婆世界主大梵天王、釋提桓因、四天王等，而白佛言：「過去天仙分布安置諸宿曜辰，攝護國土養育眾生，於四方中各有所主。

「東方七宿：一者、角宿，主於眾鳥；二者、亢宿，主於出家求聖道者；三者、氐宿，主水生眾生；四者、房宿，主行車求利；五者、心宿，主於女人；六者、尾宿，主洲渚眾生；七者、箕宿，主於陶師。

「南方七宿：一者、井宿，主於金師；二者、鬼宿，主於一切國王大臣；三者、柳宿，主雪山龍；四者、星宿，主巨富者；五者、張宿，主於盜賊；六者、翼宿，主於*貴人；七者、軫宿，主須羅吒國。

「西方七宿：一者、奎宿，主行船人；二者、婁宿，主於商人；三者、胃宿，主婆樓迦國；四者、昴宿，主於水牛；五者、畢宿，主一切眾生；六者、*觜宿，主鞞提訶國；七者、參宿，主於剎利。

「北方七宿：一者、斗宿，主澆部沙國；二者、牛宿，主於剎利及安多鉢竭那國；三者、女宿，主鴦伽摩伽陀國；四者、虛宿，主般遮羅國；五者、危宿，主著花冠者；六者、室宿，主乾陀羅國輸盧那國及諸龍蛇腹行之類；七者、壁宿，主乾闥婆善音樂者。

「大德婆伽婆！過去天仙如是布置四方諸宿，攝護國土養育眾生。」

爾時，佛告梵王等言：「汝等諦聽！我於世間天人仙中一切知見最為殊勝，亦使諸宿曜辰攝護國土養育眾生。汝等宣告令彼得知，如我所分國土眾生各各隨分攝護養育。」

大梵王等而白佛言：「如是，大德婆伽婆！唯然受教。」

爾時，佛告梵王等言：「我今以彼于摩國、陀樓國、悉支那國、奈摩陀國、陀羅陀國、佉沙國、羅佉國、賒摩國、侯羅婆國、舍頭迦國、頞闍婆國、沒遮波國，此十二國，付囑角宿攝護養育，亦護角宿日建立國土、城邑、聚落及角宿日所生眾生，汝等宣告令彼得知。」

梵王等言：「如是，大德婆伽婆！唯然受教。」

（略）

爾時，佛告梵王等言：「我今以彼佉搜迦國、信頭婆遲國、阿摩利國、餘尼目佉國、難陀婆國、伽沙國、跋使俱闍國、由婆迦國、婆佉羅國、沙婆羅國、伽樓茶國、鳩籌迦國、婆遮利婆國，此十三國，付囑氐宿攝護養育，乃至唯然受教。」

（略）

爾時，佛告梵王等言：「我今以彼寄薩梨國、摩訶尼梯國、烏場國、須尼棄國、波羅婆國、憂羅婆國、區茶國、尼佉國、乾茶波羅婆國、婆寄多國，如是十國，付囑柳宿攝護養育，乃至唯然受教。」

（略）

爾時，佛告阿若憍陳如言：「為令我法得久住故，成熟眾生故，閻浮提中一切諸國、一名諸國、多名諸國、同名諸國及不列名國，分布與彼天、龍、夜叉乃至迦吒富單那等，令作護持；及宿曜辰，亦付諸國令作護持，乃至令三寶種不斷絕故。所有諸國多名同名，於彼諸國同名夜叉、同名羅剎，有國無鬼神名有鬼神住，還付彼等令作護持，於閻浮提有餘鬼神不列名者亦使護持。

「憍陳如！一切鬼神皆悉發心護持養育，乃至隨我聲聞弟子三業相應常無聚積循法而住，於一切時護持養育。憍陳如！汝等應當常不聚積住阿蘭若，三業相應背捨生死趣向涅槃成熟眾生，應如是學。」

大方等大集經　卷第五十七

摘錄

高齊天竺三藏那連提耶舍譯

大集經須彌藏分第十五滅非時風雨品第三

於時，地藏菩薩摩訶薩告功德天言：「清淨智！汝今當觀此四天下端嚴殊妙，一切菩薩所應供養、憶念守護，於其長夜應當恭敬。今釋迦牟尼佛，集一切菩薩摩訶薩故，顯示一切菩提道行不退轉輪，究竟善巧方便佛灌頂地，乃至汝行檀波羅蜜，滿足最上不退轉行。若汝於如是最上福田，以諸飲食而修供養，以此精勤，速能滿足六波羅蜜，滿足六波羅蜜已，則能究竟安住一切種智。」

時，功德天作如是言：「如是！如是！如仁者所說，唯願聽我說本因緣。我念往昔過無量劫，我共釋迦牟尼佛修菩薩行，同發誓願：『汝若能得成無上道時，願我於彼四天下中，到功德處，得功德處已，於一切眾生中，隨其所須，衣食之具，悉皆給與。』

「仁者！善聽！於過去世過無量劫，彼時有佛，號因陀羅幢相王如來、應供、正遍知、明行足、善逝、世間解、無上士、調御丈夫、天人師、佛、世尊，出現於世，人壽千歲。彼時，有優婆塞名光無垢德，聰慧調柔、多聞無畏，為四眾說法，眾所歸伏，多有眷屬。彼有長子名無垢德，即以偈頌問其父曰：

「父今何故，勤心不下，捨其事業，及自身命。為護眾生，勇猛增勤，
何故此身，不取滅度？」

「爾時，光無垢德復以偈頌而報子言：

「吾見世苦，極迷眾生，生老病死，之所逼迫。煩惱火熾，沈流惡道，
故我勇猛，欲滅彼火。又智減少，不見未來，墮生死河，極重惡處。
對於惡道，迷失正路，為救度彼，故我修行。又不能成，布施調攝，
而常遠離，人天安樂，於善知識，常相乖背。願示眾生，出世要路。
煩惱獄中，常係眾生，無有眼目，復無救者，執著惡見，噉食血肉，
為除彼故，故我修行。我於眾生，如是悲念，為一一人，住阿鼻獄，

具受種種，尤劇苦惱；如為一人，眾多亦然。我不樂求，聲聞智慧，及緣覺智，亦不願求；唯求無上，最勝智慧。子今當知，我行勝道，乃至無量，恒河沙數，苦惱眾生，未脫苦來，為欲度彼，諸眾生故，我終不取，菩提正覺。汝今當知，亦應如是，於諸眾生，常應起悲，應常勇猛，修行善法。以此迴向，無上聖道。煩惱火中，救脫眾生，汝應勇猛，何極苦惱？應當修行，布施調柔，得成佛道，無有疑也。若我得成，無上菩提，汝於眾生，給施飲食。我時授汝，勝菩提記，汝當安住，堅固誓願。」

爾時，功德天語地藏菩薩摩訶薩言：「善男子！我於爾時於因陀羅幢相王佛所，作如是願：『乃至我住世間，隨其久近，種種精勤難行苦行，布施調伏，禁攝放逸及諸禪定，營助眾事多聞捨行，皆悉修習，所有種種難捨能捨。如是，我父於當來世人壽百歲，煩惱怨諍、穢濁迷惑惡世界中，成阿耨多羅三藐三菩提，我於彼國中現為功德主。於釋迦牟尼佛境界眾生及其眷屬，得施無上衣服飲食資身之具。即於釋迦牟尼佛前，得受阿耨多羅三藐三菩提記。若彼土眾生暴惡麁獷、無慈愍心，亦無反復惡行惡心，成就如是種種諸惡，風雨不時或復旱潦，寒熱不調作諸災變，眾生所有諸華果實、五穀藥草及諸美味，悉皆殄滅，奪其精氣，眾生資產皆悉衰耗，而作闇冥。願我爾時於彼眾生福德加被，智慧威力，悉令遮止，生其信心。又令眾生資生不乏，不令行惡，增長善法，佛所應度受化眾生，紹三寶性，使不斷絕、勢力增盛。又，令我得依報自在，教化眾生令得阿耨多羅三藐三菩提。於今佛前所發誓願，於未來世得滿足者，唯願印可，賜言善哉。』

「爾時，因陀羅幢相王佛即便印可、讚言：『善哉！善哉！善男子！如汝所願必得滿足。又，善男子！我當施汝作世水宅心陀羅尼，汝以此陀羅尼心能成就眾多眾生，又令無量眾生豐足資生果報無乏，又能度於煩惱暴流。即說呪曰：

多地耶他　闍藍婆　摩訶闍藍婆　阿奴呵闍藍婆娑囉闍藍婆

tadyathā jalambha mahājalambha anuhajalambha sarajalambha

郁伽闍藍婆　夜叉毘梨闍藍婆　那伽毘梨闍藍婆優羅伽毘梨闍藍婆

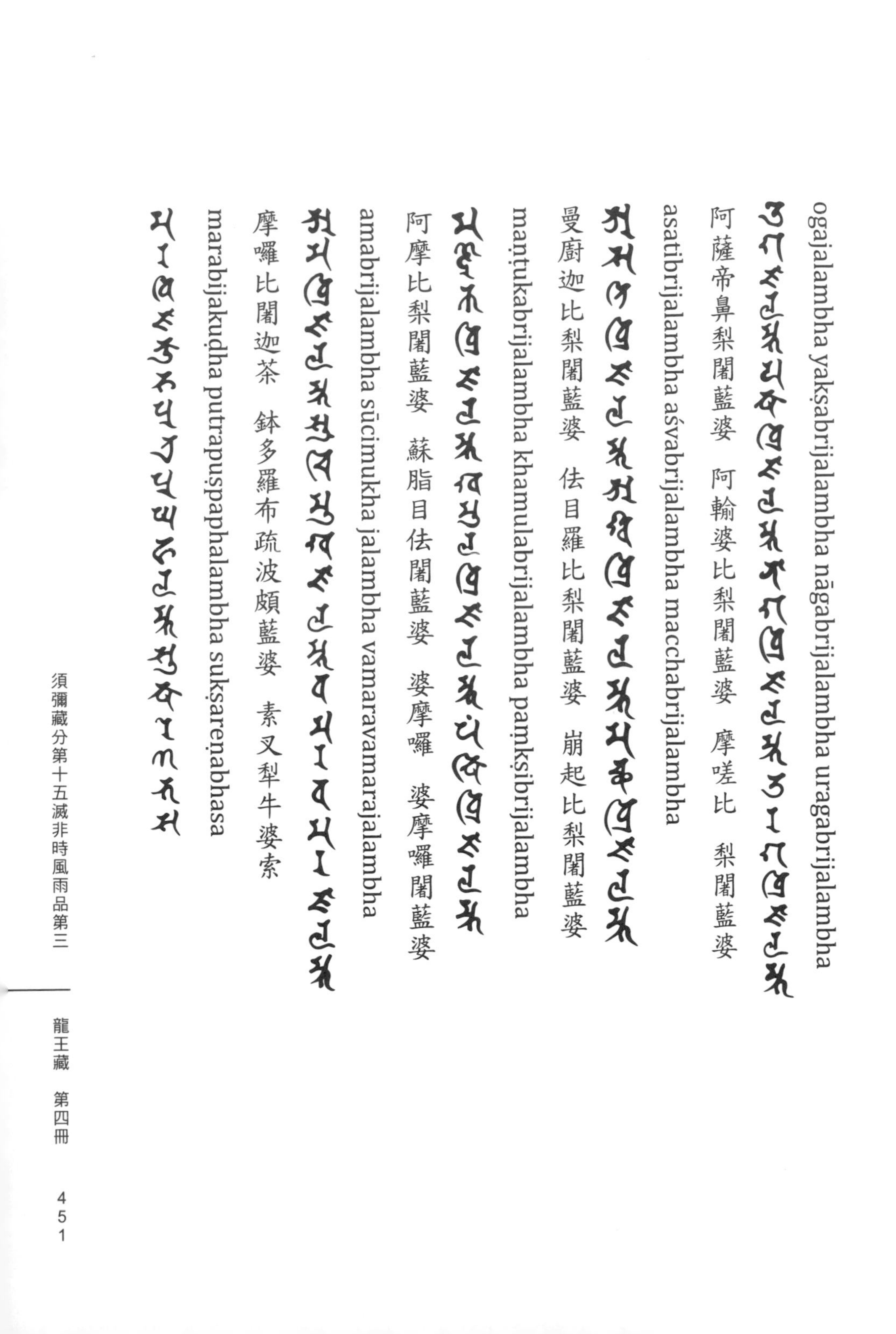

ogajalambha yakṣabrijalambha nāgabrijalambha uragabrijalambha

阿薩帝鼻梨闍藍婆　阿輸婆比梨闍藍婆　摩嗟比　梨闍藍婆

asatibrijalambha aśvabrijalambha macchabrijalambha

曼廚迦比梨闍藍婆　佉目羅比梨闍藍婆　崩起比梨闍藍婆

maṇṭukabrijalambha khamulabrijalambha paṃkṣibrijalambha

阿摩比梨闍藍婆　蘇脂目佉闍藍婆　婆摩囉　婆摩囉闍藍婆

amabrijalambha sūcimukha jalambha vamaravamarajalambha

摩囉比闍迦茶　鉢多羅布疏波頗藍婆　素叉梨牛婆索

marabijakuḍha putrapuṣpaphalambha sukṣareṇabhasa

達摩耶若如耶反比利使致搔醯藍婆　伽苫步上　羅婆窮去　窮去

dharmayajñā briṣtiso hrilambha ghasambhu lava gumgum

婆羅窮頻頭窮　婆羅闍比　娑婆呵

varagum bidungum varajabe svāhā

「『是陀羅尼句，若為他人及自己身，稱其名號，為誦此陀羅尼，一切怖畏、一切殃禍，悉皆消滅。善男子！此作世水宅心陀羅尼，汝若以此心陀羅尼，便能成就眾多眾生。』

「汝善男子！我昔於彼因陀羅幢相王佛所，受持此作世水宅心陀羅尼，於彼佛所種種供養、持戒、多聞、布施、精勤。從是以來，復於十千佛所增進如是願行。以此善根，今於賢劫中得大功德處，今猶不堪成此大業。何以故？從昔以來無量惡龍及夜叉、羅剎、阿修羅、鳩槃茶、餓鬼、毘舍遮等出生世間，於諸眾生毒惡凶暴、無信無悲，無慈愍心，行於惡法，非時風雨、旱潦災雹，寒熱不調、種種返逆，自軍、他軍怨憎鬪諍，熱風暴起，不顧來世。

「是諸眾生，於彼過去諸佛之所加持作世水宅心陀羅尼，不生信樂。彼惡眾生不信樂故，於諸種子、芽莖、枝葉、花果，美味五穀、藥草，及諸資生，破滅毀壞奪其精氣。於諸地味放毒氣吹，以是毒氣，令其地味雜毒澁惡，雜病*垢膩，臭穢無味，令此大地作如是等，由是因緣，眾生不樂。若依地味，眾生食此種子、芽莖、枝葉、華果、諸味、五穀、藥草資身之具者，便生惡心，剛獷毒惡；於諸眾生無悲愍心，不顧後世，為諸病所逼，身色麁惡，種種煩惱諸苦所害，具足惡見住邪歸依；於三寶所，不生信樂、尊重、恭敬、希有之心，乃至禽獸亦復執於種種惡見，迷失本道，諂曲無實，但有口言。彼諸眾生於三寶中，身、口、心意違失善法，破戒比丘不能禁攝，於彼持戒任放相應，辯才大德諸比丘所常生遠離，不能親近，罵詈毀謗、輕弄惱亂、稱揚其過，遠離慚愧，離十善道，心不愛樂一切善行，起遠離心。爾時，眾生遠離福智，壽命短促趣向惡道，是故我今於彼眾生，不能令其豐足所須，亦復不能成熟眾生。

「汝於今者是大丈夫，於正法中而得自在、智慧、善巧。又，汝已度一切三昧陀羅尼忍，善能觀察智慧彼岸，慈悲莊嚴通智彼岸，汝悉已度。又，汝於彼諸菩薩中為最勝幢，已能成就一切眾生，汝今為我，應當於此四天下中，起悲愍心，自智觀察：『云何能令此四天下諸惡毒龍、夜叉、羅剎、阿修羅、鳩槃茶、餓鬼、毘舍遮、迦吒富單那等，一切惡鬼皆悉降伏，風雨順時，水旱調適，秋實豐茂，寒溫和平？』以是因緣，令諸地味增長勢力、氣味香美，食用無患，增益念力，色貌充潤甚可愛樂，稱意之事皆出於世，依此大地諸眾生等，食用無過增長念力，如上所說。」

爾時，地藏菩薩告功德天言：「清淨智！我今能令此佛剎土，所有四大普遍無餘，悉能令變為天飲食，使諸眾生於百千劫食不能盡。何以故？但此眾生薄福德故所不能食，於此勝報非其應器。清淨智！我又能令此娑婆佛剎，變為天宮及天臥具，莊嚴衣服香華果樹，種種音聲眾妙伎樂，眾寶莊嚴悉能為作。此諸眾生遠離福德，又非其器不堪受用，唯除如來、應、正遍知，十住菩薩及住首楞嚴三昧得自在者，乃能受用。清淨智！又，我能令一切眾生置第四禪，令無有餘，豈可不能降伏龍、富單那等？又，我不應佛未聽許而現神變。譬如，轉輪聖王主兵藏臣，不奉王教而發四兵，無有是處。如是，菩薩悉是佛子，從佛心生，從佛口生，從法化生，是故一切諸菩薩等，無有不請如來而現神變。

「清淨智！復有陀羅尼輪，名水風摩尼宮集一切呪術章句，建立一切三世諸佛三寶之性。清淨智！汝今可問如來水風摩尼宮大陀羅尼輪集一切呪術章句，若佛說者，我亦隨喜。汝等若能受持此陀羅尼者，一切所願皆悉滿足。」

爾時，大功德天女與大辯天女、大堅固天女、作光大天女、可憙天女、安隱天女、多摩羅堅固天女、明星主天女、奢摩天女、頗梨天女，如是等上首天女，八萬四千那由他天百千眾前後圍遶，從座而起合掌向佛。時，功德天女即於佛前而說偈言：

能滅極惡濁煩惱，離垢無垢清淨行，
我等渴仰陀羅尼，唯願演說總持輪。
牟尼說寂無穢濁，三寶熾然最勝句，
令修羅等得淨心，增長地味無毒惡。
能除寒熱暴風雨，願說守護奪精氣，

令食穀藥果味等，強記除患修善行。
滅除毒害諸惡見，歸信最勝無上法，
或奪精氣多煩惱，云何教化此眾生？
此諸天等於牟尼，希求最上甚深妙，
顯示趣向菩提道，令諸眾生入大乘。
大眾雲集果願滿，十方菩薩讚佛德，
云何降伏諸惡龍？雨澤調適苗稼茂。

爾時，佛告功德天言：「清淨智！此大陀羅尼，諸佛如來時乃說之，如來今於大眾會前而自要誓，此水風摩尼宮陀羅尼輪，一切十方三世諸佛之所加持，今當顯示。一切十方諸來菩薩得聞此者，彼諸菩薩，能住十方無佛國土五濁世中，能顯示此水風摩尼宮陀羅尼輪，以此陀羅尼力故，其國所有非時風熱、寒溫、旱潦悉皆除滅。由此陀羅尼故，令彼毒惡、無慈愍眾生不顧來世，謂天、龍、夜叉、羅剎、阿修羅、迦樓羅、緊那羅、摩睺羅伽、鳩槃茶、餓鬼、毘舍遮、富單那、迦吒富單那、人、非人等，乃至禽獸，得信樂心，柔和軟善，念力善巧，樂求正法，護持正法，紹三寶種。

「以此陀羅尼力故，彼佛刹土所有眾生，增長壽命、增長身色、增長五穀、增長資生、增長安樂、增長無患、增長名譽、增長持戒、增長多聞、增長布施、增長慈悲、增長智慧、增長方便、增長三昧、增長陀羅尼、增長地觀、增長樂出世、增長化眾生、增長入大乘、增長勝願、增長地地轉入、增長觀察陰界入、增長慚愧、增長攝功德莊嚴佛土、增長六波羅蜜行、增長一切十方諸佛常所護念、增長值遇佛一切菩薩善友、增長遊戲神足、增長壞一切煩惱不令增長、增長神通度於彼岸，不令退滅一切善法乃至無上涅槃。」即說呪曰：

多地他　蘇婆羅　婆羅底　那耶婆羅底　掣(平聲)沙吒婆羅底

tadyathā svarapratinayaprati jyeṣṭhaprati

𑖝𑖟𑖿𑖧𑖞𑖯𑖭𑖿𑖪𑖨𑖢𑖿𑖨𑖝𑖰𑖡𑖧𑖢𑖿𑖨𑖝𑖰𑖕𑖿𑖧𑖸𑖬𑖿𑖙𑖢𑖿𑖨𑖝𑖰

阿那婆羅底　奢婆多喝囉婆羅底　奢囉拏婆羅底

ānaprati sarvataharaprati śaraṇaprati

𑖁𑖡𑖢𑖿𑖨𑖝𑖰𑖭𑖨𑖿𑖪𑖝𑖮𑖨𑖢𑖿𑖨𑖝𑖰𑖫𑖨𑖜𑖢𑖿𑖨𑖝𑖰

鳩牟尼婆羅底　珊支囉婆羅　底掣平聲陀娑羅婆羅底

kumudaprati saṃcaraprati cittasaraprati

娑羅婆羅底　娑羅鉢利訶利　娑羅婆羅多上聲鉢利訶利

saraprati saraparihāri sarapratataparihāri

那耶鉢利訶利　婢毘迦鉢利訶利耶若鉢利訶利蘇婆羅鉢利訶利

nayaṃparihāri pivikaparihāri yajñāparihāri supraparihāri

頻頭鉢利訶利　闍羅鉢利訶利　憩多羅鉢利訶利　特叉鉢利訶利

bintuparihāri jalaparihāri kṣetraparihāri dakṣaparihāri

珊尼摩鉢利訶利　蘇婆婆鉢提犁　劬摩耶婆　末陀索谿

saṃnimaparihāri śubhabhapadre gomayaba madasukhe

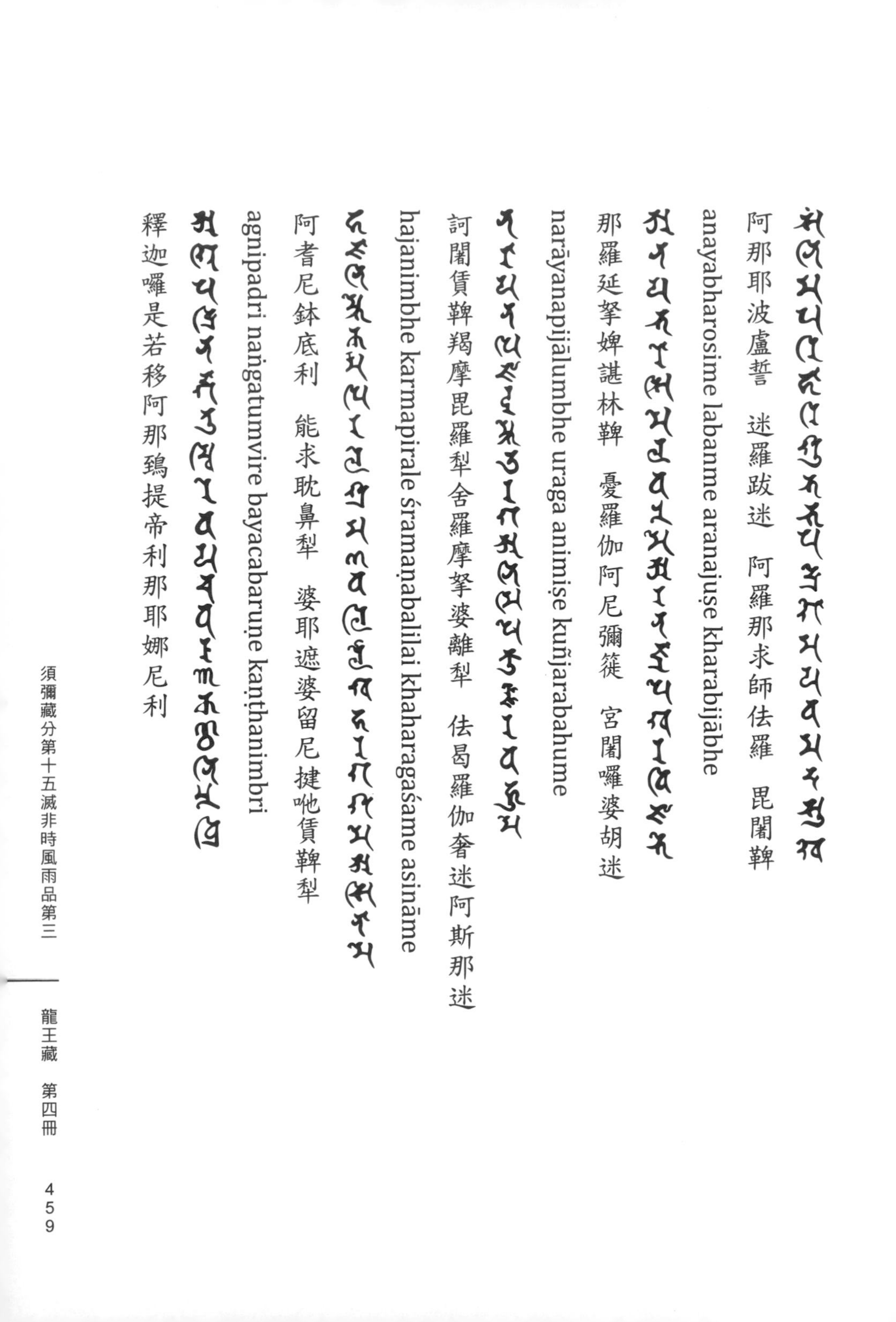

阿那耶波盧誓　迷羅跋迷　阿羅那求師佉羅　毘闍鞞

anayabharosime labanme aranajuṣe kharabijābhe

那羅延拏婢諶林鞞　憂羅伽阿尼彌簁　宮闍囉婆胡迷

nārāyanapijālumbhe uraga animiṣe kuñjarabahume

訶闍賃鞞羯摩毘羅犁舍羅摩拏婆離犁　佉曷羅伽奢迷阿斯那迷

hajanimbhe karmapirale śramaṇabalilai khaharagaśame asināme

阿耆尼鉢底利　能求耽鼻犁　婆耶遮婆留尼揵吔賃鞞犁

agnipadri naṅgatumvire bayacabaruṇe kaṇṭhanimbri

釋迦囉是若移阿那鵄提帝利那耶娜尼利

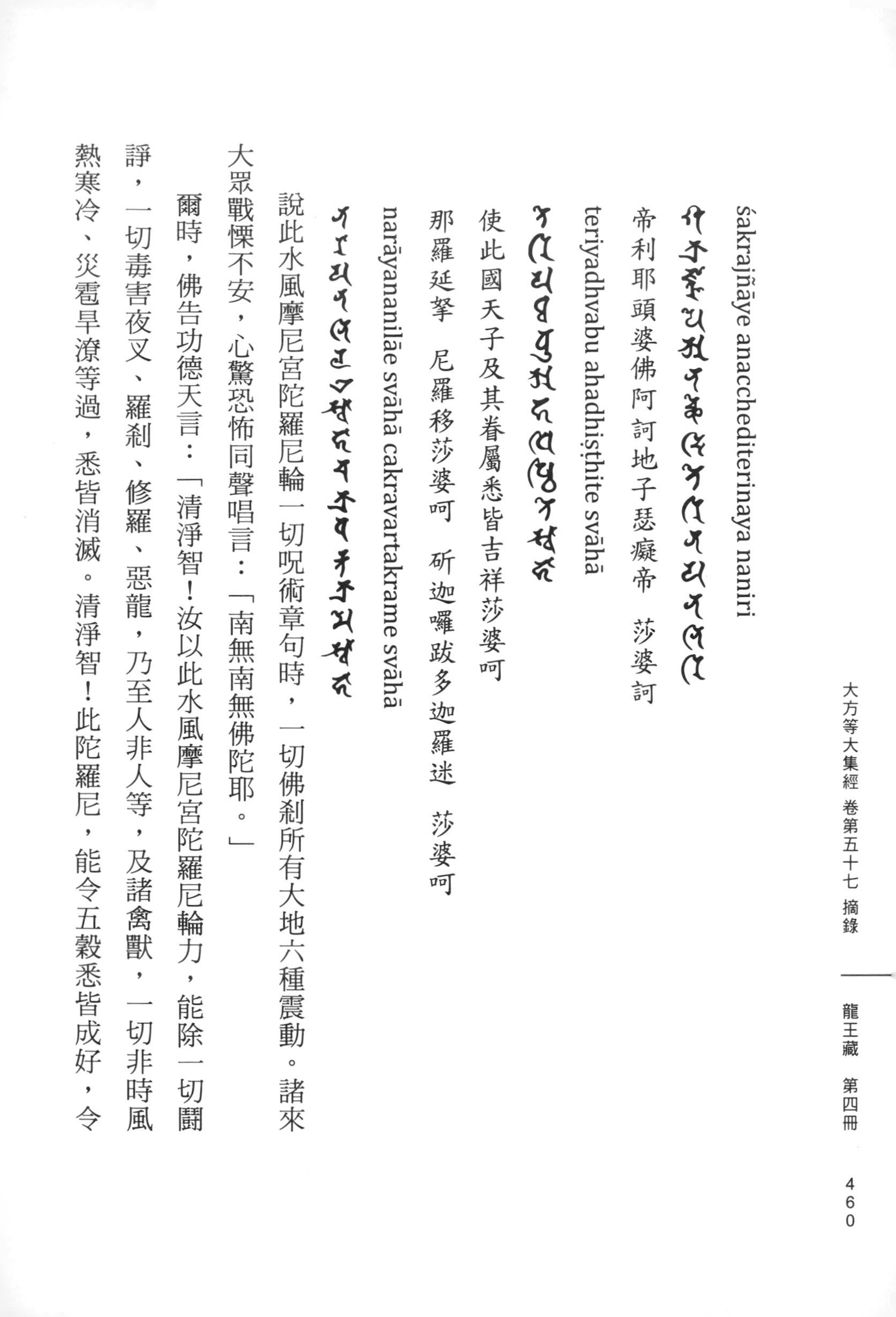

śakrajñāye anacchediterinaya naniri

帝利耶頭婆佛阿訶地子瑟癡帝　莎婆訶

teriyadhvabu ahadhiṣṭhite svāhā

使此國天子及其眷屬悉皆吉祥莎婆呵

那羅延拏　尼羅移莎婆呵　斫迦囉跋多迦羅迷　莎婆呵

narāyananilāe svāhā cakravartakrame svāhā

說此水風摩尼宮陀羅尼輪一切呪術章句時，一切佛剎所有大地六種震動。諸來大眾戰慄不安，心驚恐怖同聲唱言：「南無南無佛陀耶。」

爾時，佛告功德天言：「清淨智！汝以此水風摩尼宮陀羅尼輪力，能除一切鬪諍，一切毒害夜叉、羅剎、修羅、惡龍，乃至人非人等，及諸禽獸，一切非時風熱寒冷、災雹旱潦等過，悉皆消滅。清淨智！此陀羅尼，能令五穀悉皆成好，令諸眾生增益壽命、增長果報，乃至增長一切善法，未入無上涅槃已來不令失壞。若聞此陀羅尼，受持讀誦、如說行者，彼人必定趣於涅槃，安住三界。」

爾時，地藏菩薩白佛言：「世尊！我亦欲說磨刀大陀羅尼，以此陀羅尼力，令一切眾果報所須及以地味，悉無減損，無能毀奪地之精氣。又，亦無能放毒氣者，亦復無能壞其美味，不能令其變為澁惡，亦復不能令其隱沒，亦復不能令此大地不生五穀、芽莖、枝葉、華果、藥草，亦復不能奪其精氣。又復，不令有其毒氣，亦不乾枯，又不澁惡，不令不熟，寒熱不傷，食用無障，食已無毒。若食有毒，能令食者腹痛吐下、身心逼惱、支體攣縮、熱病顛狂；心亂失念，迭相劫奪鬪諍、殺生偷盜，乃至邪見。是諸眾生，常與如上惡法相應，所謂若天、或龍、或夜叉、羅剎、阿修羅、迦樓羅、緊那羅、鳩槃茶、乾闥婆、餓鬼、毘舍遮、或富單那、或迦吒富單那、或人、或非人，於諸眾生不能惱害。

多地他　那鼻　摩訶那鼻　初何囉那鞞　阿鼻具那鞞(去聲)僧輸沙拏那鞞

tadyathā nābi mahānābi kṣuharanābe api guṇābe saṃśoṣadanabe

鼻何囉闍佉鞞阿婆囉牟尼　多嚧那胡嚧醯(呼計反)那他(上聲)鉢帝　利闍婆徒迷

niharājakhabhe aparamunitaruṇahu ruhrenātapateri jabadrome

摩囉婆帝　帝弭羅鉢帝　利蹇茶　涅利何隷

marabate temirapate riskandha nirihare

斫初婆嘶　佉拏(上聲)　毘迷踦(上聲)帝都裔　莎波呵

cakṣobhase gaṇabimekiti tvoye svāhā

鵉求囉踦　莎波呵　布疏簸耶迷　莎波呵

aṅgurake svāhā puṣpayame svāhā

頗羅賃鞞　莎波呵　薩智耶都裔　莎波呵

phalanimbhe svāhā saciyatoye svāhā

賒梨囉　那婆迦羅摩毘沙　莎波呵

śarīra nabakramavisa svāhā

𑖫𑖨𑖱𑖨𑖡𑖤𑖎𑖿𑖨𑖦𑖪𑖰𑖭𑖭𑖿𑖪𑖯𑖮𑖯

此陀羅尼句擁護此國主　莎波呵

「汝清淨智！此是磨刀大陀羅尼。汝以此磨刀大陀羅尼力，於諸眾生能作如上諸大業事、能為大藥。以是因緣故，汝今則能令諸眾生稟受汝化。」

於是一切諸來大眾，讚地藏菩薩言：「善哉！善哉！」

爾時，世尊亦讚地藏菩薩言：「善哉！善哉！善男子！汝今能為一切眾生如大妙藥。何以故？汝身即是微妙大藥，汝於此四天下一切眾生中，眾生之藥：能滅一切眾生苦惱，能施一切眾生樂具，成就大悲。汝能顯示如是甚深磨刀大陀羅尼力故，令此眾生地味、精氣、種子、芽莖、枝葉、華果、諸味、五穀、藥草而不衰損，無毒增長，具足成就眾生食者，令彼眾生穢濁、鬪諍，悉皆消滅，堪修善行。此四天下非時風熱、寒溫、旱潦皆悉消除，日月、星宿、晝夜、月半月盡、時節年歲變怪，為滅此故，說此磨刀大陀羅尼。以此陀羅尼力故，令我三寶種及以法眼得久住世，使此愚闇薄福我慢所壞者、不修善根惡剎利及諸宰相，於我如是百千萬億阿僧祇劫精勤苦行所集之法，不滅不壞，比丘、比丘尼、優婆塞、優婆夷無有惱亂，以無惱故，諸天不忿，天不忿故，一切眾生悉皆獲得如上樂具。」

大方等大集經　卷第五十八　摘錄

高齊天竺三藏那連提耶舍譯

須彌藏分第十五陀羅尼品第四

爾時，世尊告功德天言：「清淨智！我於往昔與汝二人，於因陀羅幢相王佛所同發誓願，我今與汝得願滿足，我今已得阿耨多羅三藐三菩提，汝亦住於功德之處。」

功德天言：「如是！如是！大德婆伽婆！如是！如是！大德修伽陀！我與世尊所願已滿，我與世尊善欲已滿，我共世尊昔於因陀羅幢相王佛所同發誓願，今願悉滿，心意滿足，是故如來出現於世，我今得住功德之處。我今雖復得功德處，猶故未能滿昔本願成熟眾生。何以故？此處多有象龍、馬龍、蛇龍、魚龍、蝦蟇龍，彼於此界諸眾生中，起於惡行，雖說甚深作光陀羅尼，猶故未制此諸惡龍。

彼龍常起非時寒熱、惡雲、暴雨、旱潦不調，傷害眾生及以五穀、芽莖、枝葉、華果、藥草。

「大德世尊！今此世界四天下中，諸龍、大龍及龍眷屬、男龍、女龍、龍男、龍女，所有龍趣生者，彼一切皆已來集。又，十方世界一切佛剎，諸大菩薩摩訶薩皆來集會，及一切天、夜叉、羅剎、乾闥婆、緊那羅、鳩槃荼、餓鬼、毘舍遮、富單那、迦吒富單那等一切來集。又復，世尊聲聞弟子、人、非人等，亦悉來集在大集會，為聽法故，住於佛前，一切眾生依四食活。大德婆伽婆！今正是時，唯願除此諸惡毒龍災害方便、於如來所無有信心，其心常與惡法相應，惱亂眾生，損壞眾生資生之具，毒惡麁獷，於諸眾生無悲愍心，不見後世；莫令於我所化眾生為作障難。是故，世尊！於彼眾生應起大悲，滅彼諸惡。」

爾時，世尊告須彌藏龍仙菩薩摩訶薩言：「善男子！汝於往昔然燈佛所，為化諸龍，發大勇猛弘誓大願。汝，須彌藏！有四生龍、大龍毒惡，過去、未來、現在所有氣毒龍、見毒龍，觸毒、齧毒、貪毒、瞋毒、癡毒龍等，此諸惡龍，今當云何如法除彼所有惡業，令諸眾生所有種種資生之具無所損減，於三寶中信樂愛敬，深信後世，離於惡業？」

爾時，須彌藏龍仙菩薩摩訶薩白佛言：「世尊！我當入彼毒龍宮中，結加趺坐，入龍頻申三昧，以此三昧力故，令彼惡龍貪、瞋、傲慢皆悉消滅，柔和調伏，其心寂靜，深信後世，於一切眾生所，慈悲憐愍，起救濟心，令彼毒龍心生敬信，亦不惱亂一切眾生，安置救濟眾生心地。又，世間所有風雨、旱潦、有雲、大雲、寒熱所害，彼諸眾生當稱我名，合十指掌，作如是言：『大慈悲者！念我！念我！能化伏龍須彌藏菩薩！種種方便、智慧、勇猛、修行無上菩提道者，唯願救我、除滅我苦。』」作是言已，即說呪曰：

多地耶他　薩耽婆步闍　毘梨茶步闍

tadyathā staṃbhabhuja biriṭabhuja

輸拒盧梨茶步闍　迷盧闍婆　伽除婆步闍炎（于劒反）炎阿泥婆步闍

suguloriṭabhuja merujava gatupabhuja yaya anibabhuja

蘇摩羅阿跋多步闍儐菩步闍　莎波呵

smara avartabhuja caibobhuja svāhā

此陀羅尼呪句擁護某甲　莎波呵

「大德婆伽婆！若有眾生為諸毒龍之所惱亂，當稱我名，并誦此陀羅尼，能滅此龍貪、瞋、慢、妬毒惡之心。我以清淨天耳過於人耳而得聞之，我得聞已，若四生龍、大龍、龍父、龍母、龍男、龍女及龍眷屬，不能令彼生敬信心，猶作如是非時風雨、寒熱、旱潦、災雲惡等，若不滅者；又我不與一切眾生安樂因緣、滿其願者，我便欺誑一切十方三世諸佛，亦莫令我得成阿耨多羅三藐三菩提。

「如是，大德婆伽婆！我於過去然燈佛所，於佛眷屬大眾之前，發於如是堅固大願。從是以來常善安住教化眾生。又從是來，復於億那由他百千佛所諸佛現在眷屬前，亦作如是堅固大願。我常安住大精進力，教化眾生策勤不惓，如我今者於世尊前堅固精進等無有異，為欲降化諸惡龍故。

「世尊！我念過去阿僧祇劫已來，未曾憶念於一念頃捨於堅固勇猛精進心，常安住堅固精進教化眾生，乃至今日亦復教化一切眾生。此諸龍王，於大乘法精進修行，謂此善住龍王為一切象龍王，此難陀龍王、婆難陀龍王為一切蛇龍主，此阿耨達龍王為一切馬龍主，此婆樓那王為一切魚龍主，此摩那蘇婆帝龍王為一切蝦蟇龍主。如是等諸大龍王，能與眾生作諸衰惱，自餘諸龍自力不堪作上衰患。此五大龍王安住大乘有大威德，是大龍王各各佛前約率眷屬，不令起作如上災禍，於佛法燈三寶種姓，久住於世不令速滅。」

爾時，一切諸來大眾，同聲讚須彌藏龍仙菩薩摩訶薩言：「善哉！善哉！」

爾時，善住龍王從座而起，偏袒右肩，合掌向佛，而作是言：「大德婆伽婆！依屬於我諸龍大龍，所謂胎生、卵生、濕生、化生，隨佛弟子聲聞、菩薩徒眾眷屬所住國土，慈心相向，無怨害心，住安等心。又，彼國土得為王者，於佛法中得淨信心擁護佛法，不恃傲貴自在而生憍慢，毀壞佛法，亦不惱亂比丘、比丘尼、優婆塞、優婆夷，所有依佛出家若器、非器，剃除鬚髮，服持袈裟，至於彼人信心護持。其國土中或餘眾生於佛法中起怨刺者，國王應當如法遮約。又，其國中先王敬信，曾施沙門及婆羅門田宅封邑，令其受用，更不追奪。若有輔相、明智大臣，和合一心共治國事，得財堅固嘗舒施手，是剎利王善護國土，一切國中所有鬪諍穢濁如前所說，我等諸王各各自勅己之眷屬不起災變。

「何故我今作如是勅？此袈裟染衣一切過去諸佛常所加持。又，此袈裟則為一切諸菩薩種，則是趣向涅槃正路，即是剛刀能斷煩惱，則是涅槃種子，則是失道者燈明，亦是除病者藥。如大猛風吹無明雲，則是欲行惡道者杖，則是吐藥能吐煩惱毒，則是金剛壞修羅冤，則是一切善法寶藏。如清淨水能洗罪染，觀諸法猶如明鏡，能攝亂心猶如羅網，能容禪定猶如寶篋。猶如大地能生諸波羅蜜，應當頂戴如髻明珠。能容忍辱猶如屋宅，則是淨器容十地行。障諸外道猶如城郭，則是良醫治煩惱病。於諸學者如須彌山，除煩惱蒸猶如明月，除邪見闇猶如淨日，為智慧藏猶如大海。於菩提分法猶如華鬘，於一切智智猶如賢瓶，一切佛護猶如意珠。又此袈裟一切諸佛之所加護，於諸眾生雨法雨故。

「是故，婆伽婆！若惡剎利王破壞佛法，惱亂比丘、比丘尼乃至器非器依佛出家者，若治罰其身，或稅其物乃至斷命。是故其國中，有敬信佛、天、夜叉、羅剎、阿修羅、鳩槃荼、餓鬼等有大威德，於彼一切剎利王所起瞋恚心，令彼國土鬪諍、飢儉、疫病、刀兵競起、非時風雨、旱潦、寒熱，損傷五穀、種子、芽莖、枝葉、華果、藥味。此非龍過，是諸龍等實自無辜，橫得惡名。大德婆伽婆！譬如婆羅門自食蒜已與寶女通，不言己臭，妄怨寶女言：『汝臭穢。』世尊！是刹利惡王亦復如是，捨刹利法，行首陀行，以是因緣，彼護國土威德諸天乃至薜荔等，心生瞋忿，破壞國土；國王、臣民不審已過，妄與諸龍、大龍而作惡名。」

佛言龍王：「已曾教勑一切諸王，若順教行者，得人天樂，乃至獲得涅槃之樂；若惡刹利王不順教行者，乃至墮於阿鼻地獄。」復告龍王：「各各自誡己之眷屬，當設嚴教，勿令違犯，令彼現在及未來世，莫壞我法及三寶種。」

爾時，龍王白佛言：「如是！如是！婆伽婆！如是！如是！修伽陀！世尊！隨彼彼土，若有持戒多聞所居之處，於彼國中，隨其所有我之眷屬，若男龍、女龍、龍父、龍母、龍男、龍女及龍眷屬，於彼國土若城邑聚落一切諸處，作非時風雨、霜雹、寒熱，傷壞五穀、華果、藥味資生之具。世尊！若彼福田所居之處，若有諸龍違背我教，我與立誓，令彼惡龍其身焦瘦退失神通，焦熱觸身依報

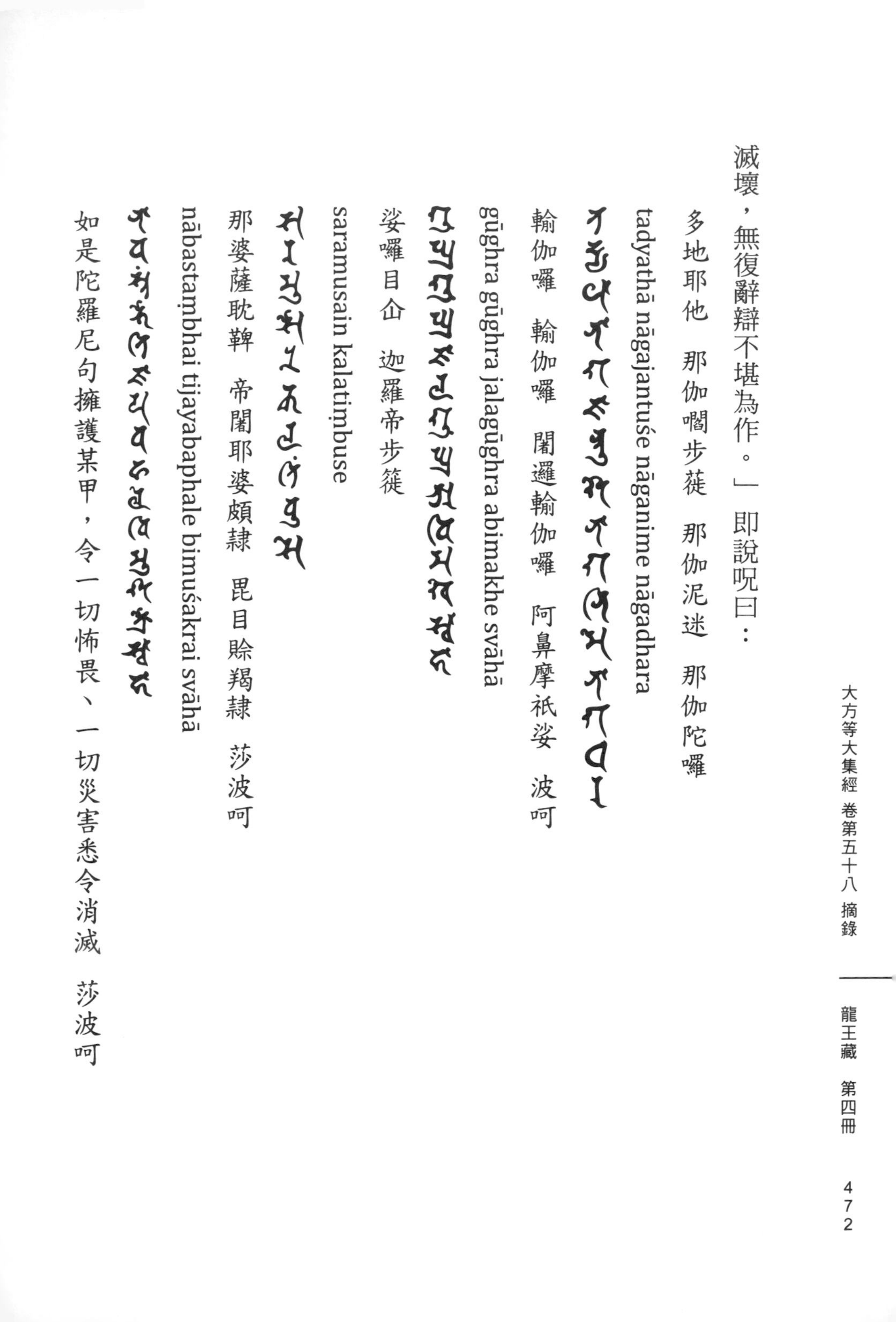

滅壞，無復辭辯不堪為作。」即說呪曰：

多地耶他　那伽嚪步莚　那伽泥迷　那伽陀囉

tadyathā nāgajantuśe nāganime nāgadhara

輸伽囉　輸伽囉　闍邏輸伽囉　阿鼻摩祇娑　波呵

gūghra gūghra jalagūghra abimakhe svāhā

娑囉目佱　迦羅帝步莚

saramusain kalatiṃbuse

那婆薩眈鞞　帝闍耶婆頗隸　毘目賒羯隸　莎波呵

nābastaṃbhai tijayabaphale bimuśakrai svāhā

如是陀羅尼句擁護某甲，令一切怖畏、一切災害悉令消滅　莎波呵爾時，一切大眾讚善住龍王言：「善哉！善哉！大龍王！能護一切眾生。」爾時，會中一切龍眾驚怖恐懼。

時，難陀龍王、婆難陀龍王從座而起，偏袒右肩，合掌向佛而作是言：「大德婆伽婆！若現在世、未來世，若惡剎利王，慳惜資財，自不受用亦不施他，於己資財慳惜耽著不舒施手，於沙門、婆羅門不信，不施貧窮、行路乞匃之者皆不給濟，於己宮內及其眷屬，亦復不與如法樂事。彼彼守護國土諸天、夜叉、羅剎、阿修羅、鳩槃茶、餓鬼等有大威德，彼等一切於惡剎利王起瞋怒心，令彼國土鬪諍、飢饉、疫病、刀兵競起，乃至五穀、藥味悉皆損壞。非彼諸龍及大龍過，彼龍王等實無過失，橫得惡名。

「譬如有風吹彼臭屍，世間之人便言：『臭風。』然彼風性實非臭也。如是，世尊！惡剎利王亦復如是，以慳貪故，一切護國土者起瞋恚心，以瞋恚故破亂其國，橫為諸龍而作惡名。雖然我為彼龍而作教令，若彼諸龍，若過去、若未來違我教者，若於如是諸佛所，有聲聞弟子持戒多聞所居國土，若我眷屬胎生、卵生、濕生、化生，若男龍、女龍、龍父、龍母、龍男、龍女及龍眷屬，於彼城邑、聚落、山川、谿谷，作非時風雨、旱潦、災雹、大寒大熱，傷害眾生五穀、華果及諸藥味資生之具，於佛聲聞弟子、福德人所作損害者，彼諸龍等違我命者，當為立誓，令彼諸龍身體攣縮不能遊行，退失神通焦熱觸身，一切依報悉皆損壞，無復辭辯、無所能作。」即說呪曰：

多地他　婆囉拏輸迷　鳩牛婆頭囉踦婆嚧拏懼鞞

tadyathā baranagūme kunubhadurakṣe baranagubi

𑖝𑖟𑖿𑖧𑖞𑖯 𑖤𑖨𑖡𑖐𑖳𑖦𑖸 𑖎𑖲𑖡𑖲𑖥𑖟𑖲𑖨𑖎𑖿𑖬𑖸 𑖤𑖨𑖡𑖐𑖲𑖤𑖰

阿迦羅踦　翅賒泥毘摩何囉伽踦　鳩拏鼻　阿羅者

akalakṣe keśaṇe bimārgakṣe kunabe arage

𑖀𑖎𑖩𑖎𑖿𑖬𑖸 𑖎𑖸𑖫𑖜𑖸 𑖤𑖰𑖦𑖯𑖨𑖿𑖐𑖎𑖿𑖬𑖸 𑖎𑖲𑖡𑖤𑖸 𑖀𑖨𑖐𑖸

阿多沙隸　那耶那耽鞞　迦羅鳩世

atasale nayanatuṃbhe kālakuśi

𑖀𑖝𑖭𑖩𑖸 𑖡𑖧𑖡𑖝𑖲𑖽𑖥𑖸 𑖎𑖯𑖩𑖎𑖲𑖫𑖰

衰鴦懼波羅製乾　陀何羅婆斯　莎婆呵

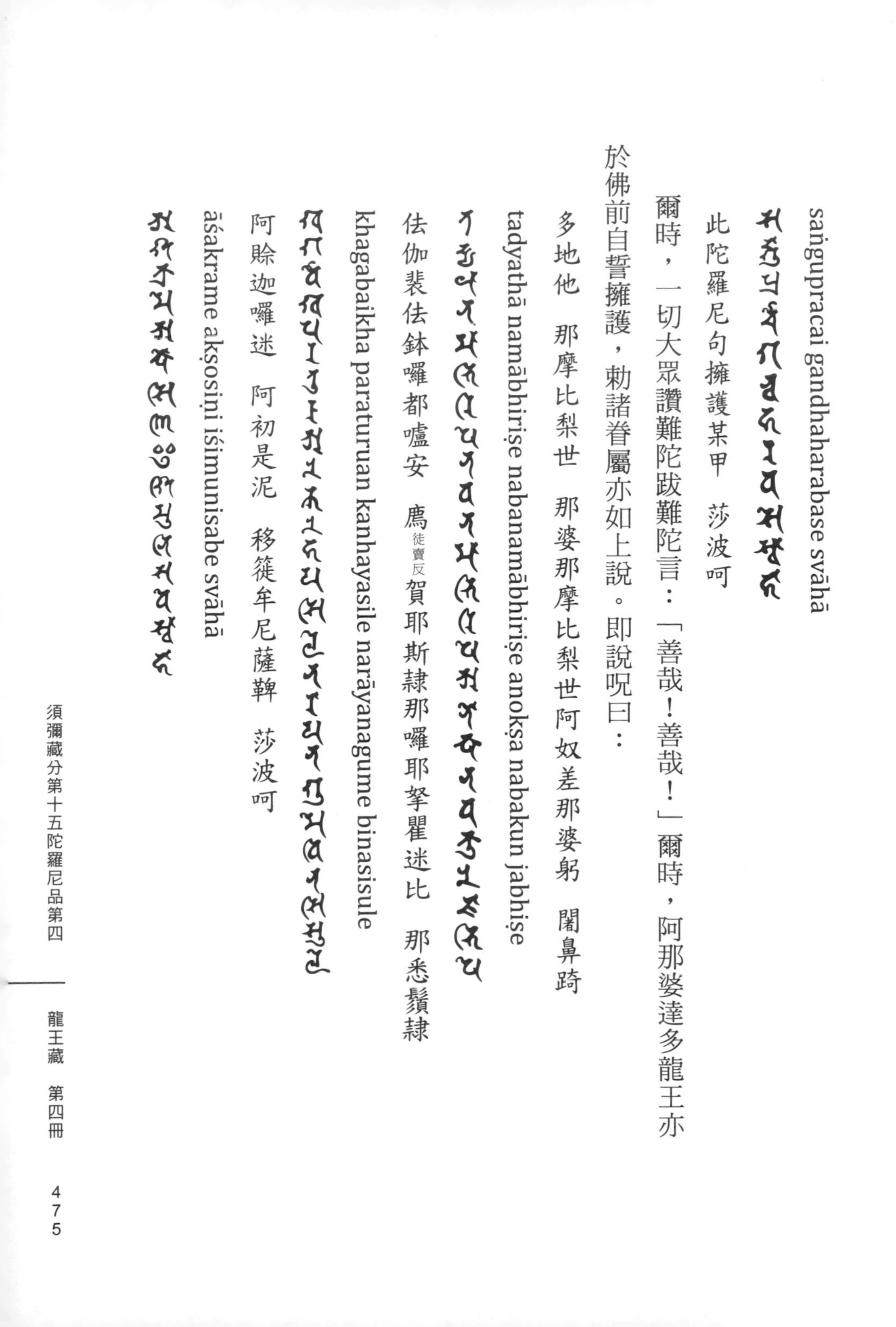

saṅgupracai gandhaharabase svāhā

此陀羅尼句擁護某甲　莎波呵

爾時，一切大眾讚難陀跋難陀言：「善哉！善哉！」爾時，阿那婆達多龍王亦於佛前自誓擁護，勅諸眷屬亦如上說。即說呪曰：

多地他　那摩比梨世　那婆那摩比梨世阿奴差那婆躬　闍鼻踦

tadyathā namābhiriṣe nabanamābhiriṣe anokṣa nabakun jabhiṣe

佉伽裴佉鉢囉都嚧安　鷹（徒賣反）賀耶斯隸那囉耶拏瞿迷比　那悉鬚隸

khagabaikha paraturuan kanhayasile narāyanagume binasisule

阿賒迦囉迷　阿初是泥　移筵牟尼薩鞞　莎波呵

āśakrame akṣosiṇi iśimunisabe svāhā

此陀羅尼擁護某甲令無怖畏殃禍　莎波呵

爾時，婆樓那龍王亦於佛前教令眷屬及自要誓，亦如上說。即說呪曰：

多地他　兮摩鞞迷　簸羅綺拏瞿泥　多摩頻　度帝利泥

tadyathā hemabime parakṣinagune tamabintutrini

𑖝𑖟𑖿𑖧𑖞𑖯𑖮𑖸𑖦𑖤𑖰𑖦𑖸𑖢𑖨𑖎𑖿𑖬𑖰𑖡𑖐𑖲𑖡𑖸𑖝𑖦𑖤𑖰𑖡𑖿𑖝𑖲𑖝𑖿𑖨𑖰𑖡𑖰

婆羅叉達利迷伽僧俱迷　比耶牟苓　翅世

barakṣadhari meghasaṃkume byāmukaṃkeṣe

𑖤𑖨𑖎𑖿𑖬𑖠𑖨𑖰𑖦𑖸𑖑𑖭𑖽𑖎𑖲𑖦𑖸𑖤𑖿𑖧𑖯𑖦𑖲𑖎𑖽𑖎𑖸𑖬𑖸

徒嚧謨提摩移上多那鋸斯　折摩奚雞

trumade maye tanakuse camahike

𑖝𑖿𑖨𑖲𑖦𑖟𑖸𑖦𑖧𑖸𑖝𑖡𑖎𑖲𑖭𑖸𑖓𑖦𑖮𑖰𑖎𑖸

遮羅何囉鴦者　那荼達坻犍荼加都隸　莎波呵

calaharaṅge nādādatte khadakadule svāhā

𑖓𑖩𑖮𑖨𑖒𑖿𑖐𑖸𑖡𑖯𑖟𑖯𑖟𑖝𑖿𑖝𑖸𑖏𑖟𑖎𑖟𑖲𑖩𑖸𑖭𑖿𑖪𑖯𑖮𑖯

此陀羅尼句擁護某甲　莎波呵

爾時，摩那蘇婆帝龍王即從座起，偏袒右肩，右膝著地，合掌向佛而作是言：「大德婆伽婆！若有依我諸龍大龍，胎生、卵生、濕生、化生；婆伽婆！若現在、未來有惡剎利王等，捨剎利王法，行於惡行，是王當趣阿鼻地獄先道，當知皆是惡剎利王過，龍王無辜，橫加惡名，以此因緣，龍王瞋忿作諸惡業。雖然，我等敬受如來之教。

「世尊！譬如人眾之中有妙寶女，澡浴清淨，以香塗身，著轉輪聖王上妙衣服，於其頭首著勝七寶鬘，以真金繩臂印環釧以自莊嚴，乘大象乘，眷屬圍遶送詣剎利王所。如是，世尊！我等諸龍畜生所攝損壞之身，為貪瞋慢之所染污；如來今者是法輪王，以第一調伏水洗浴我等，服慚愧衣，以三十七助菩提分鬘莊嚴頭首，以種種三昧陀羅尼忍地莊嚴我等心意識，昇大乘車。我今欲往離於五濁清淨佛土，隨佛世尊為諸清淨大菩薩眾之所圍遶說大乘法處。是故，我等敬受佛教。

「我於今者及自眷屬，安住堅固弘誓大願。在在處處城邑、聚落、山川、邊城，若聲聞乘人，若辟支佛乘人，若菩薩乘人，若出家若在家，若持戒若破戒，若多聞若少聞，若精進若懈怠，若定若亂，若念若失念，但於如來所，愛信恭敬、心生希有，於法僧所及聖愛戒亦復如是，於三菩提隨意趣向，愛信恭敬，生希有心，堅固安住；隨所住處，若我眷屬，若龍父、龍母，若男龍、女龍，若龍男、若龍女及龍眷屬，隨在在處處城邑、聚落、山川、邊嶮，非時風雨、旱潦、災雹、寒熱暴起，傷害五穀、種子、芽莖、枝葉及諸藥味資生之具。在在處處隨有佛諸聲聞弟子福田住處，若有諸龍違我命教，我今立誓令其身體一切攣縮，退失神通不能遊行，焦熱觸身諸根閉塞，依報失壞不能為作。」即說呪曰：

多地耶他　佛陀闍耶　婆羅差　阿摩尼迷菩哆娑離梨

tadyathā buddhajaya barakṣa amanime bhutasalile

阿婆末提　鉢囉帝耶尼梨阿婆尼邏迷

abamudhya pratyanile abanilame

㕧羅輸箍那蘇都卑鉢梨卑　娑什鞞娑揵陀婆梨　婆囉譎訖利移　莎波呵

sainpaśosi nasdubibaripe sajibi skandhabali bharaṇamkriye svāhā

此陀羅尼擁護某甲　莎波呵

爾時，一切諸來大眾歡喜踊躍，合掌讚嘆摩那蘇帝龍王言：「善哉！善哉！大丈夫！汝所應作為欲利益一切眾生。」是時，一切龍眾驚怖戰慄、悶亂失性。

爾時，有乾闥婆仙名曰藥生，即從座起偏袒右肩，合掌向佛而作是言：「諸佛大眾當一心念，若現在、若未來，惡剎利王愚癡無智憍慢所害，不顧後世，欺誑無悲，惱亂比丘、比丘尼，乃至歸依如來剃鬚著袈裟衣者而作惱亂，我當於彼惡剎利王所，以三昧力故而作是誓，令彼惡王現得果報。當令王身及其眷屬資生樂具，為諸敵國之所侵奪，及為內賊反逆擾亂，河池枯竭或復潦溢，疫病所惱，惡星變現，寇賊競起，耽荒著樂，家親眷屬乖散不安，四大變異鬼神嬈亂，天及諸龍乃至餓鬼有威德者悉皆不安。有剎利、婆羅門、毘舍、首陀，若男、若女亦悉不安，師子、虎狼、惡獸、毒蟲亦皆不安。我今為欲破壞彼惡王國故作此誓。何以故？是諸惡王，於如來所出家剃髮一切諸佛之所住持興三寶種者而作惱亂。」

即說呪曰：

多地他　跋泥　耶婆那鉢隸　摩訶跋那泥

tadyathā baniyabanapale mahāvarnani

度嚧　摩遮嚌　鳩蘇摩婆羅帝　育多衫婆差　鞞摩地利多差婆上嚧鉢那耶

drumacchaṭe kusumaparaṭi yugtasaṃbhākṣa bimādritakṣa balupanaya

鉢利婆利菩摩　度嚧迦囉　迷泥何鎌闍斯　邏迷帝利

paribaribhūma drukra minihalumjasi lamaitri

裴摩跋多　磨輸嚧佉誓　那耶那嫌居隸　卑婆車鞞梨栖

vaimavatamaśrukhaśai nayanahiṅkule bibacchabhrikhaṇ

陀那謨制僧伽毘舍差　波羅剎帝　波羅民　陀達隸

𑖠𑖡𑖦𑖲𑖓𑖸𑖭𑖽𑖐𑖪𑖰𑖭𑖎𑖿𑖬𑖹𑖢𑖩𑖎𑖿𑖬𑖝𑖰𑖢𑖩𑖦𑖰𑖡𑖿𑖠𑖟𑖩𑖸

dhanamuce saṃgavisakṣai palakṣati palamindhadale

浮彌頗師嚌于嚧摩陀隸　婆那伽逝浮摩嚌

bhumiphaṣṭe urumadalai banagaje bhumaṭe

𑖥𑖲𑖦𑖰𑖣𑖬𑖿𑖘𑖸𑖄𑖨𑖲𑖦𑖟𑖩𑖹𑖤𑖡𑖐𑖕𑖸𑖥𑖲𑖦𑖘𑖸

阿婆嚌　頗那耶比梨使　什婆迦羅迷修多羅差　乾闥婆斯迷　莎波呵

abaṭe phanayabṛṣṭi jibākrame sutarakṣa gandharvasimi svāhā

𑖀𑖤𑖘𑖸𑖣𑖡𑖧𑖤𑖴𑖬𑖿𑖘𑖰𑖕𑖰𑖤𑖯𑖎𑖿𑖨𑖦𑖸𑖭𑖲𑖝𑖨𑖎𑖿𑖬𑖐𑖡𑖿𑖠𑖨𑖿𑖪𑖭𑖰𑖦𑖰𑖭𑖿𑖪𑖯𑖮𑖯

此陀羅尼句擁護某甲令無怖畏災禍　莎波呵

「令惡剎利王及不見後世惱亂比丘者，得如是惡。」爾時，一切諸來龍眾及乾闥婆眾，各作是言：「願放捨我。若剎利王違法行惡惱亂法僧，我當順誓，還令我等於自宮內遊戲歌舞自在受樂。」

爾時，一切諸來大眾同聲讚言：「善哉！善哉！」

爾時，地藏菩薩摩訶薩合掌禮佛，而作是言：「世尊！我有一切三昧遊戲神通，今亦欲說幢杖大陀羅尼門。若於此幢杖大陀羅尼門一經耳者，所有耳病悉得除愈，亦除一切貪瞋癡等煩惱諸病，設不全滅，能令輕薄。以此呪呪於海皮，安禪百千遍，用塗王鼓，有聞聲者，所有貪瞋癡等一切煩惱悉皆微薄，於佛法中得清淨信恭敬愛樂希有之心，亦得勇猛隨順法行，深信後世，資生豐足，眾人愛樂莫不憙見。」即說呪曰：

多地他　崩伽婆　末帝阿盧波　摩帝器多羅浮　革波那蹇地

tadyathā paṃgavaṃ matialopa matikṣetra brukapanaghadhi

句那摩厺隸磨蹉奴隸　橋何囉那地那叉跋迷

guṇamasainlai matsadulai gaharanadhi nakṣupame

槃陀何囉輸迷　捭伽羅者梨迷盧醯多何羅鞞儜伽羅蘇

bandhaharaṣmibiṅgaragelime lohitāharabhe naṅgalasū

婆伽那子梨泥安陀柘逝梨迦囉浮逝　雞舍盧醯　三摩提頭婆利　莎波呵

bhaganasiliṇi andhacajelikalabhuje keṣalohi samādidhubari svāhā

此陀羅尼句擁護某甲令離怖畏　莎波呵

爾時，如來讚地藏菩薩摩訶薩言：「善哉！善哉！善丈夫！」及一切大眾亦共讚言：「善哉！善哉！」

爾時，無盡意菩薩即從座起偏袒右肩，合掌向佛而作是言：「佛及大眾唯願隨喜，我今亦欲說大陀羅尼，名一切如來語言音聲發幢蓋摩尼願眼，有大威德、有大威勢、有大威力，滿多聞藏、滿智慧藏，諸佛聲聞之所成就。若有於如來所，盡形壽安住淨戒、安住優婆塞戒，若住沙彌戒、若住具足戒，若器非器，若於此幢蓋摩尼願眼大陀羅尼能受持讀誦七日七夜，慧觀方便恒常觀察於五受陰，數數誦此幢蓋願眼大陀羅尼，於七日七夜能誦滿百千遍，便得聞持隨聞能受，得無量辯才，能令剎利、婆羅門、毘舍、首陀及一切眾生生敬信心，又復能令豐足資財趣向天道，常得親近生諸佛前。」即於佛前而說呪曰：

多地他　帝利拏　僧是若翅　鼻帝利拏頻鞞迦嚂陀差

tadyathā triṇasaṃśaijake bitriṇabimbi karaṃdākṣa

𑖝𑖟𑖿𑖧𑖞𑖯𑖝𑖿𑖨𑖰𑖜𑖭𑖽𑖫𑖹𑖕𑖎𑖸𑖤𑖰𑖝𑖿𑖨𑖰𑖜𑖤𑖰𑖦𑖿𑖤𑖰𑖎𑖨𑖽𑖟𑖯𑖎𑖿𑖬

蒱婆蘇閉　遮摩羅諶鞞　阿婆羅差

bhubasubeca maracabi abhrākṣa

𑖥𑖲𑖤𑖭𑖲𑖤𑖸𑖓𑖦𑖨𑖓𑖤𑖰𑖀𑖥𑖿𑖨𑖯𑖎𑖿𑖬

阿差耶盧　臂阿遲耶兜摩帝彌利尸利婆毘莎婆利鳶渠闍陀是禰

akṣayalubhe addhyadma nimireśribabisabari aṃkuja dhaśaideḥ

𑖀𑖎𑖿𑖬𑖧𑖩𑖲𑖥𑖸𑖀𑖟𑖿𑖠𑖿𑖧𑖟𑖿𑖦𑖡𑖰𑖦𑖰𑖨𑖸𑖫𑖿𑖨𑖰𑖤𑖤𑖰𑖭𑖤𑖨𑖰𑖀𑖽𑖎𑖲𑖕𑖠𑖫𑖹𑖟𑖸𑖾

闍闍囉奴迷　阿那摩輸地彌梨佉其梨差居羅婆嚌末伽婆差袍　婆莎婆利

jajaranome anamaśuddhe mrigaghrikṣa kulabaṭe mugabā kṣabhobasvare

𑖕𑖕𑖨𑖡𑖺𑖦𑖸𑖀𑖡𑖦𑖫𑖲𑖟𑖿𑖠𑖸𑖦𑖿𑖨𑖰𑖐𑖑𑖿𑖨𑖰𑖎𑖿𑖬𑖎𑖲𑖩𑖤𑖘𑖸𑖦𑖲𑖐𑖤𑖯𑖎𑖿𑖬𑖥𑖺𑖤𑖭𑖿𑖪𑖨𑖸

阿佛梨帝蘇步　莎婆囉佉逝　蘇謨帝謨泥　莎波呵

abhulitisubhu svarakhaje smotimoni svāhā

此陀羅尼擁護某甲　莎波呵

爾時，世尊讚無盡意菩薩言：「善哉！善哉！善丈夫！於我法中善作住持，汝能顯現此幢蓋願眼大陀羅尼，能示一切眾生多聞眼。」

爾時，一切菩薩大眾讚無盡意菩薩言：「善哉！善哉！善丈夫！汝於現在及未來世，若有趣向一切大乘眾生，則能增長住持多聞之聚，汝今於此幢蓋願眼滿足多聞大陀羅尼能顯示故。」

爾時，文殊師利童子菩薩摩訶薩，即從座起，偏袒右肩，合掌向佛而作是言：「世尊！我今亦欲令此四天下，所有樹木、華果、五穀、藥味、芽莖、枝葉，及依地眾生資須之具，令其豐足，為擁護故說大陀羅尼，名能懼尸利子利奴。此四天下中，希有未有未見未聞如來所作如是大集，我今說此能懼尸利子利奴大陀羅尼，有大威力，增長一切種子、芽莖、枝葉、華果、藥味，潤澤甘美悉皆豐饒，令一切眾生能作信戒、多聞、布施、智慧、慈悲、方便，長養一切助菩

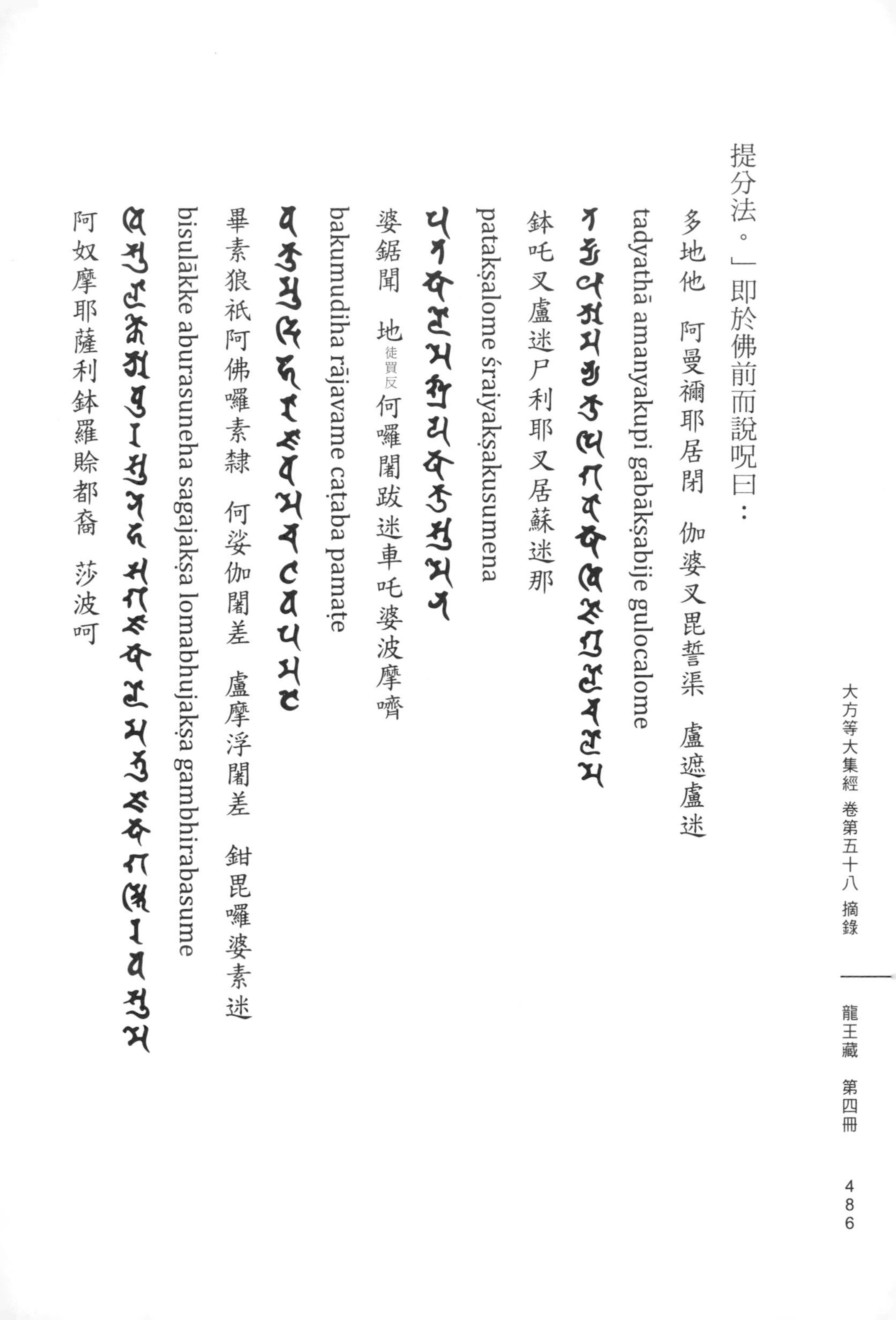

提分法。」即於佛前而說呪曰：

多地他　阿曼禰耶居閉　伽婆叉毘誓渠　盧遮盧迷

tadyathā amanyakupi gabākṣabije gulocalome

鉢吒叉盧迷尸利耶叉居蘇迷那

patakṣalome śraiyakṣakusumena

婆鋸聞　地(徒買反)何囉闍跋迷車吒婆波摩嚌

bakumudiha rājavame caṭaba pamaṭe

畢素狼祇阿佛囉素隸　何娑伽闍差　盧摩浮闍差　鉗毘囉婆素迷

bisulākke aburasuneha sagajakṣa lomabhujakṣa gambhirabasume

阿奴摩耶薩利鉢羅賒都裔　莎波呵

anomaya sarepalaśatoye svāhā

此陀羅尼句擁護某甲　莎波呵

爾時，文殊師利白佛言：「世尊！以此陀羅尼書高幢上，以大音聲而讀誦之。復以此陀羅尼呪磨陀那果汁一千遍，用散樹木、田苗、五穀。若以此呪呪諸螽鼓而吹擊之，隨其音聲所到之處，所有華果、五穀、藥味、依地生者，一切災害無能毀壞，無能乾枯，不能燒滅，亦復不能奪其精氣。又亦不能損其勢力，無能劫奪。若天、若龍乃至大威德薜荔鬼，若魔、若魔子、若魔眷屬不能為害，況餘眾生及眾生數，惟除宿業定障！」

爾時，世尊讚言：「善哉！善哉！善男子！汝今善能於四天下中升施德乘。善男子！汝復又能助成無量眾生無上菩提之道。」爾時，一切諸菩薩眾讚文殊師利菩薩言：「善哉！善哉！如汝所作常應如是。」

爾時，觀世音菩薩語彌勒菩薩摩訶薩言：「我今與汝大陀羅尼，名船華功德，以此陀羅尼句，於諸眾生被以大慈鎧音而為說法。是等眾生以汝三昧神通力故得聞正法，除諸惡心及諸邪見、諸惡知識及諸惡伴，恒常憶念慈悲善根，於一切眾生所起憐愍心，深見後世心、遠離十不善心，住十善道心，悉能清淨一切眾生心，降注法雨稱眾生欲，一切冤家令其欣喜生信樂心。」即說呪曰：

多地耶他　藍步莎婆利　迦莎耶跛迷　三稱移婆竭隸

tadyathā lambusvarekaśāyapame samcaibagale

陀婆何楞伽闍隸　暮力差素何　叉莎婆梨蘇呵　風祇

dhavaharaṃ gajale vṛkṣasukha śāsabalisukha pūje

阿婆路迦隸　悉陀阿毘婆差馳呵　那頻婆子梨

avalokale siddhāpibakṣa thihanapibasire

阿毘扇陀遏鞞　搔婆遮羅　阿婆囉何羅斯

abhiṣantahapi svacara abaraharasa

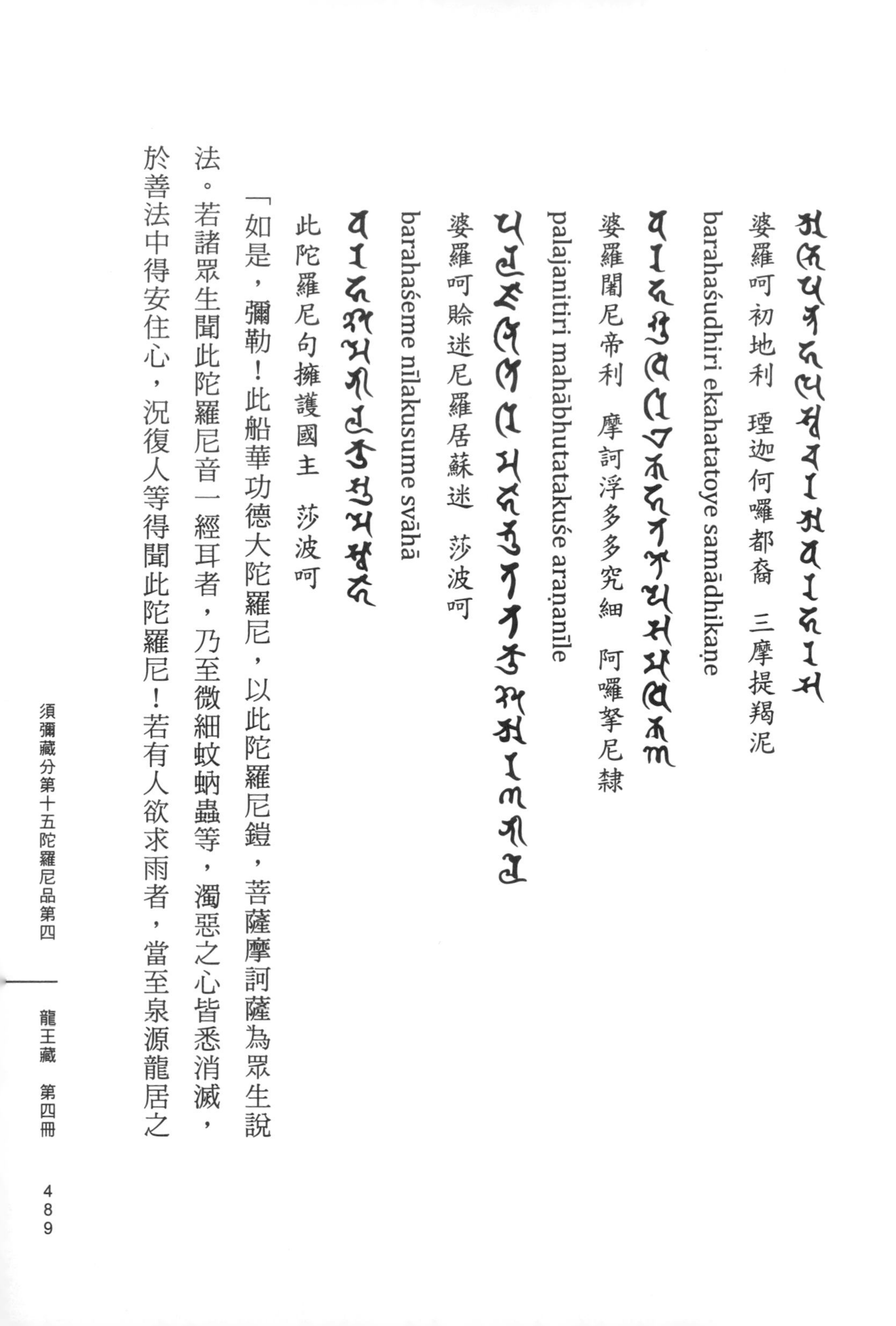

婆羅呵初地利　⿰王垔迦何囉都裔　三摩提羯泥

barahaśudhiri ekahatatoye samādhikaṇe

婆羅闍尼帝利　摩訶浮多多究細　阿囉拏尼隸

palajanitiri mahābhutatakuśe araṇanile

婆羅呵賒迷尼羅居蘇迷　莎波呵

barahaśeme nilakusume svāhā

此陀羅尼句擁護國主　莎波呵

「如是，彌勒！此船華功德大陀羅尼，以此陀羅尼鎧，菩薩摩訶薩為眾生說法。若諸眾生聞此陀羅尼音一經耳者，乃至微細蚊蚋蟲等，濁惡之心皆悉消滅，於善法中得安住心，況復人等得聞此陀羅尼！若有人欲求雨者，當至泉源龍居之處，誦此陀羅尼一日誦一千八遍，日日如是乃至七日。復以種種好華、名香、百味飲食散龍池中，唯除酒肉、五辛、不淨之食，從月七日至十四日。於十五日旦當以胡椒末和蓖麻油呪一千八遍，塗白氎上，棄龍泉中，能令此龍於彼人所生大欣喜，便澍大雨。」

爾時，會中諸大龍及諸龍仙諸來集者，得聞船華功德大陀羅尼，欣喜踊躍不能自勝，深自慶幸，起於慈心、信後世心，於三寶中淨信尊重，生恭敬心、希有之心，懺悔自己生畜生、趣惡業之心，入無上大乘心。彼諸龍等各隨力能，欲供養佛，諸龍、大龍，或有雨於金末、銀末、牛頭栴檀、堅黑沈水龍堅栴檀、多摩羅葉香，又雨優鉢羅華、波頭摩、種種諸華、種種衣、種種蓋、種種幢幡、金繩、珠瓔。

一切諸龍、大龍向佛合掌，一時同聲，而作是言：「大德婆伽婆！我等一切於三寶所，住增上信樂心。我等今者於世尊前說誠實誓，在在處處城邑聚落人民之中，顯示如是船華功德陀羅尼，如是一切諸餘陀羅尼。謂水宅心陀羅尼、磨刀陀羅尼、幢蓋願陀羅尼、能求尸利子利奴陀羅尼、船華功德陀羅尼，及四天王所說陀羅尼，并四龍心陀羅尼，如是等大陀羅尼，在在處處一一顯示、演說、受持、讀誦。我等諸龍，隨彼彼處城邑、聚落、邊地、山川，隨其時節起雲降雨，寒溫調適。我等於彼彼處，滅除自軍他軍鬪亂、諍訟、疫病、飢饉、死亡等，令其處處安隱豐熟，人民安樂甚可愛樂。我又令彼種子、芽莖、枝葉、華果、樹木、五穀、藥草，增長其味不令損減，眾生依報豐饒，肥膩甘甜勝味妙香能令出生。我等亦能令閻浮提一切諸王悉生慈心、利益心、無怨心、無違諍心，如是婆羅門、剎利、毘舍、首陀，乃至夜叉令生慈心，乃至優婆塞、優婆夷，令生和合心。隨此陀羅尼所至到處，我等能為如上所說之事。」

爾時，世尊讚諸龍言：「善哉！善哉！」爾時，一切諸來大眾亦讚諸龍：「善哉！善哉！」

爾時，須彌藏菩薩亦讚：「善哉！」讚善哉已，告功德天言：「清淨智！汝今乃有如是無量諸大菩薩以為善友，猶故不能轉調伏輪成熟眾生。」時，功德天語須彌藏菩薩言：「若菩薩摩訶薩以願力自在因緣故，於此穢惡五濁佛剎受生，得值如是善知識伴，如我今日得遇如是相應善友者，彼人阿耨多羅三藐三菩提便在掌中，則為滿足六波羅蜜。若有勇猛精進菩薩為善友所攝者，一切種智便在掌中。」

佛言：「如是！如是！清淨智！如汝所說，若有菩薩摩訶薩願力自在，為成熟眾生因緣故生五濁世，勇猛精進堅固不退，以四攝法相應，為如是大善知識伴所攝，一切智智已在掌中。當知彼人便為滿足六波羅蜜、離三惡道，當知是人遠離胞胎，當知是人住無學地盡諸有漏，當知彼人為一切諸佛憶念護持，當知是人住離欲地。」

爾時，會中有天帝釋，名無垢威德，合掌向佛而作是言：「世尊！何因何緣，是諸龍、大龍損壞世間眾生資財？」

佛言：「有二因緣，是諸龍等能壞世間眾生資財。何等為二？一者、貪力因緣，二者、瞋力因緣。以是因緣故，起非時雲雨、霜雹、寒熱，損壞眾生所有種子、芽莖、枝葉、華果、五穀、藥味，悉令燒然、乾枯墮落，損減眾生資生之具，令身口意造作種種諸重惡業。眾生以此重業障故，燒滅過去一切善根無有遺餘，遠離善知識，常在三惡道。或有眾生，於現在世為衣食故，乃至造作五逆重業，以惡業故於無量劫不得人身；設使久後得人身者，或諸根殘缺，或失正念，生真陀羅家、下劣種姓工巧之家，貧窮、下賤、衣食不充、資生乏短。又復，以惡業故離善知識，以身口意惡業障行，復墮三惡道中，乃至阿鼻地獄是其勝路，如是善男子飲食乏短故。是諸眾生，久處生死沈流不絕，具受三塗種種極苦。」

爾時，世尊即說偈言：

所有諸苦生，皆由於飲食，若離於飲食，諸苦則不生。

爾時，無垢威德帝釋即說偈言：

奇哉恩愛羂，乃至於有頂，如是廣大羂，皆因飲食生。
凡夫二種因，愛繩係縛身，不能得逃避，猶如鹿著羂。
或走或徐行，起已還復墮，愛毒藥過故，或啼或喜笑。
機關苦輪逼，猶如壓油麻，一切諸人天，愛逼迫亦然。
百千眾伎術，雖見種種巧，愛戲弄人天，巧妙過於彼。
貪愛毒之過，能害一切人，設學武勇怨，猶尚不能及。
如夜叉所執，狂亂種種語，愛夜叉所執，狂亂過於是。

世有吉祥人，能離恩愛怖，若能乾竭愛，則度世彼岸。

爾時，觀世音菩薩亦說偈言：

貪瞋癡惑人，狂亂無正念，遠離一切善，造作重惡業，
不敬尊父母，散滅於善道，不敬信三寶，又造諸逆業，
無有悲愍心，暴惡甚可怖，彼瞋心力故，入阿鼻地獄。
眾生瞋恚故，迭互相食噉，數數惡道中，眾苦所逼迫，
遠離善知識，惡心所躓頓，常處諸有海，遊行黑闇路。
菩薩大悲身，為如是眾生，自捨於己樂，令彼得解脫。
修習菩提行，造作三種事，建立勝法幢，除滅眾生惡。
為一眾生故，廣集諸苦行，精勤修道法，捨財及身命。
為一一眾生，無量劫受苦，救拔眾生故，堪忍世苦惱。
功德天勇猛，住教化眾生，為貪欲眾生，發起菩提心。

爾時，功德天以一斛器盛諸種子，奉上觀世音菩薩摩訶薩，而作是言：「我今以此一切種子施善丈夫，為欲增益一切種子，願令我意所欲成滿。又令我能於四

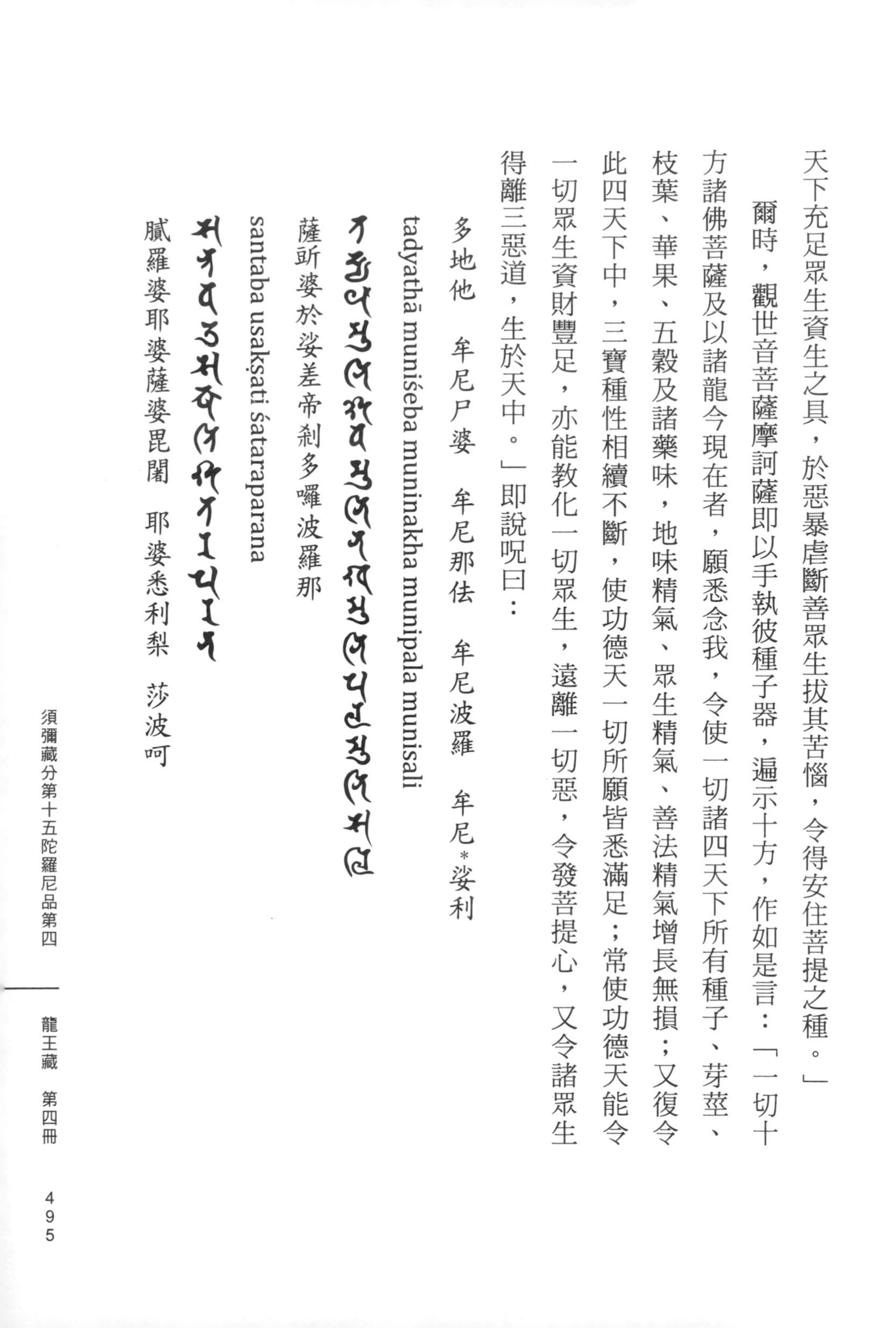

天下充足眾生資生之具，於惡暴虐斷善眾生拔其苦惱，令得安住菩提之種。」

爾時，觀世音菩薩摩訶薩即以手執彼種子器，遍示十方，作如是言：「一切十方諸佛菩薩及以諸龍今現在者，願悉念我，令使一切諸四天下所有種子、芽莖、枝葉、華果、五穀及諸藥味，地味精氣、眾生精氣、善法精氣增長無損；又復令此四天下中，三寶種性相續不斷，使功德天一切所願皆悉滿足；常使功德天能令一切眾生資財豐足，亦能教化一切眾生，遠離一切惡，令發菩提心，又令諸眾生得離三惡道，生於天中。」即說呪曰：

多地他　牟尼尸婆　牟尼那佉　牟尼波羅　牟尼*娑利

tadyathā muniśeba muninakha munipala munisali

薩訢婆於娑差帝剎多囉波羅那

santaba usakṣati śatarapana

膩羅婆耶婆薩婆毘闍　耶婆悉利梨　莎波呵

nilabayaba sarvabijayabasirile svāhā

此陀羅尼句擁護某甲　莎波呵

爾時，世尊讚觀世音菩薩，功德天言：「善哉！善哉！」告功德天言：「清淨智！一切諸佛及諸大眾已作加護，於此四天下中五穀、種子、芽莖、枝葉悉令成熟，又亦令汝能化眾生，汝今應當教化眾生。」

爾時，帝釋憍尸迦白佛言：「世尊！當何名此法門？云何受持？」

佛告憍尸迦：「此經名曰如來共功德天本願要誓經，亦名須彌藏菩薩所願，亦名陀羅尼篋，亦名增長地味，亦名三昧方便教化眾生。」

說此法時，功德大天、須彌藏菩薩摩訶薩，及一切諸來龍、大龍并其眷屬，一切神仙、天人、阿修羅、乾闥婆眾，聞佛所說皆大歡喜。

佛說大集會正法經 卷第一 摘錄

西天譯經三藏朝奉大夫試鴻臚卿傳法大師臣施護奉 詔譯

如是我聞：一時，佛在王舍城鷲峯山中，與大苾芻眾萬二千人俱，尊者阿惹憍陳如、尊者摩訶目乾連、尊者舍利子、尊者摩訶迦葉、尊者思勝、尊者羅睺羅、尊者善容、尊者賢護、尊者賢吉祥、尊者月吉祥、尊者大勢至、尊者滿慈子、尊者善吉、尊者哩嚩諦、尊者栴檀軍，如是等皆大阿羅漢。

是時，有菩薩摩訶薩，其名曰：慈氏菩薩摩訶薩、普勇菩薩摩訶薩、童子吉祥菩薩摩訶薩、童子住菩薩摩訶薩、童子賢菩薩摩訶薩、無所減菩薩摩訶薩、妙吉祥菩薩摩訶薩、普賢菩薩摩訶薩、善現菩薩摩訶薩、金剛軍菩薩摩訶薩、藥王軍菩薩摩訶薩，如是等六萬二千菩薩摩訶薩眾。

復有最勝樹王天子、賢天子、善賢天子、法愛天子、栴檀藏天子、香住天子、栴檀香天子，如是等一萬二千天子眾。復有，妙身天女、極信天女、自在主天女、吉祥目天女、世吉祥天女、大世主天女、大力天女、妙臂天女，如是等八千天女眾。

復有優鉢羅龍王、伊羅鉢怛囉龍王、底民*誐隸龍王、勝器龍王、最上器龍王、妙喜龍王、妙枝龍王、象頭龍王，如是等八千龍王眾俱來集會。

佛說大集會正法經　卷第二　摘錄

西天譯經三藏朝奉大夫試鴻臚卿傳法大師臣施護奉

爾時，普勇菩薩於釋迦牟尼佛前，廣說蓮華藏如來稱讚大集會正法如是功德已，合掌恭敬前白佛言：「世尊！若復有人，於此正法但能合掌頂禮恭敬，所獲善利而復云何？」

佛言普勇：「是人所獲福聚亦復無邊，譬如無熱惱池，龍王所居，而彼宮殿，日所不照，有五大河，池水流出，無有窮盡。假使有人，欲知池水一一滴數，汝謂是人而能知不？」

普勇白言：「不也！世尊！」

佛言：「此大集會正法，所有善根廣大無比，亦復如是。假使有人欲知此法功德限量，縱經千劫終不能盡。又復，普勇！此法甚深，難解、難了，一切如來所共尊重，若復有人須臾聽受，即得如是廣大利益。」

普勇菩薩復白佛言：「世尊！彼五大河其名何等？」

佛言：「五大河者，所謂：殑伽河、細多河、嚩芻河、閻牟那河、贊捺囉婆誐河。此五大河，一一各有五百小河而共圍繞，其水流注入于大海。彼五大河一一河中，而復各有一大龍王，所謂：歡喜龍王、商珂龍王、嚩漢底龍王、唧怛囉西那龍王、法思惟龍王，如是等龍王，各與一千眷屬俱，於閻浮提時降甘雨，百穀苗稼皆悉滋茂，乃至山川、溪壑、林藪、泉池，花卉、菓蓏、枝葉、根莖，雨之所及，無不豐足。

「普勇！當知若有眾生於此正法，起不善語業而生輕謗，彼所獲罪無量無邊。又復，若有眾生於此正法，發善語業而行讚歎，彼所獲福聚亦無量無邊，是人即能親近善友、得見如來，若得見佛，即能銷滅一切罪障。普勇！譬如四大洲中有鐵輪王為一洲主，威猛、自在、廣大、快樂，復能利益一切人民。今此大集會正法亦復如是，於閻浮提中，為諸眾生作大利益。若不得聞此正法者，是人不能成就阿耨多羅三藐三菩提，不能住菩提場、處師子座、轉大法輪、擊大法鼓，亦復不能入涅槃界、放大光明普照世間。」

普勇菩薩復白佛言：「世尊！彼蓮華上世界，蓮華藏如來所說仙人，而能令彼造五業者得滅重罪，我實不知居何等位，願佛慈悲當為開示。」

佛言普勇：「彼仙人者已得不退轉地，久已成就大集會正法。普勇當知，諸佛語言甚深微妙，若有聞此正法深生信受，是即見彼仙人，亦同見彼殑伽沙等諸佛如來殊妙色相，諸佛愛敬諸佛稱讚，常所安住諸佛三昧，而能通達如是大集會正法。」

佛說千佛因緣經 摘錄

後秦龜茲國三藏鳩摩羅什譯

如是我聞：一時，佛在王舍城耆闍崛山中，與大比丘眾五千人俱，其名曰：尊者阿若憍陳如、尊者優樓頻蠡迦葉、尊者伽耶迦葉、尊者那提迦葉、尊者摩訶迦葉、尊者舍利弗、尊者大目犍連、尊者迦栴延、尊者阿那律、尊者阿難等，皆大阿羅漢而眾所知識，如調象王，所作已辦，三明、六通，具八解脫。菩薩摩訶薩八萬四千人，梵德菩薩、淨行菩薩、無邊行菩薩而為上首；跋陀波羅應與無邊俱為上首也；他方月音菩薩、月藏菩薩、妙音菩薩而為上首；如是等諸大菩薩，皆久修梵行，安隱清淨，住首楞嚴三昧，皆悉具足八萬四千諸波羅蜜，於娑婆世界及十方國，示現作佛，轉妙法輪，現般涅槃，於耆闍崛山昇仙講堂，皆師子吼。是諸菩薩摩訶薩等，各各自說過去因緣，如是音聲遍滿三千大千世界。天龍、夜叉、乾闥婆、阿修羅、迦樓羅、緊那羅、摩睺羅伽、人非人等，一切大眾皆悉集會。

爾時，世尊從石室出，問阿難言：「今諸聲聞、諸菩薩等，皆何講論？」阿難白佛言：「世尊！諸菩薩眾，各各自說宿世因緣。」

爾時，世尊安庠徐步如大龍象，披僧伽梨入大眾中，告諸菩薩言：「汝等今者，各說何義？」其大音聲遍滿世界。䟦陀波羅菩薩即從坐起，自為世尊敷師子座，頭面禮足，請佛就坐，白佛言：「世尊！我於今日欲少諮問，唯願世尊，為我解說。」說是語時，八萬四千諸菩薩等，各脫瓔珞散佛供養，所散瓔珞住佛頂上，如須彌山嚴顯可觀，有千化佛坐山窟中。

時，諸菩薩頂禮佛足，異口同音白佛言：「世尊！世尊與賢劫千佛，過去世時種何功德？修何道行？常生一處、同共一家，於一劫中，次第當得阿耨多羅三藐三菩提，化度濁惡諸眾生等，令其堅發三種清淨菩提之心。願為我等，及未來世諸眾生故，當廣分別賢劫千菩薩過去世時，諸波羅蜜本事果報。」

爾時，世尊告諸菩薩言：「諦聽！諦聽！善思念之！吾當為汝分別廣說。

（略）

佛告跋陀波羅：「我念過去無量無數阿僧祇劫，彼世有佛，名海慧如來，十號具足。國名淨樂，七寶莊嚴，地生寶華，如須彌山七寶合成，嚴顯可愛。

「彼佛世尊，常入禪定，默然不言，終不說法，但放白毫大人相光，施作佛事。或有眾生見白毫光如十善印，說十善義；或有眾生見白毫光如五戒印，說五戒義，及五戒緣；或有眾生見白毫光如八戒印，說八戒義，及八戒緣；或有眾生見白毫光如波羅提木叉印，說波羅提木叉義，及波羅提木叉緣；或有眾生見白毫光如六波羅蜜印，說八萬四千諸度義；或有眾生見白毫光如四諦印，說四諦義，及三十七助菩提分法；或有眾生見白毫光如獨覺印，說十二因緣義；或有眾生見白毫光如智相印，演說菩薩初地境界，乃至十地，說首楞嚴光印三昧，說金剛定不壞境界。

「跋陀波羅！如是白毫大人相中，現無量無數恒河沙印，或有印中演法無畏；或有印中說九十五種外道邪術；或有印中說諸天眾上妙報應；或有印中說於劫成及與劫壞；或有印中說日月五星、二十八宿，災異變怪一切世事；或有印中說諸神仙及鬼神道。此白毫印，普照十方化度眾生，隨有緣者顯現佛事。彼佛壽命十二大劫，正法住世亦十二劫，像法住世二十四劫。

「於像法中有千婆羅門，第一婆羅門名檀那世寄，其最後名分若世羅。千婆羅門聰明博智，各皆通達四毘陀論。

「海慧如來像法之中，有一比丘名曰淨龍豐莊嚴，與諸婆羅門共相難詰。婆羅門說毘陀論經神我之法，沙門復以十二部經甚深空義，演說無相，破其貪著。千婆羅門聞無相義，白比丘言：『汝於何處得此無我空寂之法？』

「比丘答言：『三世諸佛，十號具足，所共宣說。海慧如來白毫印中，常說此偈：

「本性義不生，無受無取者，四大性如幻，五陰如炎電。
一切諸世間，猶如旋火輪，皆隨無明轉，業力莊嚴生。
觀性相無常，無我無有生，智者應諦觀，本末因緣義。
本性實際空，縛著橫見有，若能達解空，無願無作處。
無相無所依，必得道如佛，降伏眾魔怨，度脫諸天人。

亦入大解脫，知空是本報，是名佛所說，無我及空義。」

「說此偈已，千婆羅門心大歡喜，禮比丘足，各自還歸，端坐林野，思無我空。經八千萬歲，於大空義心不決了，以思空義功德力故，即於空中得見百千佛，於諸佛所得念佛三昧，即於三昧中見海慧佛白毫印中說甘露偈：

「若欲發道心，修持菩薩戒，欲求真實空，隨學菩薩道。
常當行慈心，除去恚害想，悲愍於一切，觀彼身空寂。
我身無性相，假於四大生，隨順諸佛法，不殺不起瞋。
悉堪受諸法，其心猶如地，常行無所著，一心住一意。
悉觀法平等，無彼亦無此，正心思此義，乃應菩薩行。」

「時，千婆羅門聞此偈已，身心歡喜，倍加精進。即得諸佛現前三昧，於三昧中堅固正受，不退轉於阿耨多羅三藐三菩提心。

「跋陀波羅！爾時龍豐莊嚴比丘者，久已成佛，華光國土龍自在王佛是；千婆羅門，豈異人乎？我等賢劫千佛是。

「跋陀波羅！我與賢劫千佛，於海慧如來遺法之中，聞大空偈，端坐思惟心不決了，猶得超越無量億劫生死之罪。是故汝等，應於空義思惟取證。」

是時，眾會聞佛所說，有得初果，有發無上正真之道，有種辟支佛道因緣者，時會大眾聞佛，所說皆大歡喜。

佛說初分說經 卷上

西天譯經三藏傳法大師賜紫臣施護奉　詔譯

爾時，世尊往詣優樓頻螺耆年迦葉所，到彼處已。時，彼迦葉見佛世尊自遠而來，即白佛言：「善來，大沙門！諸有所須衣服飲食，我悉供給。」是時，世尊即謂迦葉言：「我今於汝此舍之中，止息一夜。」迦葉白言：「此舍非我所止之處，是我事火之舍。有一大龍，見止其中。彼龍具大神通，有大威力，汝今若止其中，恐彼侵害。」於是，世尊第二、第三謂迦葉言：「但令我今於此會中，止息一夜。」一時彼迦葉亦復再三而白佛言：「大龍居中，恐彼侵害，汝今宜應信受我語。」

爾時，世尊即作是念：「我今不應多與其言，起悲愍心，決定轉故。」作是念已，即入火舍，以僧伽梨衣四疊，安置淨草之處，然後世尊加*趺而坐。是時，彼龍心生瞋恚，乃吐煙焰，充塞其舍。世尊即入火界三昧，亦出煙焰，周匝其舍，都成一聚，大火熾焰。彼龍復出青、黃、赤、白種種色相大惡火焰；世尊亦出青、黃、赤、白種種色焰。爾時，優樓頻螺耆年迦葉與自眷屬，於其火舍，周匝旋轉已，作如是言：「此大沙門，最上色相，先不聽我言，必為龍所害。」

是時，世尊以神通力，於須臾間，彼龍威光，自然收攝。時彼迦葉知佛世尊亦得神通，盡其夜分，隨其所應，佛現神通，時即往觀察，乃見其龍，威光漸少，世尊光明，轉復熾盛。

爾時，世尊於明旦時，攝伏彼龍，入其鉢中，持示迦葉言：「此是火舍中龍，我已攝伏。迦葉！此龍有大威力，若諸凡夫，即不能入其舍。」時彼迦葉即生歎異，乃發淨信：「我出家心，豈可止耶！」

復次，優樓頻螺耆年迦葉，欲於日初分時作事火法，即作是念：「此大沙門，有大威力，具大神通，乃至大威力，龍亦能攝伏。我今但於日初分時，作事火法，彼大沙門，於日後分時，應作神通事。」是時，世尊知彼迦葉信佛神通，世尊即為攝神通力，而彼迦葉於日初分，得作大事已，即生歎異，乃發淨信：

「我出家心，豈可止耶！」

又復，迦葉欲於日後分時作事火法，即作是念：「此大沙門，有大威力，具大神通，乃至大威力，龍亦能攝伏，我今但於日後分時，作事火法。彼大沙門，於日初分時，應作神通事。」是時，世尊知彼迦葉信佛神通，世尊即為攝神通力。而彼迦葉於日後分時，得作大事已，即生歎異，乃發淨信：「我出家心，豈可止耶！」

又復，迦葉別作然火法種種施作，皆不能然。復以乾木，投擲其中，及以乾草、乾瞿摩夷、蘇油等物，所應用者，悉擲其內，復作不善相，出是呪言：

伊梨薩哥　多梨薩哥

erisaga darisaga

一切能燒，此何不然？

作是呪已，火亦不然。時，彼迦葉即作是念：「此大沙門，具大神通，有大威力，乃至大威力，龍亦能攝伏，我以何物當為供養？」是時，世尊知彼迦葉信佛神通，世尊即為起神通力，其火乃然。時，彼迦葉即生歎異，乃發淨信：「我出家心，豈可止耶！」

又復，迦葉既作法已，欲滅其火，種種施作，不能息滅，乃取淨土，傾擲其中，復投以灰，乃灑以水，亦作不善相，出是呪言：

伊梨薩哥　多梨薩哥

erisaga darisaga

一切燒已，此何不滅？

作是呪已，火亦不滅。時彼迦葉，即作是念：「此大沙門，具大神通，有大威力，乃至大威力，龍亦能攝伏，我以何物當為供養？」是時，世尊知彼迦葉信佛神通，世尊即為攝神通力，其火乃滅。時，彼迦葉，即生歎異，乃發淨信：「我出家心，豈可止耶！」

復次，迦葉於晝日分而暫睡眠，世尊即化五百耆年，眾狀如迦葉，俱詣其所。化眾到已，高出其聲，互相戲笑。迦葉由戲笑聲，乃從睡覺，作是思惟：

「我今何故耽著睡眠？同梵行者，來亦不知。」時，彼化眾咸讚是言：「善哉！善哉！」是時，迦葉普遍觀察，各各見其色相，乃作是念：「豈非大沙門神力所化邪？彼大沙門，具大神通，有大威力，乃至大威力，龍亦能攝伏，我以何物當為供養？」是時，世尊知彼迦葉信佛神通，世尊即為攝神通力，彼諸化眾忽然不見。時，彼迦葉即生歎異，乃發淨信：「我出家心，豈可止耶！」

爾時，世尊離彼迦葉住處，往詣泥連河岸，珂那聚落中阿惹播羅樹下。世尊行時，體具威儀，容相可觀，既到彼已，而暫止息。是時，迦葉即作是念：「我等今時，亦往泥連河岸，作潔淨事水法，而大沙門亦復在彼。」

作是念已，即與眷屬，詣泥連河岸，到已忽見其水逆流，復作是念：「此水逆流，豈非大沙門神通所作邪？而此大沙門，具大神通，有大威力，乃至大威力，龍亦能攝伏，我以何物，當為供養？」是時，世尊知彼迦葉信佛神通，世尊乃為攝神通力，水即順流。時，彼迦葉即生歎異，乃發淨信：「我出家心，豈可止耶！」

又復，世尊漸次欲渡泥連河，往縛象聚落中，是時大雲忽起，暴雨澍流，河聲泛漲，如角貝響。世尊爾時於急流中，徐緩而進，水分兩派，步步塵生。時，彼迦葉乃作是念：「此大沙門，方涉中流，河水迅急，將非漂沒。」作是念時，乃見世尊，於急流中，水分兩派，步步塵生，漸至其岸。即生歎異：「希有難得！此大沙門名，我於諸世間曾所未聞。」迦葉爾時乃發淨信：「我出家心，豈可止耶！」

迦葉見佛如是等神通事已，轉發最上清淨信心，深生愛樂，乃發是言：「佛大沙門！能作如是神通事業，我以何物當為供養？」

爾時，世尊既至彼岸，於縛象聚落中而乃止息。即於是夜，東方持國天王，來詣佛所，恭敬禮足，彼身光明廣大照耀。迦葉是夜覩斯光已，至明旦時，往詣佛所，到已白言：「大沙門！夜中何故東方光來廣大照耀？」世尊告言：「夜中所現東方光者，是彼持國天王，來禮我足，彼身光明照耀如是。」迦葉爾時即作是念：「彼之名字，我等雖聞，而不能見，況復能來禮沙門足？我觀是事，希有難得。」乃發淨信：「我出家心，豈可止耶！」

第二夜中，南方增長天王，來詣佛所，恭敬禮足，彼身光明廣大照耀。迦葉是夜覩斯光已，至明旦時，往詣佛所，到已白言：「大沙門！夜中何故南方光來廣大照耀？」世尊告言：「夜中所現南方光者，是彼增長天王，來禮我足，彼身光明照耀如是。」迦葉爾時即作是念：「彼之名字，我等雖聞，而不能見，況復能來禮沙門足？我觀是事，希有難得。」乃發淨信：「我出家心，豈可止耶！」

第三夜中，西方廣目天王，來詣佛所，恭敬禮足，彼身光明廣大照耀。迦葉是夜覩斯光已，至明旦時，往詣佛所，到已白言：「大沙門！夜中何故西方光來廣大照耀？」世尊告言：「夜中所現西方光者，是彼廣目天王，來禮我足，彼身光明，照耀如是。」迦葉爾時即作是念：「彼之名字，我等雖聞，而不能見，況復能來禮沙門足？我觀是事，希有難得。」乃發淨信：「我出家心，豈可止耶！」

第四夜中，北方多聞天王，來詣佛所，恭敬禮足，彼身光明廣大照耀。迦葉是夜覩斯光已，至明旦時，往詣佛所，到已白言：「大沙門！夜中何故北方光來廣大照耀？」世尊告言：「夜中所現北方光者，是彼多聞天王，來禮我足，彼身光明照耀如是。」迦葉爾時即作是念：「彼之名字，我等雖聞，而不能見，況復能來禮沙門足？我觀是事，希有難得。」乃發淨信：「我出家心，豈可止耶！」

第五夜中，上方帝釋天王，來詣佛所，恭敬禮足，彼身光明，廣大照耀。迦葉是夜覩斯光已，至明旦時，往詣佛所，到已白言：「大沙門！夜中何故上方光來廣大照耀？」世尊告言：「夜中所現上方光者，是彼帝釋天主，來禮我足，彼身光明，照耀如是。」迦葉爾時即作是念：「彼之名字，我等雖聞，而不能見，況復能來禮沙門足？我觀是事，希有難得。」乃發淨信：「我出家心，豈可止耶！」

第六夜中，四方四大天王、上方帝釋天主，俱詣佛所，恭敬禮足，四王身光，四方互照；帝釋身光，上方照耀。然彼諸光，悉於世尊三摩地光中之所收攝。迦葉是夜覩斯光已，至明旦時，往詣佛所，到已白言：「大沙門！夜中何故四方光來，及彼上方光來照耀？」世尊告言：「夜中所現四方光者，是彼四方天王；上方光者，是帝釋天主；俱來禮足，彼諸身光，照耀如是。」迦葉爾時即作是念：「五方俱來，禮沙門足，我觀是事，希有難得。」乃發淨信：「我出家心，豈可止耶！」

復次，世尊謂迦葉言：「汝今為我於菴摩勒林中，取彼菓來。」迦葉以佛威神力故，如言即取，持以奉佛。世尊又言：「汝於呵梨勒林中，取彼藥來。」迦葉如言取以奉佛。世尊又言：「汝於贍部樹，先取其菓，次復可取隨應知者種種菓來。」迦葉如言取以奉佛。世尊又言：「汝於北俱盧洲，取彼飯來。」迦葉如言取以奉佛。世尊又言：「汝於三十三天中，取彼曼陀羅華來。」迦葉如言取以奉佛。

爾時，迦葉知佛世尊有如是等種種神通，轉復發起最上淨信。世尊知彼心已，於迦葉前，復以神力，以虛空中，別見身相，起三威儀：謂住威儀、行步威儀、加*趺坐威儀，如是所現諸威儀相，皆悉迅疾，如履急流，是相亦然；又於空中，化現眾寶所成樓閣；又復普現黃金色相。世尊現如是等諸神通已，還攝神力，本相如故。

爾時，迦葉常於年中而擇一日，於自住處作祀天會。所有摩伽陀國王舍大城頻婆娑羅王，及其國中一切人民，咸來赴會。而彼迦葉，知設會時至，還本住處，乃作是念：「我常所設祀天施會，今正是時，王及人民，咸悉來集。彼大沙門，面相平滿，遠離顰蹙，無復恚怒，出善語言，見者歡喜。此最上善人若來我舍，我祀天會何能施作？」

爾時，世尊知彼心念已，即現神力，往北俱盧洲，如常乞食，還詣雪山邊，安坐而食。食已，於彼作草菴舍，止息一夜。

時，彼迦葉祀天既畢，設會亦周，飲食所須而尚豐溢。迦葉見已，即作是念：「彼大沙門，今時若來，我當授食。」

世尊知其念已，從虛空中來現其前。迦葉見已，作如是言：「善來，大沙門！我昨設會，汝何不來？」世尊答言：「知汝起念，故我不來。」世尊即為如念而說。

迦葉復言：「汝於今日，何故乃來？」世尊答言：「亦知汝念，欲授我食，故我斯來。」是時，迦葉即作是念：「希有難得！此大沙門知我心意，此必同我亦得阿羅漢。」

世尊知其所念，即時謂言：「迦葉！汝非阿羅漢，不知阿羅漢法。」迦葉聞已，復作是念：「希有！希有！此大沙門，若心若意，若尋若伺，皆悉能知。」作是念已，頭面著地，前禮佛足白言：「世尊！我今歸佛，出家受具足戒，惟願善逝，哀愍攝受。」

佛言：「迦葉！汝今不應投佛出家。所以者何？摩伽陀國王及人民，皆悉宗敬、供養於汝，汝於親屬知識眾中，是最善人，宜應今時審自思忖。」迦葉白佛言：「莫作是說！莫作是說！我於世尊所，生極喜心，發勝愛樂，豈復審思，我今決定歸佛出家。何以故？世尊！我出家已，於沙門、婆羅門、外道眾中，摧伏一切譏毀過失者，執持勝幢，於王舍大城中，次第經行，表示我優樓頻螺耆年迦葉，能於世尊清淨法中而得解脫，是故我今決定歸佛出家。惟願，世尊哀愍攝受。」

佛言：「迦葉！汝能決定歸佛出家者，斯為甚善，然汝今時，亦應與自眷屬而共評議。」

爾時，迦葉如佛教勅，即與眷屬而相議言：「汝等當知，佛大沙門，具大神通，有大威力，一切見者，咸生歡喜。我於佛所，深發最上清淨信心，我今決定歸佛出家。」

諸眷屬言：「我師聖者尚能如是發輕利心，我等諸人豈不出家？是故今時，亦各樂欲，歸佛出家。」

佛說初分說經卷上

佛說隨勇尊者經

西天譯經三藏朝奉大夫試光祿卿傳法大師賜紫沙門臣施護等奉　詔譯

如是我聞：一時，佛在王舍城迦蘭陀竹林精舍，與苾芻眾俱。

時，有尊者名曰隨勇，在王舍城側尸陀林間，蛇聚孤峯之上大僧坊中，而獨經行。忽為毒蛇之所噬螫，蛇之身形瘦細精光、猛惡可畏，如安惹那舍羅迦。即時，隨勇尊者呼苾芻眾謂言：「諸尊者！我為毒蛇之所噬螫，膚體潰壞，今宜置我於僧坊外，無令延毒而復流散。」

是時，尊者舍利子去隨勇尊者所止不遠，在一樹下坐，聞彼隨勇發如是言；聞已，即時往詣其所，到已謂言：「尊者隨勇！我向觀汝面及諸根，本無異相，何故今時乃發是聲？」隨勇答言：「尊者！我為毒蛇之所噬螫，膚體潰壞，今宜置我於僧坊外，無令延毒而復流散。尊者舍利子！若我取著，眼是我，眼是我所，耳、鼻、舌、身、意是我，意是我所。色是我，色是我所；聲、香、味、觸、法是我，法是我所。地界是我，地界是我所；水、火、風、空、識界是我，識界是我所。色蘊是我，色蘊是我所；受、想、行、識蘊是我，識蘊是我所，我若取著如是等法，面及諸根可有異相。尊者舍利子！我不如是取著諸法，謂眼是我，眼是我所；乃至識蘊是我，識蘊是我所；今此何故面及諸根有是異相？」

舍利子言：「尊者隨勇！若我、我所見，及我慢等，斷取著已，復能了知所斷根本永斷無餘，如破多羅樹心不復更生，證無生法者，彼復何有異相可得？」

時，尊者舍利子，以尊者隨勇置僧坊外，僵仆于地。爾時，尊者舍利子，即說伽陀曰：

智者善行於梵行，復常善修正道因，
臨捨壽時喜心生，如重病人得輕差。
智者善行於梵行，復常善修正道因，
臨捨壽時喜心生，猶如棄置惡毒器。
智者善行於梵行，復常善修正道因，

能穎脫於捨報時，如人出離於火宅。
智行梵行修正道，悉觀世間如草木，
都無義利無所成，畢竟一切無繫著。

爾時，尊者舍利子為隨勇尊者安置事已，往詣佛所，到已頭面禮世尊足，具陳上事。

佛言：「舍利子！彼隨勇善男子，若於爾時得聞我說勝妙伽陀及大明章句，彼定不為毒蛇所蓋，潰壞其身。」舍利子白佛言：「世尊！何等勝妙伽陀？何等大明章句？願為我說。」爾時，世尊即說伽陀曰：

持國天王我行慈，愛囉嚩尾龍亦然，
阿說多哩劍末羅，悉體埵子悉慈愛。
廣目天王我行慈，黑瞿曇龍慈亦然，
難陀烏波難陀龍，彼二行慈亦如是。
我於無足行慈愛，二足四足亦復然，
及彼多足諸有情，等行慈心悉無異。

一切龍等行慈愛，彼龍棲止大海中，
於諸有情普慈心，若情若器皆如是。
所有一切有情類，乃至蜎飛及蠕動，
普願銷除病惱因，一切獲得安隱樂；
所有一切有情類，乃至蜎飛及蠕動，
普以賢善平等觀，一切蠲除諸罪惡。
蛇之為毒極猛熾，其毒能壞人身命，
而彼蛇窟山峯中，我常處之而遊上。
我為無上世間師，我常宣說真實語，
以我真實語業因，我身蛇毒不能入。
所有貪瞋及癡法，此三世間為大毒，
世尊大覺毒不侵，佛真實力能破毒，
所有貪瞋及癡法，此三世間為大毒，
世尊正法毒不侵，法真實力能破毒；

所有貪瞋及癡法，此三世間為大毒，
世尊淨眾毒不侵，僧真實力能破毒，
世間所有諸毒中，而貪彼毒最為上，
唯佛能破能攝持，由斯諸毒皆息滅。

爾時，世尊說大明曰：

怛鞑切身佗一　唵引凍蜜里引二　凍蜜里引三

tadyathā oṃ tumirī tumirī

𑖝𑖟𑖿𑖧𑖞𑖯 𑖌𑖼 𑖝𑖲𑖦𑖰𑖨𑖱 𑖝𑖲𑖦𑖰𑖨𑖱

凍彌引四　鉢囉二合凍彌引五　那致引六　蘇那致引七

tume pratume natī sunatī

𑖝𑖲𑖦𑖸 𑖢𑖿𑖨𑖝𑖲𑖦𑖸 𑖡𑖝𑖱 𑖭𑖲𑖡𑖝𑖱

計引嚩致引八　母那曳引九　薩三摩曳引十

kevatī munaye sasamaye

𑖎𑖸𑖪𑖝𑖱 𑖦𑖲𑖡𑖧𑖸 𑖭𑖭𑖦𑖧𑖸

難帝引十一　難底里引十二　泥引里引十三　泥引羅計引尸引十四

nandi nandīri nīrī　nīrakeśī

嚩引里引十五　嚩引羅計引尸引十六　嗢里引十七　泥羊二合虞引里引莎引賀引十八

vārī vārakeśī urī nyaṅgūri svāhā

佛言：「舍利子！彼隨勇善男子，若於爾時得聞我說如是伽陀及大明章句，彼定不為蛇毒所螫潰壞其身。」

舍利子白佛言：「世尊！如佛今說勝妙伽陀及此大明章句，彼隨勇苾芻蛇所螫時，離於佛所，如是妙法其云何得？」

爾時，尊者舍利子說是語已，頭面著地禮世尊足，出於佛會。

佛說隨勇尊者經

持心梵天所問經　卷第四　摘錄

西晉月氏三藏竺法護譯

授現不退轉天子莂品第十五

梵天問曰：「何謂世尊而無所行？」

世尊告曰：「究竟平等，正均空無而為精進。」

「何謂究竟平等，正均空無而為精進？」答曰：「過去心滅，當來未至，現在不住，其滅盡者則不復起。設使獲者，無有起想，如是住者，常無所住，其為法者，設使正法平等，興者則無所起，無所起者，便無過去、當來、現在，設使無有去來今者，便為本淨則無所起。是為，梵天！究竟平等，正均空無而為精進。如是，菩薩疾得授決，則逮法忍具足眾行。」

佛謂梵天：「設使菩薩於一切法而無所習，則曰布施；而不將護一切法者，則曰奉戒；若不思念一切諸法，則曰忍辱；而於諸法無所因緣，則曰精進；而以平等一切諸法，則曰定意；於一切法而無所想，則曰智慧；斯則名曰不造增益，亦不損耗無作不作。常行布施無所悕望，護持禁戒而等同像，遵修忍辱內外清淨，奉行精進具足成就，禪定一心悉無所著，欽尚智慧而無有想。如是忍辱具足行者，菩薩備行普現眾行悉無所著，以無所著等於世法；得利不喜，無利不慼，諮嗟毀呰、獲名失稱、遭樂逢苦，設以值此不動不搖，不以增減，不喜不慼；已過世間之所有法，不以苦患，亦不以惱、不以肅震；無念不念，則無二事，離諸因緣，趣無二法，其墮二見發於大哀，而興己心開化眾生，是為梵天第一精進，用獲無我為忍故也，則向群黎入大悲哀，所生之處攝取救護。」

佛說是精進行時，八千菩薩得不起法忍。佛悉授決當得無上正真之道，皆同一字，名曰堅彊精進如來、至真、等正覺、明行成為、善逝、世間解、無上士、道法御、天人師，為佛、世尊，各各興於異佛世界。爾時，大迦葉白世尊曰：「譬諸大龍而欲雨時雨於大海，此諸正士亦復如是。天中之天猶如大海，而興是像放大法雨，諸大正士，則為巨海，心亦若斯，以真實性，而演法雨。」

佛告迦葉：「如爾所言，此諸大龍不以貪嫉，而不雨於閻浮提也，用閻浮提天下之地，不能堪受大雨之滯。設使，迦葉！斯諸大龍而出大雨雨天下者，令閻浮提郡國縣邑、山陵溪谷，漂沒永盡，如漂樹葉，以是之故，諸大龍王不放大雨雨閻浮提。如是，迦葉！斯諸正士不惜法雨，而不為人及眾生類演出法澤。又復，迦葉！若器堪任應佛法者，斯諸正士則沒海意覺諸眾生，如其心念演出法雨。譬如，迦葉！諸龍雨時，墮諸大滯猶如車輪，大海悉受此之大雨，不以為足，亦不充滿。此諸正士亦復如是，若於一劫、若百千劫，聞所說法，又於諸法不增不減，不以為滿。

「譬如，迦葉！彼於大海，處處諸水萬川四流，歸於海者會為一味，鹹苦如鹽。斯諸正士，若干音聲各演異教而令聞法，適省聽已，悉歸一義，為解脫味，趣空無味。譬如，迦葉！大海之中，而有清淨無垢之寶，淨潔無瑕，則以不受不時之水，亦不受穢。此諸正士亦復如是，清淨無垢，不受一切結恨、懈厭、瞋怒之瑕。譬如，迦葉！大海之中，而極幽深，難得其底，邊際難限。此諸正士亦復如是，所了聖慧而甚邃遠，心入玄妙，幽奧難量，聲聞、緣覺所不能及。譬如，迦葉！大海之中，稸無央數不可計水。此諸正士亦復如是，積聚種殖不可限量，智度無極，合會諸法，故喻大海，如是色像則曰正士。譬如，迦葉！大海之中，積聚無量若干種寶。此諸正士亦復如是，以若干教無量法寶自然充滿。譬如，迦葉！大海之中，有三部寶，真身之寶、清水之寶、為財業寶。此諸正士亦復如是，說經法時，從人根原，心所應脫而令得度，得聲聞乘或緣覺乘或至大乘。譬如，迦葉！大海之中，稍稍廣大，水漸流入，轉成深廣。菩薩如是，志諸通慧、行諸通慧，漸得成就於大聖道。譬如，迦葉！大海之中，不受死尸，不與同處。此諸正士亦復如是，不習聲聞、緣覺之心，不與同歸，不與貪嫉、毀戒、結恨、懈廢、瞋恚心者而與同歸，不與懈廢、亂意、惡智所行者而同歸也，不與吾我人、壽命見者遊居。

「譬如，迦葉，若火災變，消竭川流，大江淵池悉以枯涸，然後大海乃盡無餘。如是，迦葉！流布正法普諸土地，先以施行習正法，然後施於海意眾覺，諸正士等正法歸之。又復，迦葉！此諸正士，寧棄身命不捨正法，諸正士黨流布正法，不當復為造如茲觀。譬如大海有如意珠，名曰金剛，諸寶等集踊出七日，上至梵天而悉燒化，及諸世界三千大千佛土悉盡無餘，乃至他方。」

佛言：「迦葉！其如意珠詣異世界，當見燒壞，未之有也。如是，迦葉！此諸正士，盡一切法興顯發起，於七正法令世依怙，便復遊至他方佛土。何謂為七？諸外異道、隨親惡友、墮邪見行、轉相賊害、受墮諸見、壞諸德本、不得等時，是為興顯發起。於此七法，斯諸正士為如應器，見眾生本遊彼佛國不離諸佛，常見正覺，聽於經典，勸化眾生殖眾德本。譬如，迦葉！無央數人含血之類，依於大海遊居其中。菩薩如是，無央數人眾庶之類，悉來集會而依倚之，遊居同歸，歸於三趣。何謂為三？生於天上、具足人間、成就滅度。譬如，迦葉！大海之中，龍、阿須倫而得自在。此諸正士亦復如是，普悉降伏一切魔眾。」

於是耆年大迦葉啟問世尊：「唯，天中天！計於大海尚可測量竭其邊際，此諸正士不可限量得其崖底？」

世尊報曰：「迦葉！欲知三千大千世界之中所有諸塵，尚可數知，斯諸正士至真之行，不可思議究所歸趣。」於時，世尊說此頌曰：

猶如大海，一切之水，而悉受之，不以厭足。志求法者，亦復如是，好樂正典，不以充滿。猶如大海，受無量水，悉來歸之，而不拒逆。聰達之等，亦復如是，不以智慧，而為具足。大海不惡，污濁之潦，其諸清流，亦復歸趣。遵修行者，亦復如是，而不受諸，塵勞垢穢。猶若大海，不可限量，極廣弘遠，不可卒知。智慧德海，亦復如是，眾生度人，無能解暢。大海之中，若干歸趣，萬川四流，合為一味。若干種人，僉來聽法，悉歸一乘，同誼之典。非一品類，號曰為海，前者成海，而得建立。無所畏者，志願如茲，普為眾生，而興道意。譬如大海，眾寶積聚，則在於彼，而無所著。諸菩薩眾，亦如積珍，而以顯發，成于三寶。猶如江海，而有三寶，雖爾其海，亦無想念。群聖達士，說法如斯，則以三乘，開導眾生。猶如江海，稍益廣大，眾流悉歸，而得充滿。諸菩薩眾，志諸通慧，用群萌故，常遵修行。猶如大海，不受死屍，其海之法，則為如斯。建立菩薩，求道如是，不將慎身，不與同歸。猶若海中，而生眾寶，須彌為妙，處立堅固。

劫燒起時，終不能焚，便則超遊，異佛世界。正法滅時，亦復如是，
強精進者，而攬持之。已觀察見，無任器者，便則往詣，他方佛所。
谿谷江河，泉原枯竭，然後海水，乃為消涸。劫燒起時，則為若茲，
大千世界，悉亦崩毀。凡夫之眾，行在國土，假使正法，已沒盡者。
勇猛之徒，護法如斯，朽棄軀體，不惜壽命。已覺正法，欲消滅盡，
正覺現在，若滅度後，斯等志性，清淨如是。建立法者，所當遵修，
如億眾生，依怙於海。非一品故，而有斯處，其大名稱，志願如是。
一切眾庶，心普得解，尚可限量。分別知之。於佛世界，諸有大海，
斯等所行，不可別知。緣覺之眾，及諸聲聞，無有等倫，況復出表。
諸菩薩行，堅強精進，心如是者，宜為稽首。當得佛道，開度黎元，
斯為眾寶，譬如巨海。當供養此，常福德田，此為良土，上妙醫王。

（略）

諸天歎品第十七

於是，普首童真白世尊曰：「唯願如來建立是法，使於末後五濁之世，流布天下，在閻浮利斯等則為被大德鎧，以三品事致耳聞之。若族姓子、族姓女，設使興立魔因緣者，不隨其教，魔及官屬不得其便，以能受此經典要者，不退不轉至於無上正真之道。」

佛告普首：「善聽！思念！斯經典者，則當久存，天、龍、鬼神、犍沓惒又有神呪，名曰選擇，當分別說神呪句義。所總持者，其有法師、族姓子、族姓女，則得救護，為天、龍、鬼神、犍沓惒、阿須倫、迦留羅、真陀羅、摩睺勒之所救護。若族姓子，若行此徑路，若在閑居，若處室宇，若住房舍、經行思惟，若在眾會，順義澹泊，執持辯才，尋隨方便至於堅強，力勢超異，怨家盜賊不得其便；彼輒如是寂然經行，坐起臥寐如斯。普首！號曰神呪之句義也。

優頭黎頭頭黎　末㖿　遮㖿　彌離梯離梯

udhure dhudhure mare care militiliti

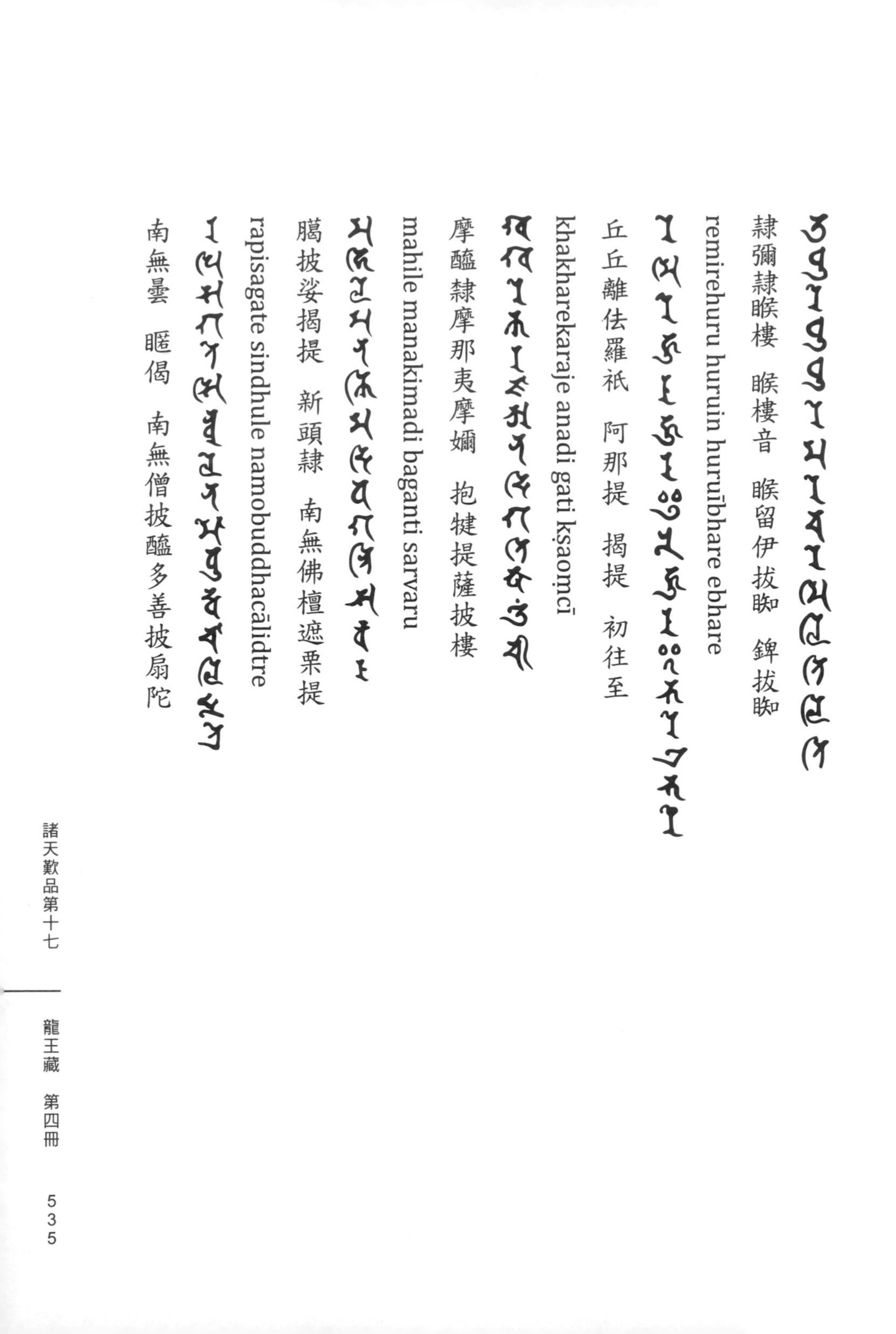

隷彌隷睺樓　睺樓音　睺留伊拔眗　鞞拔眗

remirehuru huruin huruībhare ebhare

丘丘離佉羅祇　阿那提　揭提　初往至

khakharekaraje anadi gati kṣaoṃcī

摩醯隷摩那夷摩嬭　抱揵提薩披樓

mahile manakimadi baganti sarvaru

臈披娑揭提　新頭隷　南無佛檀遮栗提

rapisagate sindhule namobuddhacālidtre

南無曇　暱偈　南無僧披醯多善披扇陀

namo niga namosampihedasampiśantā

薩披波披　彌多羅彌浮提壽　薩遮尼陀羅

sarpipai mitara mibudhesū sarcanidhara

披羅摩那波世多　黎夷波　世多阿致禪提

piramanapaśaita likipa śaitācīdyādhe

薩陀浮陀　迦羅呵　南無佛陀悉禪提慢　陀鉢

sarabhuta karaha namobuddha sidhyāma dhapa

「佛所說呪者，吉！」佛語普首童真：「是為神呪之句，設有菩薩遵修奉行斯經典者，則為已安祥尋後將護，而不卒暴靡有亂心，其行清淨造次第行，而知止足臥寐寂寞，樂於澹泊，不習多事；身心寂淨，樂于慈哀，樂於法樂，建立

誠諦，無所侵欺，存在獨處，精進說法，思惟專精，樂于道義；棄捐除去非義之念，限節燕處以為娛樂，則以獲致為他人說，向於法門現于終始，親友、怨讎等心加之，棄眾想念，不惜身命；能觀眾業，所行具足，樂護禁戒，多修忍力而無麁言；面目和悅，離於憔悴、無惡顏色；先人談言問訊恭恪，棄捐嫉癩，樂善柔渜，所遊居安，是為普首建立行者。

「若族姓子諷誦斯呪，其族姓子見法師者，現獲十力。何謂為十？已逮心力，未曾有忘；至於意力，曉了所念；所至力者，所入經典無不解達；堅固之力，行在生死；慚愧之力，彼我悉護；博聞之力，具足智慧；總持之力，所聞悉攬；辯才之力，佛所建立而得擁護；深法之力，逮得五通；不起法忍力，具足通慧。」

佛語普首菩薩：「若有法師建立是法，諷誦、奉持，則當逮得此十種力。」

佛說於此神呪力業所行術時，其四天王驚悸毛豎，與無央數百千鬼神眷屬圍繞，往詣佛所、稽首佛足，白世尊曰：「我之枝黨則奉佛教獲通流跡，又我等身若有眷屬，將詣族姓子、族姓女為法師者，若講說法獲斯經典，奉卷、受持、諷誦讀者，四天當往將護使得澹泊。若在縣邑郡國、州城大邦，居家、出家，我四天王與其眷屬，當擁護此族姓子、女供侍奉事，令得安隱，無危害者，亦無伺求得其便者。若斯經典所可流布國土處所，當令宿衛面四十里，諸天、龍神、鳩洹眷屬子孫，無得其便。」

爾時，惟樓勒叉護怨大天王，說此頌曰：

我所有眷屬，諸子及宗親，吾能順堪任，供奉此聰達。

時，惟樓博無怨大天王，則說頌曰：

吾為法王子，以法而化成，供養諸佛子，奉建道意者。

提頭賴堅郡大天王，即說頌曰：

則當為將護，普周遍十方，其有持斯典，佛正覺所說。

惟沙慢息意大天王，即說頌曰：

若建立道心，供養後學者，眾生緣供養，不任報其恩。

思益梵天所問經 卷第四 摘錄

姚秦龜茲國三藏鳩摩羅什譯

授不退轉天子記品第十五 丹師子吼品第十九

「世尊！何等是不起相精進？」

佛言：「三世等空精進，是名不起相精進。」

「世尊！云何為三世等空精進？」佛言：「過去心已滅，未來心未至，現在心無住；若法滅，不復更起；若未至，即無生相；若無住，即住實相。又實相亦無有生，若法無生，則無去、來、今，若無去、來、今者，則從本已來，性常不生，是名三世等空精進，能令菩薩疾得受記。梵天！菩薩成就如是法忍者，能了達一切法無所捨，是名檀波羅蜜；了達一切法無漏，是名尸波羅蜜；了達一切法無傷，是名羼提波羅蜜；了達一切法無所起，是名毘梨耶波羅蜜；了達一切法平等，是名禪波羅蜜；了達一切法無所分別，是名般若波羅蜜。若菩薩如是了達，則於諸法無增無減、無正無邪。是菩薩雖布施，不求果報；雖持戒，無所貪著；雖忍辱，知內外空；雖精進，知無起相；雖禪定，無所依止；雖行慧，無所取相。

「梵天！菩薩成就如是法忍，雖示現一切所行，而無所染污。是人得世間平等相，不為利衰、毀譽、稱譏、苦樂之所傾動，出過一切世間法故；不自高、不自下、不喜不慼、不動不逸、無二心、離諸緣，得無二法；為墮見二法眾生起大悲心，為其受身而教化之。梵天！是名第一牢強精進，所謂得無我、空、法忍，而於眾生起大悲心，為之受身。」

說是牢強精進相時，八千菩薩得無生法忍，佛為受記，皆當得阿耨多羅三藐三菩提，各於異土得成佛道，皆同一號，號堅精進。

爾時，大迦葉白佛言：「世尊！譬如諸大龍，若欲雨時，雨於大海；此諸菩薩亦復如是，以大法雨雨菩薩心。」

佛言：「迦葉！如汝所說，諸大龍王所以不雨閻浮提者，非有悋也，但以其地不堪受故。所以者何？大龍所雨，澍如車軸，若其雨者，是閻浮提及城邑、聚落、山林、陂池，悉皆漂流如漂棗葉，是故大龍不雨大雨於閻浮提。如是，迦葉！此諸菩薩所以不雨法雨於餘眾生者，亦無悋心，以其器不堪受如是等法。是故，此諸菩薩但於甚深智慧無量大海菩薩心中，雨如是等不可思議無上法雨。

「迦葉！又如大海，堪受大雨，澍如車軸，不增不減；此諸菩薩亦復如是，若於一劫、若復百劫，若聽、若說，其法湛然，不增不減。迦葉！又如大海，百川眾流入其中者，同一鹹味；此諸菩薩亦復如是，聞種種法、種種論議，皆能信解為一空味。（前幅爾時大迦葉下，丹本為海喻品第二十一）迦葉！又如大海，澄淨無垢，濁水流入即皆清潔；此諸菩薩亦復如是，淨諸結恨塵勞之垢。迦葉！又如大海，甚深無底；此諸菩薩亦復如是，能思惟入無量法，故名為甚深，一切聲聞、辟支佛不能測，故名為無底。迦葉！又如大海，集無量水；此諸菩薩亦復如是，集無量法、無量智慧，是故說諸菩薩心如大海。迦葉！又如大海，積聚種種無量珍寶；此諸菩薩亦復如是，入種種法門，集諸法寶，種種行道，出生無量法寶之聚。

「迦葉！又如大海，有三種寶：一者、少價，二者、有價，三者、無價；此諸菩薩所可說法亦復如是，隨諸眾生根之利鈍令得解脫：有以小乘而得解脫，有以中乘而得解脫，有以大乘而得解脫。迦葉！又如大海，漸漸轉深；此諸菩薩亦復如是，向薩婆若漸漸轉深。迦葉！又如大海，不宿死屍；此諸菩薩亦復如是，不宿聲聞、辟支佛心，亦不宿慳貪、毀戒、瞋恚、懈怠、亂念、愚癡之心，亦不宿我、人、眾生之見。

「迦葉！又如劫盡燒時，諸小陂池、江河、泉源在前枯竭，然後大海乃當消盡；正法滅時亦復如是，諸行小道正法先盡，然後菩薩大海之心正法乃滅。迦葉！此諸菩薩，寧失身命，不捨正法。汝謂菩薩失正法耶？勿造斯觀。迦葉！如彼大海有金剛珠，名集諸寶，乃至七日出時，火至梵世，而此寶珠不燒不失，轉至他方大海之中。若是寶珠在此世界，世界燒者，無有是處；此諸菩薩亦復如是，正法滅時，七邪法出，爾乃至於他方世界。何等七？一者、外道論，二者、惡知識，三者、邪用道法，四者、互相惱亂，五者、入邪見棘林，六者、不修福德，七者、無有得道。此七惡出時，是諸菩薩知諸眾生不可得度，爾乃至於他方佛國，不離見佛、聞法、教化眾生、增長善根。迦葉！又如大海，為無量眾生之所依止；此諸菩薩亦復如是，眾生依止得三種樂：人樂、天樂、涅槃之樂。迦葉！又如大海，鹹不可飲；此諸菩薩亦復如是，諸魔外道不能吞滅。」

於是大迦葉白佛言：「世尊！大海雖深，尚可測量，此諸菩薩不可測也。」佛告迦葉：「三千大千世界微塵，猶可數知，此諸菩薩功德無量，不可數也。」爾時，世尊欲重宣此事，而說偈言：

譬如大海能悉受，一切眾水無滿時，
此諸菩薩亦如是，常求法利無厭足。
又如大海納眾流，一切悉歸無損益，
此諸菩薩亦如是，聽受深法無增減。
又如大海不受濁，濁水流入悉清淨，
此諸菩薩亦如是，不受一切煩惱垢。
又如大海無涯底，此諸菩薩亦如是，
功德智慧無有量，一切眾生不能測。
又如大海無別異，百川流入皆一味，
此諸菩薩亦如是，所聽受法同一相。

又如大海所以成，非但為一眾生故，
此諸菩薩亦如是，普為一切發道心。
如海寶珠名集寶，因是寶故有眾寶，
菩薩寶聚亦如是，從菩薩寶出諸寶。
如大海出三種寶，而此大海無分別，
菩薩說法亦如是，三乘度人無彼此。
又如大海漸漸深，此諸菩薩亦如是，
為眾生故修功德，迴向甚深薩婆若。
又如大海不宿屍，此諸菩薩亦如是，
發清淨心菩提願，不宿聲聞煩惱心。
如大海有堅牢寶，其寶名曰集諸寶，
劫盡燒時終不燒，轉至他方諸佛國。
正法滅時亦如是，堅精進者能持法，
知諸眾生不可度，轉至他方諸佛所。

三千世界欲壞時，火劫將起燒天地，
百川眾流在前涸，爾時水王於後竭。
行小道者亦如是，法欲盡時在前滅，
菩薩勇猛不惜身，護持正法後乃盡。
若佛在世滅度後，是心中法寶不滅，
深心清淨住是法，以此善法修行道。
百千眾生依止海，海成非為一眾生，
菩薩發心亦如是，為度一切眾生故。
十方世界諸大海，猶尚可得測其量，
是諸菩薩所行道，聲聞緣覺不能測。
迦葉當知諸菩薩，勇猛精進迴向心，
願欲作佛度眾生，尚無與等何況勝？
是德寶聚如大海，是可供養良福田，
是為最上大醫王，能療一切眾生病。（略）

諸天歎品第十七 丹如來神呪品第二十三

爾時，文殊師利白佛言：「惟願世尊護念是法，於當來世後五百歲，廣宣流布此閻浮提，令得久住；又令大莊嚴善男子、善女人咸得聞之；設魔事種種起而能不隨魔，若魔民亦不得便；以受持是經故，終不退失阿耨多羅三藐三菩提。」

爾時，佛告文殊師利：「如是！如是！汝今善聽！欲令此經久住故，當為汝說召諸天、龍、夜叉、乾闥婆、鳩槃茶等呪術。若法師誦持此呪，則能致諸天、龍、夜叉、乾闥婆、阿修羅、迦樓羅、緊那羅、摩睺羅伽等，常隨護之。是法師若行道路、若失道時、若在聚落、若在空閑、若在僧房、若在宴室、若經行處、若在眾會，是諸神等常當隨侍、衛護，益其樂說辯才。又，復為作堅固憶念慧力因緣，無有怨賊得其便者，使是法師行、立、坐、臥一心安詳。文殊師利！何等為呪術章句？

鬱頭隷一 頭頭隷二 摩隷三 遮隷四 麑隷五

udhure dhudhure mare care nire

梯隸緹隸六　彌隸七　睺樓八　睺樓九　睺樓十

tire dire mire huru huru huru

堙婆隸十一　韋多隸十二　麴丘隸十三　阿那禰十四　伽帝十五

ebhare betare khakhare anadi gati

摩醯履十六　摩那*徙十七　摩禰十八　婆睺乾地薩波樓帝十九

mahile manase madi bahugandhi sarvarute

羅婆婆伽帝二十　辛頭隸二一　南無佛馱遮黎帝隸二二

rababagate sindhule namo buddhacālidtre

南無達摩涅伽陀禰二三　南無僧伽和醯陀和醯陀二四

namo dharma nigatani namo saṃghāhohedahoheda

毘婆扇陀禰二五　薩婆波波禰麑帝隷彌浮提履二六

vibhaśantāni sarva papami nitere mibudhele

薩遮涅提舍　梵嵐摩波舍多　予利師鞞　波舍多

sarcanidheśa bralummapaśata uliṣibhyaḥ paśata

阿哆羅提*侘*侘，勑寫反提　薩婆浮多伽羅呵呵，呼奈反

ataradheṭadhe sarvabhutakaraha

南無佛馱悉纏鬪曼哆邏

namo buddha siddhyantu mantra

「一切眾生中，慈說聖諦，梵天所讚歎！諸賢聖所讚歎！此中住召一切諸神，

南無諸佛，當成就是呪術。文殊師利！是為呪術章句。若菩薩摩訶薩欲行此經者，當誦持是呪術章句。應一心行，不調戲、不散亂；舉動進止悉令淨潔；不畜餘食，少欲知足；獨處遠離，不樂憒鬧，身心遠離；常樂慈悲，以法喜樂；安住實語，不欺誑人；貴於坐禪，樂欲說法；行於正念，常離邪念；常樂頭陀細行之法；於得、不得無有憂喜；趣向涅槃，畏厭生死；等心憎愛，離別異相；不悋身命，及一切物無有貪惜；威儀成就，常樂持戒；忍辱調柔，惡言能忍；顏色和悅，無惡姿容；先意問訊，除去憍慢，同心歡樂。

「文殊師利！此諸法師住如是法，誦是呪術，即於現世得十種力。何等為十？得念力，不忘失故；得慧力，善擇法故；得行力，隨經意故；得堅固力，行生死故；得慚愧力，護彼我故；得多聞力，具足慧故；得陀羅尼力，一切聞能持故；得樂說辯力，諸佛護念故；得深法力，具五通故；得無生忍力，速得具足薩婆若故。文殊師利！若法師能住是行、誦持呪術，現世得是十力。」

佛說是呪術力時，四天王驚怖毛豎，與無量鬼神眷屬圍遶，前詣佛所，頭面禮足，白佛言：「世尊！我是四天王，得須陀洹道，順佛教者。我等各當率諸親屬、營從人民，衛護法師。若善男子、善女人護念法者，能持如是等經讀誦、解說，我等四天王常往衛護。是人所在之處，若城邑聚落、若空閑靜處、若在家、若出家，我等及眷屬常當隨侍供給，令心安隱，無有厭倦，亦使一切無能嬈者。世尊！又是經所在之處面五十里，若天、天子、若龍、龍子、若夜叉、夜叉子、若鳩槃茶、鳩槃茶子等，不能得便。」

爾時，毘樓勒迦護世天王即說偈言：

我所有眷屬，親戚及人民，皆當共衛護，供養是法師。

爾時，毘樓婆叉天王即說偈言：

我是法王子，從法而化生，求菩提佛子，我皆當供給。

爾時，犍馱羅吒天王即說偈言：

若有諸法師，能持如是經，我常當衛護，周遍於十方。

爾時，毘賒婆那天王即說偈言：

是人發道心，所應受供養，一切諸眾生，無能辨之者。

勝思惟梵天所問經 卷第六

摘錄

元魏天竺三藏菩提流支譯

爾時，勝思惟梵天問不退轉天子言：「天子！何謂菩薩堅固精進？」答言：「梵天！若菩薩於諸法不見一相，不見異相，是名菩薩堅固精進。若菩薩於諸法不壞法性故，於諸法無著、無斷、無增、無減，不見垢淨，出過法性，是名第一堅固精進，所謂菩薩身無所起、心無所起。」

於是，世尊讚不退轉天子言：「善哉！善哉！」讚天子已，語勝思惟大梵天言：「如此，天子！向來所說身無所起、心無所起，是為第一堅固精進。梵天！我念往昔，一切所行堅固精進，持戒頭陀，供養諸佛恭敬尊重，而彼諸佛皆不授我阿耨多羅三藐三菩提記。於諸佛所如是供養、恭敬、尊重；於空閑處，思惟坐禪，習多聞慧；慜念眾生，給其所須，一切所行難行、苦行，勤行精進，而彼諸佛不授我記。何以故？我於爾時，住身、口、心，起精進故。梵天！我乃於後，得如天子上來所說堅固精進，然後方為燃燈如來授我記言：『汝於來世當得作佛，號釋迦牟尼。』是故，梵天！若有菩薩欲得如來速疾授記，應當修行如天子說堅固精進，謂於諸法不起精進。」

梵天言：「世尊！云何三世平等精進？」

佛言：「梵天！過去心已滅，未來心未至，現在心無住。若法已滅不復更起，若法未至即無生相，若法無住即住實相。若如是者，則非過去、非是未來、非是現在。若非過去、非是未來、非是現在，是名自性。如是自性，即是不生。梵天！是名三世平等精進，能令菩薩疾得授記。

「梵天！菩薩成就如是法忍，信一切法無所捨故，是名菩薩布施精進；信一切法無諸漏故，是名菩薩持戒精進；信一切法無所傷故，是名菩薩忍辱精進；信一切法無所起故，是名菩薩勤行精進；信一切法悉平等故，是名菩薩禪定精進；信一切法不分別故，是名菩薩般若精進。梵天！菩薩如是信於諸法不增不減不邪不正，而常布施不求果報，常持禁戒無所貪著，修行忍辱知內外空，修行精進知無所起，修行禪定無所依止，修行般若無所取相。梵天！菩薩成就如是法忍，雖復示現於一切法有所修行，而無染污，是人名得諸法平等，不為世法得失、毀譽、稱譏、苦樂之所傾動，出過一切世間法故，亦不自高亦不自下，不喜不憂、不動不逸，無有二心，離於諸見得無二法。於諸眾生墮二見者，起大悲心，以為教化諸眾生故，而現受身。梵天！是名第一堅固精進，所謂得無我忍忍於眾生，起大悲心攝受眾生。」

當說如是大精進時，八千菩薩得無生法忍，佛為授記，皆當得成阿耨多羅三藐三菩提，各於異土得成佛道，皆同一號號堅精進。

爾時，慧命大迦葉在大會坐，而白佛言：「世尊！譬如大龍若欲雨時，雨於大海不雨餘處，此菩薩亦復如是，以大法雨為大海心諸菩薩說，不為餘者。」

佛言：「如是！如是！迦葉！如汝所說，諸大龍王所以不雨閻浮提者，非有悋妬，但以其處不堪受故。何以故？大龍所雨澍如車軸，閻浮提中不能容受，若其雨者，是閻浮提城邑聚落，山林陂池皆悉漂流如漂棗葉，是故大龍不以大雨雨閻浮提。如是，迦葉！此諸菩薩不雨法雨於餘眾生，亦無悋妬，但以其器不能堪受如是等法。以是義故，此諸菩薩，但於甚深無量無邊智慧大海菩薩心中，雨如是等不可思議無上法雨。

「迦葉！譬如大海，堪受大雨，澍如車軸，不增、不減。此諸菩薩亦復如是，若於一劫、若復百劫，若聽、若說其法，湛然不增、不減。迦葉！譬如大海，四天下中，百川眾流入其中者，同一鹹味。此諸菩薩亦復如是，聞種種法、種種論義，皆能信解皆為一味，所謂空味。迦葉！譬如大海清淨無垢，濁水流入即皆澄淨。此諸菩薩亦復如是，能淨一切瞋恨害垢。迦葉！譬如大海甚深無底，不可度量。此諸菩薩亦復如是，悉皆能入甚深法相，一切聲聞、辟支佛等不能度量。迦葉！譬如大海集無量水、集無量寶。此諸菩薩亦復如是，集無量法、無量智慧、無量法寶，以是義故，說諸菩薩心大如海。迦葉！譬如大海積聚種種無量珍寶。此諸菩薩亦復如是，一切皆入種種法門，集諸法寶種種行道，出生無量法寶之聚。

「迦葉！譬如大海生三種寶：一者、少價，二者、大價，三者、無價；此諸菩薩所可說法亦復如是，隨諸眾生根之利鈍令得解脫，有以小乘令得解脫，有以中乘令得解脫，有以大乘令得解脫。迦葉！譬如大海，終不偏為一眾生有。此諸菩薩亦復如是，不唯獨為一眾生故發菩提心。迦葉！譬如大海漸漸轉深、漸漸稱意。此諸菩薩亦復如是，向薩婆若漸漸轉深漸漸隨意。迦葉！譬如大海不宿死屍。此諸菩薩亦復如是，不宿聲聞、辟支佛心，亦復不宿慳貪、毀禁、瞋恚、懈怠、亂念、愚癡如是等心，亦復不宿我、人、眾生如是等見。迦葉！譬如劫盡燒世界時，諸小陂池江河泉源在前枯竭，然後大海乃當消盡。正法滅時亦復如是，諸行小道正法先盡，然後菩薩大海之心正法乃滅。迦葉！此諸菩薩寧失身命，不捨正法。迦葉！大海之水則有滅盡，而諸菩薩摩訶薩等，甚深正法不盡不滅。

「迦葉！汝謂菩薩失正法耶！勿作斯觀。迦葉！如彼大海有金剛珠，名集眾寶，於千世界大海之中，轉作金剛摩尼寶珠。乃至第七日出之時，大火猛焰上至梵世，而此寶珠不燒不失，轉至他方大海之中。若是寶珠在此世界，世界燒者無有是處。此諸菩薩亦復如是，正法滅時七邪法出，爾乃至於他方世界。何等為七？一者、外道論，二者、惡知識，三者、邪用道法，四者、互相惱亂，五者、入邪見棘林，六者、不能壞不善根，七者、無有證會法者。是等七惡出於世時，此諸菩薩，知諸眾生不可得度，爾乃至於他方佛國，亦常不離見佛聞法、教化眾生、增長善根。迦葉！譬如大海，無量眾生之所依止得安樂處。此諸菩薩亦復如是，眾生依止得三種樂，人樂、天樂、涅槃之樂。迦葉！譬如大海其水極鹹，餘處眾生鹹不能飲。此諸菩薩亦復如是，諸魔外道不能吞滅。迦葉！譬如大海水中眾生，不於餘處求覓水飲，而即飲此大海鹹水。此諸菩薩亦復如是，不於餘處推求法味以飲服之，唯自飲服諸佛法味。」

爾時，大德迦葉白佛言：「世尊！大海雖深尚可測量，此諸菩薩，一切聲聞、辟支佛等不能測量，是故說此諸菩薩心猶如虛空。」佛言迦葉：「恒河沙等諸世界中，大海之水猶可測量，此諸菩薩智慧大海不可測量。」爾時，世尊偈重說言：

譬如大海能悉受，一切眾水無滿時，
此諸菩薩亦如是，常求法利無厭足。
譬如大海納眾流，一切悉歸不盈少，
此諸菩薩亦如是，聽受深法無增減。

譬如大海性不濁，濁水流入悉澄清，
此諸菩薩亦如是，能淨一切煩惱垢。
譬如大海深無底，此諸菩薩亦如是，
功德智慧無有量，一切外道不能惻。
譬如大海等一味，百川流入味不殊，
此諸菩薩亦如是，所聽受法一空味。
譬如大海在世界，非但為一眾生有，
此諸菩薩亦如是，普為一切發道心。
如海寶珠名集寶，因是寶故有眾寶，
菩薩寶聚亦如是，從菩薩寶出三寶。
譬如大海有三寶，而彼大海無分別，
菩薩說法亦如是，三乘度人無彼我。
譬如大海漸漸深，此諸菩薩亦如是，
為眾生故修功德，漸入甚深薩婆若。

譬如大海不宿屍，此諸菩薩亦如是，
發清淨心菩提願，不宿聲聞緣覺心。
譬如大海有寶珠，劫盡燒時寶不燒，
菩薩於法欲滅時，大智護持令不滅。
如彼寶珠不燒失，轉至他方大海中，
知諸眾生非法器，黠慧菩薩至餘國。
三千世界欲燒時，劫火將起燒天地，
百川眾流在前涸，爾乃水王於後竭，
行小道者亦如是，法欲盡時在前滅，
菩薩勇猛不惜身，護持正法乃不盡。
若佛在世若滅後，是心中寶實不滅，
深心清淨住是法，以此善法修行道。
百千眾生依止海，海有非為一眾生，
菩薩發心亦如是，為度一切眾生故。

十方世界諸大海，猶尚可得測其量，
是諸菩薩所行道，聲聞緣覺不能測。
十方世界虛空界，空界猶尚可測量，
諸菩薩行虛空界，不可測量此行界。
迦葉當知諸菩薩，勇猛精進堅固心，
願欲作佛度眾生，尚無與等何況勝。
斯德寶聚如大海，是可供養良福田，
是為最上大醫王，能療一切眾生病。

（略）

爾時，文殊師利法王之子白佛言：「唯願，世尊！護是法門，於當來世閻浮提中令得久住，又令大莊嚴善男子、善女人咸得聞之，設有種種諸魔事起而能不隨，亦令諸魔若諸魔民不得其便，以其受持是法門故，則得發於阿耨多羅三藐三菩提心。」

爾時，佛告文殊師利法王子言：「如是！如是！汝今善聽！為此法門久住世故，當為汝說。召諸天、龍、夜叉、乾闥婆、鳩槃茶等，呪術章句常隨擁護。如是法門，若諸法師、善男子、善女人，誦持此呪，則能致彼天、龍、夜叉、乾闥婆、鳩槃茶、阿修羅、迦樓羅、緊那羅、摩睺羅伽等，常隨擁護是善男子、善女人，若行道路，若失道時，若在聚落，若在空閑，若在僧房，若在宴室，若經行處，若在眾會，是諸神等，常當隨侍衛護是人，益其樂說辯才之力。又復為作堅固憶念慧力因緣，無有怨賊得其便者，令是法師行立坐臥一心安詳。文殊師利！何等名為呪術章句？

多軼他(徒結反，長音也，自下不言長者悉是短音)一　憂頭(重音，自下皆同，不言重者悉是輕音)隸(里債反，自下皆同)二

tadyathā udhure

頭頭隸三　摩𪘏(䐗皆反，自下皆同，重言)遮(正何反)𪘏四

dhudhure make cake

摩衢長音遮隸五　失離重音，自下皆同彌絺六　樗長音離彌離七

magocare śili mihe thuli mili

侯樓侯樓侯樓八　埿長音婆齎九　鞞多長音地除賣反十

huru huru huru ebhake betaṭe

佉佉隸十一　佉隸佉隸佉泥㲋閑反，自下皆同十二

khakhare khare kharekane

阿長音僧泥十三　伽提摩子麗零制反，向下皆同十四

āsanne gati mahile

摩長音那泥大反娑長音婆泥十五

manaṣa bane

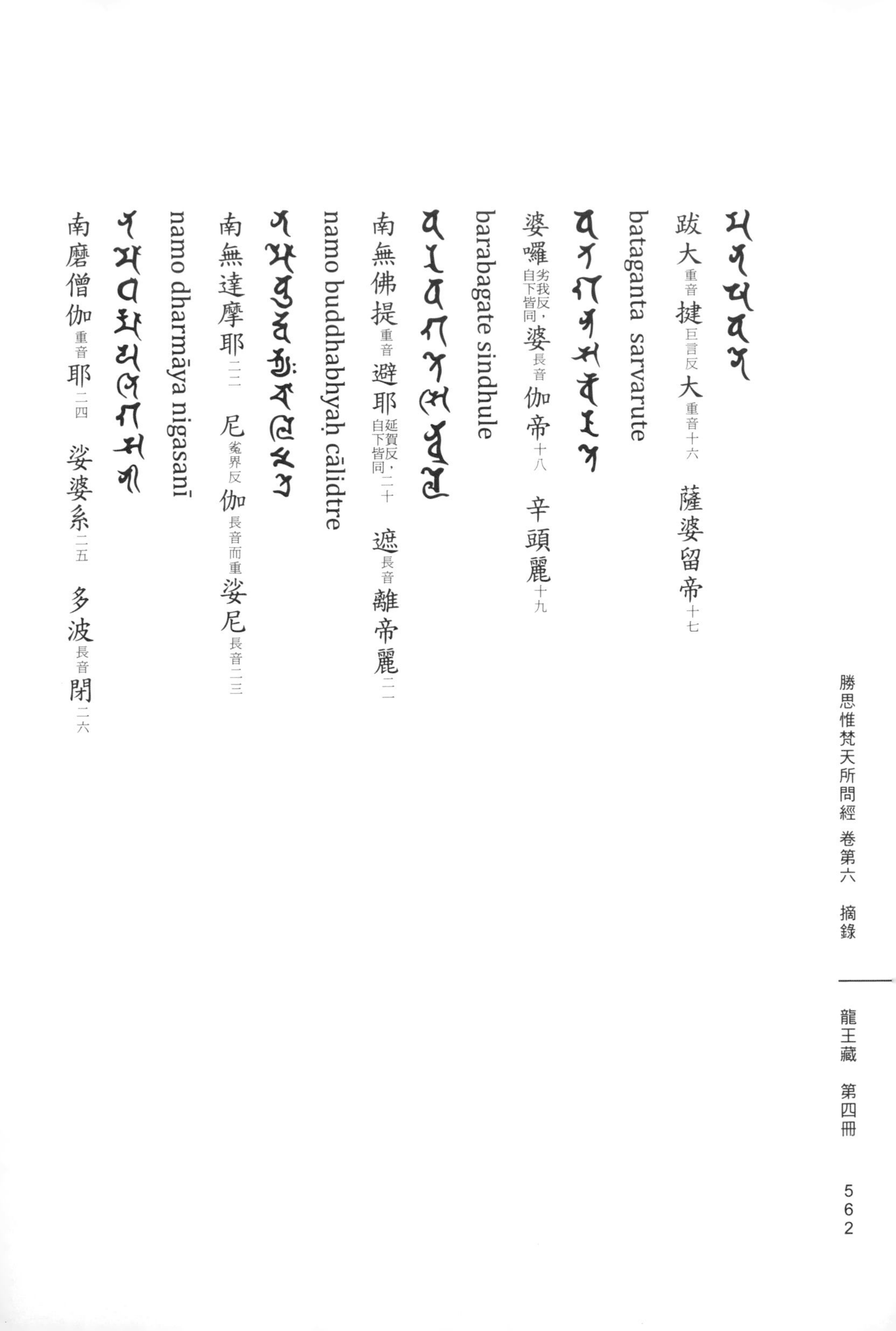

跋大重音揵巨言反大重音十六 薩婆留帝十七

bataganta sarvarute

婆囉劣我反，自下皆同婆長音伽帝十八 辛頭麗十九

barabagate sindhule

南無佛提重音避耶延賀反，自下皆同二十 遮長音離帝麗二一

namo buddhabhyaḥ cālidtre

南無達摩耶二二 尼㲋界反伽長音而重娑尼長音二三

namo dharmāya nigasanī

南磨僧伽重音耶二四 娑婆系二五 多波長音閉二六

namaḥ saṃghāya sabhahe tapābe

𑖡𑖦𑖾𑖭𑖽𑖑𑖯𑖧𑖭𑖥𑖮𑖸𑖝𑖢𑖯𑖤𑖸

避喻(此二字聲相著)波羶(長音)多(長音)尼(二七)　薩婆波波(二波長音)尼(二八)

byupaśantāni　sarvapāpani

𑖤𑖿𑖧𑖲𑖢𑖫𑖯𑖡𑖿𑖝𑖯𑖡𑖰𑖭𑖨𑖿𑖪𑖢𑖯𑖢𑖯𑖡𑖰

枚(蒙大反)提離(長音)迷(默帝反二九)　薩婆浮(此音重而長)提避耶(二字聲相著三十)

maitlīme sarvabuddhebhyaḥ

𑖦𑖹𑖝𑖿𑖩𑖱𑖦𑖸𑖭𑖨𑖿𑖪𑖤𑖲𑖟𑖿𑖠𑖸𑖥𑖿𑖧𑖾

薩多(短音)尼離池恕(三一)　婆藍(柳紺反)吽(合口鼻中出聲)摩波菟(三二)

sartanilikeśu barahūmapatho

𑖭𑖨𑖿𑖝𑖡𑖰𑖩𑖰𑖎𑖸𑖫𑖲𑖤𑖨𑖮𑖳𑖦𑖢𑖞𑖺

摩何(長音)離師避(此音重而長三三)　鉢囉賒(世何反)哆(得磨反三四)

mahāliṣibhyaḥ praśasta

𑖦𑖮𑖯𑖩𑖰𑖬𑖰𑖥𑖿𑖧𑖾𑖢𑖿𑖨𑖫𑖭𑖿𑖝

多多囉劣餓反堤虱天癡怜反帝三五　薩婆伽囉劣俄反賀重音三六

tatarātiṣṭhante sarvakaraha

南磨薩婆佛提避耶避耶二字重音而聲相著三七　悉纏妒三八

namaḥ sarvabuddhebhyaḥ siddhyantu

曼哆囉劣餓反鉢大長音三九　潛婆賀婆賀二字音長四十

mantrapatā svāhā

「文殊師利！是呪章句，若諸菩薩摩訶薩等，欲修行此勝法門者，當誦持之。應一心行，不調戲、不散亂，舉動進止悉令淨潔；不畜餘食，少欲知足；獨處遠離，不樂憒閙，身心遠離，常以慈悲、以法喜樂；常住實語，不欺誑人；貴於坐禪，樂欲說法；行於正念，常離邪念；恒欲頭陀；於得、不得，無有憂喜；趣向涅槃，畏厭生死；等心憎愛和合離別；不悋身命，及一切物無有貪惜；威儀成

就，常樂持戒；忍辱調柔，惡言能忍，顏色和悅；常行精進，助成一切眾生善事；先意問訊，除去憍慢，同心歡樂。

「文殊師利！如是善男子行如是呪持讀誦者，文殊師利！如是法師即現身中得十種力。何等為十？一、得念力，不忘諸法故；二、得意力，方便善巧擇諸法故；三、得法力，以能隨順修多羅意，善覺了故；四、得堅固力，以常不捨，如實修行故；五、得慚愧力，護彼我故；六、得多聞力，具足慧故；七、得陀羅尼力，一切所聞皆能持故；八、得樂說辯力，諸佛護念故；九、得深法力，具足五通故；十、得無生法忍力，一切智智速得滿足故。文殊師利！若諸法師有能誦此陀羅尼呪，住如是行，彼善男子即於現世得是十力。」

如來說是呪術力時，四大神王驚怖毛豎，與無量鬼神眷屬圍遶，前詣佛所頂禮佛足，白佛言：「世尊！我是四神王得須陀洹道，若有法師順佛教者，我等常當率諸親屬，營從神民護是法師。若善男子，若善女人護念法者，有能受持是等法門讀誦解說，我等四王常往其所衛護是人，隨在何處，若城邑聚落，若空閑靜處，若在房中，若在家若出家，我等四王及諸眷屬，常當隨侍供給所須，令心安隱無有厭倦，亦使一切無能嬈者。世尊！我等四王隨是法門所在之處，常令其方面百由旬，若天、天子，若龍、龍子，若夜叉、夜叉子，若鳩槃茶、鳩槃茶子等，不能得便。」

爾時，毘流博叉天王而說偈言：

我所有眷屬，親戚及諸民，皆當共衛護，供養是法師。

爾時，毘流勒叉天王而說偈言：

我是法王子，從法而化生，佛子發心人，我皆當供給。

爾時，提頭賴吒天王而說偈言：

若有諸法師，持佛修多羅，我常當衛護，周遍於十方。

爾時，毘沙門天王而說偈言：

是人發道心，所應受供養，一切諸眾生，無能知之者。

佛爲勝光天子說王法經

摘錄

大唐沙門釋義淨奉　詔譯

如是我聞：一時，薄伽梵在室羅伐城逝多林給孤獨園，與大苾芻眾百千人俱，皆是大阿羅漢，諸漏已盡。復與無量菩薩摩訶薩俱，人中大龍，一生補處。爾時，世尊在一樹下，於勝妙座加趺而坐，於大眾中，普為人、天演說自證微妙之法，所謂初、中、後善，文義巧妙，純一圓滿清淨鮮白梵行之相。

爾時，憍薩羅國王勝光天子，嚴駕侍從，出室羅伐，往逝多林，欲禮世尊，恭敬供養，承事親近。既至林所，下車整衣，詣大師處。遙見如來坐於樹下為眾說法，顏貌端正調伏諸根，意樂寂靜住增上定，人中龍象如師子王，亦如牛王，如善智馬；人中最上，如白蓮華，如池湛寂，如妙高山安處大海，具三十二相、八十種好，如妙金幢形色充遍，亦如白日千光晃耀，如盛月輪眾星圍遶。

時，王見已，生大歡喜，身毛遍豎，得未曾有；灌頂大王有五盛事，所謂：如意髻珠、白蓋、白拂、寶履、寶劍，悉皆棄捨，著常人服，從以大臣，安詳正念諸根寂靜，偏露右肩，整理衣服，曲躬合掌，至世尊所，禮佛雙足，布上妙華，燒眾名香。為供養已，右繞三匝，退坐一面。

時，勝光王從座而起，如常威儀，合掌向佛作如是言：「惟願大師開悟於我！善教於我！為國主法，令於現在恒受安樂，命終之後當生天上，乃至菩提善心相續。」

佛告大王：「善哉！善哉！當一心聽。甚為希有！孰能致問求勝資糧，當順法行，蠲除惡事。何以故？大王！若王、大臣捨其善法行惡法者，於現世中人所輕鄙，不敢親附咸生疑惑，常見惡夢多有怨家，後生懊悔，命終之後墮地獄中。大王！若王、大臣遠離惡法修善法者，於現世中人所欣仰，皆來親附不生疑惑，常見好夢能除怨敵，無復追悔，命終之後得生天上，乃至菩提證真常樂。

「大王！譬如父母憐愛諸子，常願安隱，令無惱害，遮其惡行，勸修善業。大王！為天子者亦復如是，於諸臣佐乃至國人、僕使之類，咸以四攝而恩育之，布施、愛語、利行、同事。時彼人王能於國界，廣作如是大饒益已，成就二種利益之事。云何為二？王如父母，愛念無差；國人如子，並懷忠孝。

「復次，大王！作天子者，情懷恩恕，薄為賦斂，省其傜役；設官分職，不務繁多；黜罰惡人，賞進賢善；不忠良者，當速遠離；順古聖王，勿行刑戮。何以故？生人道者，勝緣所感，若斷其命，定招惡報。大王！常當一心恭敬三寶，莫生邪見。我涅槃後，法付國王，大臣、輔相當為擁護，勿致衰損；然正法炬，轉正法輪，盡未來際常令不絕。

「若能如是依教行者，則令國中龍王歡喜，風調雨順，諸天慶悅，豐樂安隱，災橫皆除，率土太平，王身快樂，永保勝位，福力延長，無復憂惱，增益壽命，現在名稱遍滿十方。外國諸王咸共讚歎：『某國天子仁讓忠孝，以法教化，拯恤黔黎，於諸國中最為第一。我等今者，咸當歸伏此大法王，捨身之後得生天上，受勝妙樂，乃至菩提！』

治禪病祕要法　卷上　摘錄

宋居士沮渠京聲譯

治阿練若亂心病七十二種法（尊者舍利弗所問，出《雜阿含》阿練若事中）

如是我聞：一時，佛在舍衛國祇樹給孤獨園，與千二百五十比丘俱。夏五月十五日，五百釋子比丘在竹林下，行阿練若法修心十二，於安那般那入毘琉璃三昧。

時，波斯匿王有一太子，名毘琉璃，與五百長者子乘大香象，在祇洹邊作那羅戲，復醉諸象，作鬪象戲。

有一行蓮華黑象，其聲可惡，狀如霹靂，中間細聲如猫子吼。

釋子比丘禪難提、優波難提等，心驚毛竪，於風大觀，發狂癡想，從禪定起，如醉象奔不可禁制。

尊者阿難勅諸比丘：「堅閉房戶，我諸釋子今者發狂，脫能傷壞。」

諸比丘僧即往舍利弗所白言：「大德！大德所知智慧無障，如天帝釋第一勝幢所至無畏，唯願慈哀，救諸釋子狂亂之苦。」

爾時，舍利弗即從坐起，牽阿難手往詣佛所，繞佛三匝為佛作禮，長跪合掌白佛言：「世尊！唯願天尊慈悲一切，為未來世諸阿練若比丘因五種事發狂者：一者、因亂聲，二者、因惡名，三者、因利養，四者、因外風，五者、因內風。此五種病當云何治？唯願天尊為我解說。」

爾時，世尊即便微笑，有五色光從佛口出，繞佛七匝還從頂入，告舍利弗：「諦聽！諦聽！善思念之，吾當為汝分別解說。若有行者行阿練若修心十二，於阿那般那因外惡聲觸內心根，四百四脈持心急故一時動亂。風力強故，最初發狂，心脈動轉，五風入咽，先作惡口。應當教是行者服食酥蜜及阿梨勒，繫心一處，先想作一頗梨色鏡，自觀己身在彼鏡中作諸狂事。見此事已，復當更觀而作是言：『汝於明鏡自見汝身作狂癡事，父母、宗親皆見汝作不祥之事。我今教汝離狂癡法，汝當憶知。先教除聲。』

「除聲法者，舉舌向腭，想二摩尼珠在兩耳根中，如意珠端猶如乳滴，滴滴之中流出醍醐，潤於耳根使不受聲。設有大聲，如膏油潤終不動搖。此想成已，次想一九重金剛蓋從如意珠王出，覆行者身，下有金剛華，行者坐上。有金剛山四面周匝繞彼行者，其間密緻靜絕外聲，一一山中有七佛坐，為於行者說四念處。爾時，寂然不聞外聲，隨於佛教，此名除亂法門去惡聲想。」

告舍利弗：「汝等行者宜當修習，慎莫忘失是名治亂倒心法。復次，舍利弗！既去外聲已，當去內聲。內聲者，因於外聲動六情根，心脈顛倒。五種惡風從心脈入，風動心故，或歌、或舞，作種種變。汝當教洗心觀。

「洗心觀者，先自觀心，令漸漸明猶如火珠，四百四脈如毘琉璃，黃金芭蕉直至心邊，火珠出氣，不冷、不熱，不麁、不細，用熏諸脈。想一梵王持摩尼鏡照行者胸。爾時，行者自觀胸如如意珠王，明淨可愛火珠為心。大梵天王掌中有轉輪印，轉輪印中有白蓮花，白蓮華上有天童子手擎乳湩，從如意珠王出以灌諸脈。乳漸漸下至於心端，童子手持二針：一、黃金色，二、青色，從心兩邊安二金花，以針鑽之，七鑽之後心還柔軟。

「如前，復以乳還洗於心，乳滴流注入大腸中，大腸滿已入小腸中，小腸滿已流出諸乳，滴滴不絕入八萬戶蟲口中，諸蟲飽滿遍於身內，流注諸骨三百三十六節皆令周遍。然後想一乳池，有白蓮花在乳池中生，行者坐上以乳澡浴，想兜羅綿如白蓮華繞身七匝，行者處中。梵王自執己身乳令行者嗽，行者嗽已，梵王執蓋覆行者上，於梵王蓋普見一切諸勝境界，還得本心，無有錯亂。」

佛說此語時，五百釋子比丘隨順佛語一一行之，心即清涼，觀色、受、想、行、識，無常苦空、無我，不貪世間、達解空法，豁然還得本心。破八十億烔然之結，成須陀洹，漸漸修學得阿羅漢：三明、六通、具八解脫。時諸比丘聞佛所說，歡喜奉行（此名柔軟治四大內風法）。

「復次，舍利弗！若行者欲行禪定，宜當善觀四大境界隨時增損。春時應入火三昧，以溫身體。火光猛盛，身體蒸熱，宜當治之。想諸火光作如意珠從毛孔出，焰焰之間作金蓮華，化佛坐上說治病法。以三種珠，一者、月精摩尼，二者、星光摩尼，猶如天星，光白身青，三者、水精摩尼，想此三珠一照頭上、一照左肩、一照右肩。見三珠已，想身毛孔出三珠光極為清涼，身心柔軟，入火三味不為所壞（是名治火大三昧法）。

「復次，舍利弗！秋時應當入地三昧。入地三昧見此地相：百千石山、鐵山、鐵圍山、金剛山從頭至足，三百三十六節各為百千山，山神巖穹，爾時應當疾疾治之。治地大法，想此諸山一一諦觀猶若芭蕉，如是次第，如經十譬，一一諦觀。爾時，但見十方大地如白琉璃，有白寶花，見舍利弗、目連、迦葉、迦旃延坐白金剛窟，履地如水，為行者說五破、五合，說地無常。行者見已，身心柔軟，還得本心（是名治地大法）。

「復次，舍利弗！行者入水三昧者，自見己身如大涌泉，三百三十六節隨水流去，見十方地滿中青水或白、或赤，宜當急治。治水法者，先當觀身作摩尼珠，吉祥之瓶、金花覆上，使十方水流入瓶中。此吉祥瓶涌出七花，七莖分明，一一莖間有七泉水、一一泉中有七金花、一一華上有一佛坐，說七覺支（是名治水大法）。

「復次，舍利弗！若行者入風三昧，自見己身作一九頭龍，一一龍頭有九百耳、無量口，身毛孔、耳及口如大溪谷皆出猛風，宜急治之。治之法者，當教行者自觀己身作金剛座，從於四面想四金剛輪以持此風。金輪復生七金剛華，華上化佛手捉澡灌，澡灌中有一六頭龍動身吸風，*令十方風恬靜不動。爾時，行者復見七佛、四大聲聞，重為解說七覺支，漸入八聖道分是名治內風大法也，擁酥觀柔軟四大，漸入聖分爾焰境界。

（略）

治噎法

「復次，舍利弗！若阿練比丘用心大急、數息太麁、眠臥單薄，因外風寒、因動脾管、脾、腎等脈，諸筋起風、逆氣胸塞、節節流水停住胸中，因成激血氣發頭痛、背滿諸筋攣縮，當疾治之。

「治之法者，先服肥膩世間美藥，然後仰眠，數息令定，想阿耨達池其水盈滿，滿一由旬，底有金沙、四寶、金輪，生黃金華大如車輪。花中有四寶：獸頭象鼻出水、師子口出水、馬口出水、牛口出*水，繞池七匝，阿耨達龍王七寶宮殿在四獸頭間。

「龍王頂上如意珠中，龍王力故生一千五百雜色蓮華、青蓮花五百，尊者賓頭盧等五百阿羅漢各坐其上，日暮則合、晝時則開，有七寶蓋在比丘上、有七寶床在蓮華下。五百金色蓮花，淳陀婆等五百沙彌各坐其上，日暮則合、日晝則開，有七寶蓋在沙彌上、有七寶床在蓮華下。五百紅蓮花，尊者優波難陀、和須蜜多等大阿羅漢，或言是大菩薩眷屬五百，各坐其上，日暮則合、日晝則開，有七寶蓋在比丘上、有七寶床在蓮花下，有七寶高臺長八千丈從下方出。

「當阿耨達龍王宮前，有五百童子在其臺上，身真金色，第一童子名曰闍婆、第二童子名曰善財，第五百童子名灌頂力。

「王若欲治噎病者，先念尊者賓頭盧等一千五百人，如上所說，令了了見已，尊者賓頭盧當將是闍婆童子，取阿耨達龍王所服白色菴婆陀藥（菴婆陀藥者，味如甘蔗，形似藕根，味亦有似石蜜者）。服此藥已，噎病得差，四大調和，眼即明淨。

「若發大乘心者，闍婆、善財等五百童子為說大乘法，因是得見跋陀婆羅等十六賢士，亦見賢劫彌勒等千菩薩。因發阿耨多羅三藐三菩提心、具六波羅蜜；發聲聞心者，尊者賓頭盧為說四念處法乃至八聖道分，經九十日得阿羅漢道。」

告舍利弗：「汝好受持此治噎法，慎莫忘失。」

時，舍利弗及阿難等聞佛所說，歡喜奉行。

月燈三昧經 卷第二 摘錄

高齊天竺三藏那連提耶舍譯

「童子！菩薩摩訶薩當安住深忍法中。云何菩薩摩訶薩能安住深忍？

「童子！菩薩摩訶薩應當如實觀一切法猶如幻化、如夢、如野馬、如響、如光影、如水中月、如虛空性，應如是知。童子！菩薩摩訶薩若如實觀一切法如幻化、如夢、如野馬、如響、如光影、如水中月、如虛空性者，是名菩薩摩訶薩安住深忍。若成就深忍，菩薩於染法不染、瞋法不瞋、癡法不癡。何以故？是菩薩不見於法，亦無所得，不見染者、不見染事、不見染業；不見瞋者、不見瞋事、不見瞋業；不見癡者、不見癡事、不見癡業。菩薩摩訶薩於如是法悉無所見，亦無所得，謂若染、若瞋、若癡，是菩薩以無所見故，即無所染、無瞋、無癡。

「是菩薩如實無染、無瞋、無癡、無顛倒心故，得名為定、名無戲論、名到彼岸、名為陸地、名到安隱、名到無畏、名為清涼、名為持戒、名為智者、名為慧者、名為福德、名為神足、名為憶念、名為持者、名黠慧者、名為去者、名慚愧者、名信義者、名頭陀功德者、名不著女色者、名無染著者、名應供者、名漏盡者、名無煩惱自在者、名心解脫者、名慧解脫者、名調伏者、名曰大龍、名所作已辦、名更無所作、名捨重擔、名逮得己利、名盡諸有結、名依正教心善解脫、名到一切心自在岸、名為沙門、名婆羅門、名沐浴者、名已渡者、名明了者、名為聞者、名為佛子、名為釋子、名除棘刺者、名度坑塹者、名拔毒箭者、名無熱者、名無塵埃者、名為比丘無覆纏者、名為丈夫、名善丈夫、名勝丈夫、名大丈夫、名師子丈夫、名大龍丈夫、名牛王丈夫、名善調丈夫、名勇健丈夫、名荷負丈夫、名精進丈夫、名兇丈夫、名如花丈夫、名蓮花丈夫、名分陀利丈夫、名調御丈夫、名月丈夫、名日丈夫、名作業丈夫、名兩足中上、名盡智邊、名多聞中勝、名已修梵行、名所作究竟、名一切惡不染。」

（略）

爾時，世尊於中前時，著衣持鉢，與大比丘滿百千人，菩薩摩訶薩無量百千億那由他天、龍、夜叉、乾闥婆、阿修羅、迦樓羅、緊那羅、摩睺羅伽等無量百千而設供養，恭敬讚歎佛大威力、佛大神足、佛大變現、佛大威儀，放百千萬億那由他光、作百千種伎樂、雨種種天花；為受月光童子供故入王舍城。

佛以久集無量善根，以右千輻輪足躡城門閫，時現種種神變未曾有事：「諸佛、如來若入城時，法皆如是現其神變。汝今善聽！當為汝說佛入城時所有神德。」說偈頌曰：

（略）

喜悅耽美歌，謂緊那羅王，居在香山頂，踊躍悉來集；
婆稚睒婆利、羅睺毘摩質、并餘大威德，而雨諸寶物；
過無量羅剎，多眾而圍遶，各持諸妙花，恭敬而散佛。
阿耨大龍王，女善學音樂，擊百種妙聲，誠心供養佛；
耨龍五百子，求廣菩提智，與親屬圍遶，咸共無上尊；

阿波羅龍王，向佛而合掌，持龍勝真珠，在空供養佛；
目真陀龍王，踊躍悉歡喜，散諸妙寶果，淨心而供養。
彼起勝敬心，念佛種種德，諸親屬圍遶，皆來讚歎佛。
難陀跋難陀、德叉黑瞿曇、與眷屬詣佛，屈膝禮善逝。
伊羅鉢龍王，百眷屬號泣，憶念迦葉佛，厭惡此受生：
「我昔懷疑惑，壞小莳蘭葉，是故生難處，不能知佛法。
深厭此蛇身，願速捨龍趣，能知清涼法，道場所得者。」
餘多千龍王、海龍摩那斯，持上妙龍衣，來奉人中尊。

編著、導讀者簡介

洪啟嵩，為國際知名禪學大師。年幼深感生死無常，十歲起參學各派禪法，尋求生命昇華超越之道。二十歲開始教授禪定，海內外從學者無數。

其一生修持、講學、著述不輟，足跡遍佈全球。除應邀於台灣政府機關及大學、企業講學，並應邀至美國哈佛大學、麻省理工學院、俄亥俄大學，中國北京、人民、清華大學，上海師範大學、復旦大學等世界知名學府演講。並於印度菩提伽耶、美國佛教會、麻州佛教會、大同雲岡石窟、廣東南華寺、嵩山少林寺等地，講學及主持禪七。創辦南玥覺性藝術文化基金會、印度菩提伽耶全佛公益信託，現任中國佛教會學術委員會主任委員、中華大學講座教授、台灣不丹文化經濟協會榮譽會長。

畢生致力以禪推展人類普遍之覺性運動，開啟覺性地球，二〇〇九與二〇一〇年分別獲舊金山市政府、不丹王國頒發榮譽狀，二〇一八年完成「世紀大佛」巨畫，獲金氏世界記錄認證「世界最大畫作」（168.76公尺X71.62公尺），二〇二〇年獲諾貝爾和平獎提名。

歷年來在大小乘禪法、顯密教禪法、南傳北傳禪法、教下與宗門禪法、漢藏佛學禪法等均有深入與系統講授。著有《白話華嚴經》等〈白話佛經系列〉；《禪觀秘要》《通明禪禪觀》等〈禪觀寶海系列〉；《密法總持》《現觀中脈實相成就》等〈密乘寶海系列〉；《楊枝淨水》等〈觀音傳十萬史詩系列〉等書籍，著述主編書籍逾三百部。

大藏系列壹04

龍王藏／第四冊／

編著　洪啟嵩
發行人　龔玲慧
藝術總監　王桂沰
標點校對　許文筆、謝岳佐、許諺賓、黃成業、黃心慈、臧舒嫺
梵字校正　劉詠沛、吳霈媜、詹育涵、鄭燕玉、柯牧基、楊明儀
執行編輯　彭婉甄、莊慕嫺
美術編輯　張育甄
封面設計　王桂沰
梵字墨寶　洪啟嵩
佛像畫作　洪啟嵩
出版　全佛文化事業有限公司　http://www.buddhall.com
全佛門市：覺性會舘•心茶堂／新北市新店區民權路 88-3 號 8 樓
門市專線：(02)2219-8189
大量購書：(02)2913-2199　傳真專線：(02)2913-3693
匯款帳號：3199717004240 合作金庫銀行大坪林分行
戶名／全佛文化事業有限公司
行銷代理　紅螞蟻圖書有限公司
台北市內湖區舊宗路二段 121 巷 19 號（紅螞蟻資訊大樓）
電話：(02)2795-3656　傳真：(02)2795-4100

初版　二〇二四年二月
定價　新台幣八八〇元
ISBN 978-626-95127-8-2（第四冊：精裝）

國家圖書館出版品預行編目（CIP）資料

龍王藏 / 洪啟嵩編著 . -- 初版 . --
[新北市] : 全佛文化事業有限公司 , 2024.02-
冊；　公分 . --（大藏系列壹；4-）
ISBN 978-626-95127-8-2（第 4 冊：精裝）

1.CST: 大藏經
221.08

Published by BuddhAll Cultural Enterprise Co.,Ltd.